国家社会科学基金"十三五"规划2018年度教育学一般课题"我国
老年教育资源协同发展研究"（课题批准号BKA180232）研究成果之

我国老年教育资源协同发展研究

王剑波　等著

Research on the Coordinated Development
of Educational Resources for the Elderly in China

中国财经出版传媒集团

经济科学出版社
Economic Science Press

图书在版编目（CIP）数据

我国老年教育资源协同发展研究/王剑波等著．—北京：
经济科学出版社，2020. 11
ISBN 978－7－5218－2015－7

Ⅰ. ①我⋯　Ⅱ. ①王⋯　Ⅲ. ①老年教育－教育资源－
协调发展－研究－中国　Ⅳ. ①G777

中国版本图书馆 CIP 数据核字（2020）第 207325 号

责任编辑：周秀霞
责任校对：杨　海
责任印制：李　鹏　范　艳

我国老年教育资源协同发展研究

王剑波　等著
经济科学出版社出版、发行　新华书店经销
社址：北京市海淀区阜成路甲 28 号　邮编：100142
总编部电话：010－88191217　发行部电话：010－88191522
网址：www. esp. com. cn
电子邮箱：esp@ esp. com. cn
天猫网店：经济科学出版社旗舰店
网址：http：//jjkxcbs. tmall. com
北京季蜂印刷有限公司印装
710×1000　16 开　16 印张　260000 字
2021 年 1 月第 1 版　2021 年 1 月第 1 次印刷
ISBN 978－7－5218－2015－7　定价：62. 00 元
（图书出现印装问题，本社负责调换。电话：010－88191510）
（版权所有　侵权必究　打击盗版　举报热线：010－88191661
QQ：2242791300　营销中心电话：010－88191537
电子邮箱：dbts@ esp. com. cn）

序

习近平总书记在党的十九大报告中指出，要"积极应对人口老龄化，构建养老、孝老、敬老政策体系和社会环境，推进医养结合，加快老龄事业和产业发展"。人口老龄化是当今国际社会面临的普遍问题，也是当前和今后一个时期我国的基本国情。进入 21 世纪以来，我国人口老龄化趋势越来越快。2000～2018 年，全国 60 岁以上老年人口从 1.26 亿增加到 2.49 亿，占总人口的比重从 10.2% 上升到 17.9%，提高了 7.7 个百分点①，积极应对人口老龄化成为我们党和国家的重要工作之一。

老年教育是我国教育事业和老龄事业的重要组成部分，发展老年教育是积极应对人口老龄化、实现教育现代化、建设学习型社会的重要举措，是满足老年人多样化学习需求、提升老年人生活品质、促进社会和谐的必然要求。我国老年教育事业以 1983 年山东省红十字会老年人大学成立为标志，伴随着改革开放的步伐，从无到有、从小到大，在探索中不断发展，在发展中不断创新，在创新中不断提升，历经 37 年的改革发展，形成了独具中国特色的老年教育发展模式，取得了令人瞩目的成就。截至 2018 年，全国共有老年大学（学校）6.2 万所，在校学员 800 多万人，参与老年远程教育学习 500 多万人②。尽管老年教育发展比较快，但比较而言，老年教育起步晚，同时发展时间较短，经验的积

---

① 《国家发展改革委负责人就〈国家积极应对人口老龄化中长期规划〉答记者问》，新华网，http://www.xinhuanet.com/politics/2019-11/21/c_1125259926.htm。

② 《中国老年大学和老年学校达 6 万多》，新华网，http://www.xinhuanet.com/politics/2018-12/26/c_1123907676.htm。

累和规律的探索还不够，发展基础也还相对薄弱，在制度建设、体制机制构建和创新上，也与快速发展的老龄化需求不相适应。特别是随着我国经济社会不断发展，人民群众对精神文化生活的需求日益强烈，老年教育资源供给不足，城乡、区域间发展不平衡越来越突出，成为制约老年教育发展的关键所在。

理论研究是老年教育创新发展的重要保证，无论制度建设、体制机制的构建和创新，还是解决老年教育资源供给不足的问题，都需要通过深入的科学研究，探寻老年教育发展规律，构建科学的理论体系，指导老年教育科学有序发展。王剑波教授是山东老年大学特聘的"全国老年教育理论研究基地"专家，多年来一直从学术的深度和范式角度研究探索老年教育问题，在此领域具有独到的见解。2018 年，她率领团队研究的全国教育科学规划课题"我国老年教育资源短缺的协同发展研究"、山东省社科规划重点课题"老年教育资源短缺问题研究"，对于解决老年教育资源短缺问题具有重要的理论指导意义。《我国老年教育资源协同发展研究》是她在系统总结多年来研究成果的基础上，立足学术前沿，以"老年教育资源协同发展"为切入点和突破口，有针对性地实施了大量实地调研，获取了宝贵的一手材料和数据，占有资料丰富，引用数据翔实，得出的结论和提出的方案具有很高的理论价值和重要的现实意义，是一本具有理论创新性的著作。

新时代老年教育发展，需要政府、教育机构、民间团体等多方力量共同参与。《我国老年教育资源协同发展研究》通过对老年教育资源、管理体制现状的全景刻画，对老年教育存在的问题及原因的深刻剖析，精准设计了老年教育多主体协同发展的战略选择，实现了社会学、经济学、教育学等多个学科的有机结合，进一步揭示了老年教育发展与我国养老事业发展和应对人口老龄化之间的正向促动关系，探寻提出了老年教育资源协同发展理念，补充和完善了老年教育资源战略性路径选择，为政府及相关决策部门提供了数据参考和决策依据，为有志于发展老年教育的相关高校、社会养老机构以及第三方老年教育机构等提供了路径选择，对推动多主体深化发展老年教育事业，指导新时代老年教育实践必将产生重要作用。我很高兴为这样一部致力于我国老年教育理论研究的专著作序。相信在越来越多的专家和有识之士的共同努力下，会取得越来越多有价值的老年教育理论研究成果，为积极应对人口老龄化，满足老年人终身学习需求，提高老年人生活生命质量，构建学习型社会做出新的更大贡献。

杜英杰

中国老年大学协会副会长

山东省老年大学协会会长

山东老年大学前校长

2020 年 4 月 8 日

目　录

第1章 绪　　论

在老龄化进程不断加快，多元老龄问题日趋加剧的时代背景下，充分发挥教育的作用，以发展老年教育促进老龄问题的解决，既是终身教育理念向我们提出的要求，也是和谐社会发展的时代要求。自 20 世纪 80 年代以来，我国老年教育经过多年发展，取得了长足的进步，但仍然存在着诸如总量性短缺、财政性短缺、体制性短缺、结构性短缺等突出问题；而这些问题也亟待政府协同教育机构、民间团体、社会组织等多方主体力量共同参与，通过确立协同治理目标，遵循协同发展原则，推进老年教育供给侧改革以实现资源的均衡配置，完善老年教育管理体制实现共建共治共享，构建综合长效机制以期实现高校协同发展老年教育的最终目标。

1.1　研究背景及意义

1.1.1　研究背景

中国是世界上人口老龄化程度较高的国家之一。根据国家统计局发布的最新人口数据显示，截至 2019 年末，中国大陆总人口 140005 万，65 岁以上人口 17603 万，老龄化率达到了 12.6%。①

老年教育工作如何更好地适应人口老龄化，党和国家对此高度重视。继中国共产党第十八次全国代表大会提出要"积极性应对人口老龄

---

① 国家统计局网站，"人口年龄结构和抚养比"，https：//data. stats. gov. cn/easyquery. htm? cn＝col。

化，大力发展老龄服务事业和产业"后，《中华人民共和国国民经济和社会发展第十三个五年规划纲要》（以下简称《"十三五"纲要》）中也明确要求开展应对人口老龄化行动。① 之后，国务院发布了《老年教育发展规划（2016～2020年）》（以下简称《规划》），《规划》指出："要以扩大老年教育供给为重点，以创新老年教育体制机制为关键，以提高老年人的生命和生活质量为目的，整合社会资源、激发社会活力，提升老年教育现代化水平，让老年人共享改革发展成果，进一步实现老有所教、老有所学、老有所为、老有所乐，努力形成具有中国特色的老年教育发展新格局。"② 为积极应对人口老龄化，贯彻党的十九大决策部署，中共中央、国务院于2019年11月印发了《国家积极应对人口老龄化中长期规划》（以下简称《中长期规划》），《中长期规划》从社会财富储备、劳动力有效供给、服务和产品供给体系、科技创新能力以及社会环境五个方面部署了应对人口老龄化的具体工作任务，并明确了积极应对人口老龄化的战略目标：到2022年，积极应对人口老龄化的制度框架初步建立；到2035年，积极应对人口老龄化的制度安排更加科学有效；到21世纪中叶，与社会主义现代化强国相适应的应对人口老龄化制度安排成熟完备。③

在当前新形势下，为了更好地推进我国老年教育事业的发展，需要深入研究我国老年教育的发展现状，找出发展面临的难题并采取有效手段加以应对。纵观国际、国内研究，在不同地区的经济发展条件及不同老年教育价值取向下，国内外对老年教育的研究表现出不同的发展趋向。

国外老年教育开始于20世纪70年代。经过多年发展，相当一部分西方国家的老年教育研究已经形成一系列较为成熟的理论模型，老年教育的模式、内容和管理体制也都比较完备。但是随着经济社会的不断发展，社会福利制度的代际矛盾不断激化，一些老年教育方面的社会问题开始逐渐凸显。虽然在20世纪70年代，欧美国家的学者们开始了关于

---

① 《中华人民共和国国民经济和社会发展第十三个五年规划》，http：//www.gov.cn/xinwen/2015－11/03/content_5004093.htm。

② 《老年教育发展规划（2016～2020）》，http：//www.gov.cn/zhengce/content/2016－10/19/content_5121344.htm。

③ 《国家积极应对人口老龄化中长期规划》，http：//www.gov.cn/xinwen/2019－11/21/content_5454347.htm。

协同发展教育的研究，并意识到区域合作与共同发展对于教育资源的发展具有重要意义，但是截至目前协同发展仍未被用于老年教育资源研究，区域间、区域内和各级管理机构对于其发展的作用机理存在着广阔的探究空间。在国外的研究中，社会福利保障、老年人健康、养老理念文化和教育以及老年人再就业等内容是国家解决养老问题的重要举措，实施改革退休制度、延长退休年龄、延长工作时间等措施以应对人口老龄化带来的一系列社会问题。

与国外老年教育发展现状有所不同，我国的老年教育目前主要是以发展老年大学为主。以增长知识、陶冶情操、促进健康及服务社会为办学宗旨的老年大学，已经成为老年人学习知识、培养爱好以丰富物质生活及精神生活的重要途径，是积极老龄化的重要平台和载体。自党的十八大以来，中国老年教育事业快速发展，初步形成了社会组织、教育、文化、民政、老龄等部门共同推进老年教育的格局。但是，老年教育依然存在资源供给不足、管理部门职责不明等问题。调查表明，当前国内老年教育面临的最大问题就是日益加剧的资源供需矛盾，出现了"学习名额一位难求，排长队报名"的现象。此外，学术界基于教育理论视角的老年教育研究长期处于边缘状态，相关成果较少，且多属于宏观层面的论述，缺乏深刻性、全面性和系统性的理论研究，仍具有较大研究空间。同时，目前大多数关于老年教育的研究主要基于政府单一主体，而从协同治理视角探讨政府、教育机构、民间团体等多主体共同参与、协同发展的研究相对较少。放眼未来，我国老年教育正向着教育管理体制逐步完善、老年社会价值不断增强的趋势发展，因此有必要立足老年教育学原理，遵循教育发展规律，从协同治理视角深入探究老年教育资源如何实现高效配置，从而缓解资源短缺、改善供需矛盾，进而从根本上改变中国老年教育需求与经济社会发展脱节的问题。

1.1.2 研究意义

在多元老龄问题不断加剧的背景下，解决我国老年教育资源短缺问题，需要政府、教育机构、民间团体等多方力量共同参与，创新协同机制。本书通过对老年教育资源现状、管理体制现状的全景刻画，深刻剖析老年教育存在的问题及原因，精准设计老年教育多主体协同发展的战略选择，具有理论和实践双重维度的研究意义。

1. 理论意义

老年教育资源协同发展的研究，实现了社会学、经济学、教育学等多个学科的有机结合，进一步揭示了老年教育发展与我国养老事业发展和老龄化问题解决之间的正向促动关系。协同发展老年教育资源，大力发展老龄事业亦是满足老年人多样化学习需求、提升老年人生活品质、促进社会和谐的必然要求。通过对问题的分析和对策的提出，证实了老年教育是我国养老服务体系的重要组成部分，进一步发展和完善老年教育是发展终身教育体系的重要环节。对于老年教育资源发展情况的探索符合我国老龄社会实现可持续发展的新格局。在梳理当前老年教育资源现状的基础上，以老年教育资源短缺这一问题作为切入点，通过比较不同地区的研究数据，进而对目前我国老年教育资源短缺的特点和问题进行分析，开拓性地设计出一条由政府机关、教育机构以及社会力量等共同参与的协同发展路径，有效地完善了老年教育理论体系。同时，研究成果有利于规范老年教育体系标准，推动老年教育活动创新思路。

2. 现实意义

结合国内外相关领域的调研，以老年教育促进人口老龄化的问题的解决为前提，本书对全国典型地区老年教育的发展现状、存在的问题进行了细致梳理，通过深入了解老年教育现状，尤其是老年教育资源短缺现状及主要特点，探寻并提出协同发展的理念以补充和完善老年教育资源的战略性路径选择，致力于通过实地调研，协同政府、高校与社会资源等力量的途径，共同解决老年教育资源短缺的实际问题。

首先，国外老年教育的经验与启示，可为我国老年教育提供可借鉴、可推广的协同模式。本书在探究国内老年教育资源发展现状的同时，深度剖析国外老年教育的发展状况及其特点，并结合相关文献资料，从理念层面、制度层面、发展规划、资金保障、办学渠道等多个层面提出建设性意见，如实现老年人个人价值、多元化投资、明确老年人受教育权利、创建中国特色的老年教育发展新格局、依托现有高校协同发展等，丰富了老年教育理论研究，为我国未来老年教育的发展实践提供了新的路径选择。

　　其次，高校发展老年教育能有效缓解我国老年教育供需矛盾和发展不平衡等问题。高等学校作为全日制高等教育的主体和场所，有雄厚的人力资源、优质的硬件资源和丰富的学科门类，高校协同发展老年教育不仅可以通过教育资源的共享直接提高老年学员的教育质量，还可通过对老年大学或社区老年教育基地的现有师资和管理人员进行培训，间接改善老年教育的水平。本书通过构建与运行长效的协同发展机制，设计高校协同发展老年教育的一体化模式，制定可普遍适用于各高校推进老年教育工作的综合性指南，以此推动老年教育持续、高效发展。

　　再次，完善老年教育管理体制，实现资源的共建共享。我国老年教育多元化管理体制的交叉和分工不明问题，严重影响了老年教育管理的效率，导致很多政策的实施很难达到上下贯通。因此，本书针对目前我国老年教育的管理体制存在的问题，从转变观念、确立老年教育制度的原则，加强顶层设计以及推动老年教育政策法制化等方面着手，试图完善老年教育管理体制，以实现资源的共建共享。

　　最后，老年教育协同发展的研究结论为政府、社会等相关部门提供数据参考和决策咨询。在对大量一手数据科学分析基础上得出的研究成果，将提供给各级政府的相关决策部门及各地市老龄委、教育等有关行政部门，为发展老年教育及老年事业提供决策参考，为其鼓励、引导、支持各方力量协同发展老年教育提供借鉴；提供给有志于协助老年教育的相关高校以及社会养老机构、第三方老年教育机构等，为其多渠道、深化发展老年教育提供实现路径和操作策略方面的参照；提供给老年教育受众及潜在受众的老年人，鼓励、引导其积极参与老年教育事业活动，积极为老年教育事业建言献策。从而推动我国老年教育活动主体不断创新思路、不断优化模式、不断丰富内容。在老龄化及养老问题日益凸显的今天，本书成果对于推进我国养老事业快速发展具有深远意义。

1.2　研究目的及方法

1.2.1　研究目的

　　本书在人口老龄化日益严峻的背景下提出，通过对相关文献的梳理和相关资料的查阅，对国内老年大学、老年大学协会等老年教育机构官方网站的调查以及对国家统计年鉴数据的整理，梳理总结出我国老年教育资源的基本现状，以老年教育发展的相关理论为基础，理清我国老年教育资源短缺现状及问题，归纳概括为总量性短缺、财政性短缺、结构性短缺以及体制性短缺四个方面，以我国老年教育资源短缺问题为研究对象，将协同政府、社会及教育机构等多方力量共同解决老年教育资源短缺问题作为研究目的。同时，借鉴国外老年教育发展的成功经验，结合具体情况，最终绘制协同发展老年教育资源的战略路径。

1.2.2 研究方法

本书依据"提出问题—发现问题—分析问题—解决问题"的逻辑路径展开。在梳理国内老年教育发展历程与老年教育资源现状的基础上，依据权利理论、需求层次理论、终身教育理论、积极老龄化理论以及协同发展理论，采用理论研究法、访谈法、比较研究法等方法，在借鉴国外老年教育的成熟经验基础上，希望在加大老年教育资源供给、完善管理体制机制、改善投资模式、丰富办学方式等方面提供一些有价值的研究成果。本书主要采用了以下几种研究方法：

1. 文献研究法

通过对相关文献的梳理以及相关资料的查阅，了解我国人口老龄化背景下老年教育的发展现状以及老年教育资源的基本情况，找出可能存在的相关问题，制订相应的调研计划，有针对性地提出发展对策。在调研结束后通过查阅国内外的相关研究成果、最新的政策文件等完善研究逻辑框架，提炼共性及特性发展问题及原因，概括形成可行的多主体解决方案。

2. 实地访谈法

通过对老年大学、社区、居家养老机构、大学等形式的老年教育活动参与的主、客体以及老年教育机构相关负责人进行实地访谈，了解老年教育资源的配置现状以及管理中存在的问题和困难。同时通过走访倾听老年群体对老年教育的看法以及在老年教育资源管理等方面的态度，了解老年人的参与兴趣与偏好，并对得到的反馈结果进行分类整理，据此探寻更科学合理的老年教育未来发展之路。

3. 问卷调查法

前期通过搜集相关文献资料，针对不同调研区域的发展水平、风俗习惯、文化差异等，面向所调研单位的不同主体，制定科学简练的调查问卷。在调研过程中对老年教育管理者、提供者、受益者等进行发放，确保问卷的真实有效性，为研究积累一手的数据与信息；了解最真实的意见建议，为后期探究发展问题和形成解决方案及建议提供重要依据。

4. 描述统计分析法

运用统计图表、频数/频率、均值、标准差等概括性指标，描述研究对象的数据分布特征的一种方法。本书利用该方法对全国以及典型地区老年教育资源现状展开分析，以期发现老年教育发展的特征规律以及存在的基本问题。

5. 数据包络分析法

数据包络分析法（data envelopment analysis，DEA）是针对具有可比性的同类型决策单位，基于多投入、多项产出指标体系，在某种诸如规模报酬不变（CRS）或规模报酬可变（VRS）等假设下，构建线性规划模型，进行资源配置决策的相对有效性评价的一种非参数统计方法。本书基于老年教育资源的经费投入、师资数量、社区学校、老年大学及其校舍面积等，以及当年在校学生人数、毕业学生人数等投入—产出指标体系，构建规模报酬可变假设下的 DEA 模型，针对山东省 16 地市的老年教育资源配置效率进行评价，以期从山东地市级层面获取相关经验和发现问题。

6. 因子分析法

因子分析法是从研究多元指标相关矩阵内部的依赖关系出发，把一些信息重叠、具有错综复杂关系的指标变量归结为少数几个不相关的综合因子的多元统计分析方法。其基本思想是根据相关性大小对变量进行分组，使得同组内变量间相关性较高，不同组的变量不相关或相关性较

7

低，每组变量代表具有一定含义的公共因子。本书利用因子分析方法构建山东省 16 地市老年教育资源利用综合评价指标体系，以及用于构建 PLS – SEM 模型时的单一维度要求的检验，以保证实证研究工作的顺利进行。

7. PLS – SEM 结构方程模型法

结构方程模型法（structural equation modeling，SEM）是一种建立、估计和检验因果关系模型的新一代统计方法。利用结构方程和测量方程两类模型统一刻划可观测变量与不可观测变量之间的关系。一般基于最大似然估计的协方差结构分析方法构建的 SEM 模型至少需要 300 个以上的样本数据，且要求样本数据近似服从正态分布的条件。而基于偏最小二乘法（PLS）的方差分析方法构建的 SEM 模型，适用于小样本数据情形，且对样本数据分布不做任何假设。鉴于样本数据特征，本书参考李国锋（2013）[①] 的做法，利用 PLS – SEM 模型方法针对山东省 16 地市老年教育状况进行综合评价。

1.3 技术路线图

本书以我国老年教育资源协同发展为研究对象，立足权利理论、需求层次理论、终身教育理论、积极老龄化理论、协同发展理论等基本理论，运用实地访谈法、问卷调查法、因子分析法等研究方法，将规范分析和实证分析相结合，遵循"提出问题—发现问题—分析问题—解决问题"的逻辑路径展开研究（见图 1 – 1）。首先，从总体上对世界范围内老年教育资源协同发展研究的相关文献进行梳理和总结，为本书提供参考和借鉴依据。其次，围绕老年教育的对象与目的，界定老年教育的内涵与属性，为探究我国老年教育资源协同配置问题提供理论基础和分析框架。再次，在对我国 20 世纪 80 年代以来老年教育发展历程进行梳理的基础上，结合典型地区案例分析和实证模型检验，从我国老年教育资源配置现状和管理体制现状两个维度，全面把握我国老年教育发展的现

[①] 李国锋、孟亚男：《我国部属高校科技活动综合评价——基于 PLS 路径模型的实证研究》，载于《研究与发展管理》2013 年第 2 期，第 99～110 页。

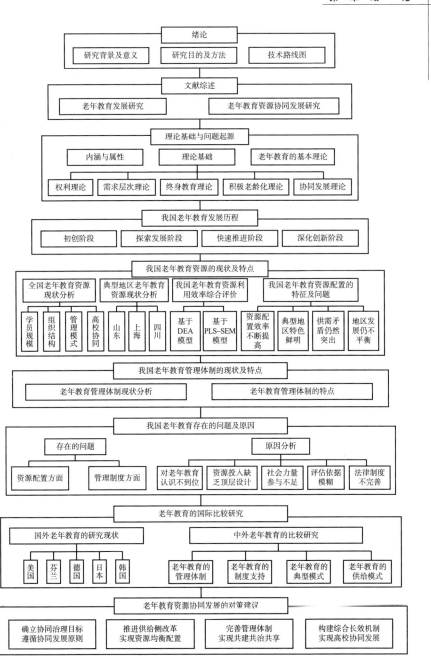

9

图 1-1　技术路线图

状及特点。随后，在理论分析和实证研究基础之上，深刻剖析了我国老年教育资源配置和管理体制两个层面存在的问题及原因。"他山之石，可以攻玉"，本书进一步通过借鉴美国、芬兰、德国、日本、韩国等发达国家老年教育模式和经验，从老年教育的管理体制、制度支持、典型模式、供给模式四大方面对中外老年教育进行了对比，以期从经济、社会、人文等深层次原因找寻我国老年教育发展的不足。最后，本书从确立协同治理目标和发展原则、推进老年教育多元化供给改革、完善老年教育管理体制以及构建高校协同的综合长效机制等方面，提出实现老年教育协同发展的战略思路和对策建议，以期实现老年教育事业高质量发展和积极老龄化的最终目标。

第2章 文献综述

在老龄化进程不断加快，多元老龄问题日趋加剧的时代背景下，充分发挥教育的作用，以发展老年教育促进老龄问题的解决，既是终身教育理念向我们提出的要求，也是引领时代发展，创新前沿研究领域的关键所在。本章通过对国内外相关学者所作文献的梳理以及多方查阅与老年教育相关的资料，从老年教育发展和老年教育资源协同发展两个维度，对相关研究文献进行梳理与评述。

2.1 老年教育发展研究

老年问题虽然是现实的社会焦点，但是与之相关的老年教育研究却并非当前学术研究的关键领域。不可否认，现实社会对老年养生、老年保健的关注度远高于老年教育。老年教育相关研究文献在学术界亦未形成规模，整体研究水平还有待提高。学术界对老年教育研究的成果较少，且现有的多是宏观层面的论述，缺乏深刻性、全面性和系统性。从研究视角上来说，相关的研究具有明显的学科分化，主要集中在社会学、人口学、宏观经济学、成人教育等领域，而从教育理论、教育经济与管理理论学科视角的研究依旧相对薄弱。因此，基于教育视角的老年教育研究长期处于边缘状态且仍未得到改变，尚存在较大研究空间。

2.1.1 国外老年教育发展研究

近代以来，老龄化现象在世界上各个国家相继出现，人口老龄化已日益成为一个急需世界贡献智慧的全球性问题。各国在面对人口老龄化问题上都有着各自的观点和对策。其中，欧美一些老牌资本主义发达国家老年教育发展更趋成熟完善。

1. 老年教育价值研究

保罗·朗格朗（Paul Lengrand）在其《终身教育导论》① 一书中，提出了"终身教育观"一说，认为"教育要强调顺序性和连贯性"，教育应贯穿生命始终。该理论的提出使人们意识到了对成人教育和老年教育长久以来的忽视。老年教育是有价值的，认识到老年教育的价值是老年教育发展的开端，也是基础。通过对国外的文献梳理我们发现，老年教育的价值主要表现在正确认识衰老、避免老年歧视、提高老年质量以及促进个体发展等方面。

贾维斯（Jarvis P., 2001）② 通过整合在美国和英国收集到的信息，探讨了学习这一活动在整个人类生命周期中的重要作用，尤其是其对于正确认识衰老的重要作用，为老年教育实施的必要性和重要性提供了依据。桑德拉·麦圭尔等（McGuire Sandra，2005）③ 也认为开展老年教育的必要性体现在老龄化教育有助于克服年龄歧视和对衰老的恐惧，有助于抵制社会上关于衰老的错误信息。有相当的学者研究了老年教育对于老年人健康以及提高老年质量方面的积极作用。夏莲娜等（Halina，2012）④ 基于对第三年龄大学内受教育者的实证研究，比较研究了老年人和参加 U3A 继续教育课程的老年人的老龄化和老年质量。研究结果表明，老年教育是提高老年人的衰老质量和快乐老龄化的有效途径，老年素质与老年质量以及快乐老龄之间有着明显的正相关关系。格萨和格伦迪（Gessa & Grundy，2013）⑤ 利用丹麦、法国、意大利和英国的纵

---

① ［法］保罗·朗格朗著，腾星等译：《终身教育导论》，华夏出版社1998年版，第16页。

② Jarvis, Peter. Learning in Later Life: An Introduction for Educators & Carers ［M］. 2001.

③ McGuire, S. L., Klein, D. A. & Couper, D.. Aging Education: A National Imperative ［J］. Educational Gerontology, 2005, Vol. 31（No. 6）：443 – 460.

④ Zielińska – Więczkowska, H., Muszalik, M. & Kędziora – Kornatowska, K.. The analysis of aging and elderly age quality in empirical research: Data based on University of the Third Age（U3A）students ［J］. Archives of Gerontology and Geriatrics, 2012, 55（1）.

⑤ Gessa, G. D., Grundy, E.. The relationship between active ageing and health using longitudinal data from Denmark, France, Italy and England ［J］. Journal of Epidemiology and Community Health, 2013, 68（3）：261 – 267.

向数据，研究了积极老龄化与健康的关系。哈塔尔（Hatar，2019）[①] 关注了年龄管理在积极老龄化和老年积极生活中的作用，并从教育的角度探讨了积极老龄化与老年人社会融入之间的关系，指出了两者存在着正相关的积极关系。希拉妮等（Shirani，2019）[②] 则研究证实了与健康相关教育项目在改善老年人总体健康和生活满意度方面的有效性。玛丽·伍尔夫（Mary Wolf，2019）认为终身教育对个人的发展具有重要的意义，能够帮助个体找到将年龄增长和自由发展结合起来的途径[③]。弗兰克·格伦德宁（Frank Glendenning，1990）[④] 认为老年人的教育应该与他们对生活的掌控、再培训、自我实现和赋权有关。莫特（Mott V. W.，2008）[⑤] 指出随着美国社会的极具老龄化，农村老年人有复杂、动态、多样的学习需求，老年人学习的主要目的有：自给自足、社会参与、休闲和自我完善。艾斯坦斯（Istance D.，2015）[⑥] 提出，面对快速发展的老龄化社会，老年学习的积极本质是应对这一现象的关键方面，证据揭示了退休人员与普遍认为的技能和能力下降相反的微妙情况，应该通过相关职业技能教育，充分利用这一部分重要人力资源。山下高石等（Yamashita Takashi，2019）[⑦] 以美国 50 岁及以上居民为研究对象，探讨了终身学习在健康与教育成就之间所扮演的媒介作用，研究表明：终身学习是一种可自主和可持续的改善晚年健康的有效策略，未来的公共卫

13

① Hatar，Ctibor. Active Ageng and Active Old Age in the Educational Contest［J］. Ad Alta：Journal of Interdisciplinary Research. 2019，Vol. 9（No. 1）：97 – 102.

② Shirani，M.，Kheirabadi，G.，Sharifirad，G.，Keshvari，M. The Effect of Education Program on Health Promotion Behavior on Successful Aging［J］. Iranian Journal of Nursing and Midwifery Research，2019，Vol. 24（No. 3）：234 – 238.

③ Mary Alice Wolf. Personal development through learning in later life［J］. New Directions for Adult and Continuing Education，1992，Vol. 1992（No. 53）：73 – 84.

④ Glendenning，Frank，Battersby，David. Educational Gerontology and Education for Older Adults：A Statement of First Principles［J］. Australian Journal of Adult and Community Education，1990，Vol. 30（No. 1）：38 – 44.

⑤ Mott，V，W，Rural education for older adults［J］. New Directions for Adult and Continuing Education，2008（117）：47 – 57.

⑥ Istance，D. Learning in Retirement and Old Age：An Agenda for the 21 st Century［J］. European Journal of Education，2015，50（2）.

⑦ Yamashita，Takashi，Bardo，Anthony R.，Liu，Darren，Yoo，Ji Won. Education，lifelong learning and self-rated health in later life in the USA［J］. Health Education Journal（HEALTH EDUC J）. 2019，Vol. 78（No. 3）：328 – 339.

生政策和教育政策以及教育机构应该考虑为老年人提供更多的学习机会。

2. 老年教育实践研究

在老年教育的实践层面，国外学者分别从老年教育的参与主体、办学方式、学习内容等不同角度对其发展情况进行了深入研究。

在老年教育参与主体上，舒勒和博斯坦（Schuller & Bostyn，1992）[①]通过对美国老年教育及相关培训情况进行的详尽研究，认为老年教育应该融入家庭、学校和社区生活之中，对人们进行老龄化教育是国家的当务之急。卡尔顿和索尔斯比（Carlton S. & Soulsby，1999）[②]则通过对国家成人继续教育研究所（NIACE）对老年学习者参与正式和非正式学习的调查研究的描述，介绍了包括地方当局、继续教育、高等教育和志愿部门等部门参与老年教育提供的一系列良好范例。鉴于社会对人口老龄化的日益重视，大学社区也正在扩大针对老年人的终身学习项目[③]。博尔顿·刘易斯等（Boulton Lewis et al.，2010）[④]探讨了关于老年教育更为具体的问题：什么样、为什么以及怎么做。他指出国外有很多由正式系统提供的老年学习机会，有些项目是在大学里组织的，比如英国在假期期间使用大学宿舍为老年人开设的课程，美国也有不少大学在他们的校园里建立了退休宿舍，它的直接意图就是让居住者可以参与继续学习。此外还有一些老年人自己发起的非正式类型的老年学习形式。在老年教育内容上，老年教育不仅提供了认知知识，也在影响人们情感领域方面做出了贡献[⑤]。国外老年教育在实践过程中，既有从小抓起的老年观教育，如麦圭尔·桑德拉（McGuire Sandra，2003）在其《长大，变老》一文中，着重论述了美国如何利用儿童文学的优势，从心理层面从

① Schuller, T. & Bostyn, A. M. . Education and Training for the Third Age in the UK：A Preliminary Report from the Carnegie Inquiry [J]. International Review of Education, 1992, Vol. 38 (No. 4)：375 – 392.

② Carlton, S. , Soulsby, J. . Learning To Grow Older & Bolder：A Policy Paper on Learning in Later Life [J]. 1999.

③ Mc Williams, Summer. Choosing Learning in Later Life：Constructions of Age and Identity among Lifelong Learners [J]. Pro Quest LLC, Ph. D. Dissertation, The Florida State University.

④ Boulton – Lewis, Gillian, M. . Education and Learning for the Elderly：Why, How, What [J]. Educational Gerontology, 2010, Vol. 36 (No. 3)：213 –228.

⑤ Mc Guire, Sandra, L. . Growing Up and Growing Older [J]. Childhood Education, 2003, vol. 79 (No. 3)：145.

小培养对老年的积极态度，为儿童提供榜样，以促进积极的老年观行为；也有对老年人积极老年观的培养，如美国老龄化管理局每年都有一个针对老年人的主题月，为老年人庆祝，教他们如何变老，并参与代际活动①，麦圭尔认为代际活动是老年教育的重要组成部分。在对影响老年教育参与度的研究上，塔马格（Talmage C. A.，2015）② 研究了不同的学习主题内容对大学终身学习机构的课堂出勤率的影响，并提出了一个问题：哪些学习主题吸引学生参加终身学习计划，并对加强终身学习计划的经验和影响进行了讨论。最终研究结果显示，终身学习者对全球性问题、宗教/哲学、社会问题以及特定群体和个人的课程更感兴趣。柏斯·劳里等（Buys L.，2016）③ 则对影响老年人参与终身教育学习的结构性障碍因素进行了实证研究，期望能为政策制定者、机构、组织和政府等提供一份可能做出改变的领域清单，以改善老年人在老年阶段的学习机会。

除了上述研究，也不乏专门针对第三年龄大学进行的研究。这其中既包括对第三年龄大学从始至今发展的研究，也不乏对其未来的展望。凯茜·莫里斯（Cathy Morris，1984）④ 通过对巴黎大学和剑桥大学第三年龄大学体系运作的描述，作者考察了这一模式从法国向英国转移过程中所产生的差异。斯温德尔和汤普森（Swindell R. & Thompson J.，1995）⑤ 从国际视角，对第三年龄大学在西方众多国家的相继效仿建设进行了相关概述。黄锦山（2006）⑥ 在《英国的第三年龄大学》（The University of the Third Age in the UK）一文中，对英国的第三年龄大学（U3A）异于法国发展方式的原因做了深入阐释，并对其与现有大学或

① Mc Guire, S. L., Klein, D. A. & Couper, D. . Aging Education: A National Imperative [J]. Educational Gerontology, 2005, Vol. 31 (NO. 6): 443 – 460.

② Talmage, C. A., Lacher, R. G., Pstross, M. et al. Captivating Lifelong Learners in the Third Age: Lessons Learned From a University – Based Institute [J]. Adult Education Quarterly, 2015, 65 (3): 232 – 249.

③ Buys, L., Aird, R., Boulton – Lewis, G. . Older Australians: Structural barriers to learning in later life [J]. Current Aging Science, 2016, 9 (3).

④ Morris, Cathy. Universities of the Third Age [J]. Adult Education (London). 1984, Vol. 57 (No. 2): 135 – 139.

⑤ Swindell, R. & Thompson, J. . An International Perspective on The University of the Third [J]. Education Gerontology, 1995, 21 (5): 429 – 447.

⑥ Chin – Shan Huang. The University of the Third Age in the UK: An Interpretive and Critical Study [J]. Educational Gerontology, 2006 (32): 825 – 842.

学院以及地方政府的关系进行了深入探索。作者指出相较于法国，英国U3As 有如下特点：不与知名大学保持密切关系、不期望得到政府的管理和财政等支持以及不强调高学术标准。所有的这些不同点都与英国第三年龄大学期望保有充分的独立性、自主自助、成员自行运行的办学思想密不可分。在对第三年龄大学的合理化运用方面，勒米厄等（Lemieux，2007）① 认为迫切需要在传统大学和第三年龄大学之间建立一种伙伴关系模式，以确保为老年人工作的教育工作者提供更好的培训，第三年龄大学与传统教育学院联系起来，有利于进一步完善对未来老年教育者的理论和实践的专业培训。詹姆斯（James K. L.，2008）② 在认识到越来越多的老年人对学习艺术和手工艺感兴趣的趋势下，通过英国第三年龄大学探索了老年教育在艺术教育方面新的可能性。马文·福尔摩沙（Formosa M.，2012）③ 则通过探讨第三年龄大学的起源和发展，成功和不足，在未来发展方面提出要继续加强 U3A 的建设，为老年人提供更高的学习质量、更多元的教学和课程。并进一步提出了扩展建立第四年龄大学（U4A）以应对有身体健康问题的老年人的晚年教育问题的畅想，希望提供更广泛的老年教育参与渠道，帮助老年人应对身体和认知的挑战。

2.1.2　我国老年教育发展研究

我国老年教育经过几十年的发展已经具备了一定的规模，取得了一定的成就。在这一部分，通过对国内老年教育发展展开研究，整体把握我国老年教育现状，有助于我们立足当下，找出不足，为我国老年教育更好的发展出谋划策。

① Lemieux, André, Boutin, Gérald, Riendeau, J.. Faculties of Education in Traditional Universities and Universities of the Third Age: A Partnership Model in Gerontagogy [J]. Higher Education in Europe, 2007, 32（2－3）: 151－161.

② James, Kathy Lynn. Rethinking art education for older adults: An ethnographic study of the university of the third age [J]. Dissertation Abstracts International. Section A: Humanities and Social Sciences, 2009, Vol. 69（No. 11A）: 4215.

③ Formosa, M.. Four decades of Universities of the Third Age: past, present, future [J]. Ageing and Society, 2012, 34（1）: 1－25.

1. 我国老年教育发展研究概况

伴随老年教育的实践发展，我国老年教育的相关研究呈现快速发展态势。老年教育的理论研究是老年教育发展过程中的思想标杆和价值定位。从理论上把握老年教育，不仅能够总结老年教育的办学经验和发展规律，也能够指导老年教育的实践应用，合理有效地推动老年教育的蓬勃发展。

我国老年教育事业起步较晚，理论研究成果不够丰富，从 1980 ～ 2017 年间国家和教育部关于老年教育相关研究立项项目的统计分析看（见图 2－1），国家级研究项目出现时间较晚，由北京大学人口所的王红漫等人编著的《老年教育问题研究》在 2000 年正式立项。2010 年之后，我国老年教育研究越来越受到重视。"十二五"规划有专门对老年教育事业的陈述，老年教育研究团队也显著增长，2011 ～ 2015 年全国教育科学"十二五"规划课题立项中，有关老年教育的研究课题有 8 项，显现出我国老年教育理论研究的增长态势。

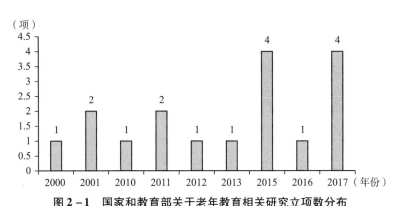

图 2－1 国家和教育部关于老年教育相关研究立项数分布

资料来源：叶忠海：《中国当代老年教育发展研究》，华东师范大学出版社 2019 年版。

自 20 世纪 80 年代末，国内学术界就开始关注老年教育的问题，第一部著作是在 1985 年由光明日报出版社出版的《中老年案头之友》，此后著作数量不断增加（见图 2－2）。1985 ～ 2017 年公开出版的老年教育著作数共有 111 部。从《老人教育》到《高龄者的学习权和社会权》，从《辉煌的里程：上海老年教育总览》到《中国老年教育发展战略研究》，不仅在研究内容上更加丰富，在研究的深度和难度上也有了明显提升。2014 年，叶忠海等编著《老年教育理论丛书》从不同角度对老

年教育进行了深入研究，阐明了老年教育产生的必然性、现实性和理论
基础，主要包括老年教育学通论、老年教育经济学、老年教育管理学、
老年教育社会学、老年教育心理学、海外老年教育等六个部分。随着社
区的出现，学者们对社区老年教育的研究日趋增加，2012～2017 年出
版的有关社区老年教育的著作有 7 部。

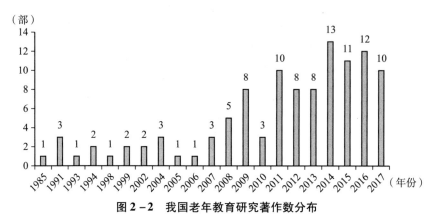

图 2-2　我国老年教育研究著作数分布

资料来源：杨德广：《老年教育学》，人民教育出版社 2016 年版。

　　基于中国知网（CNKI）数据库，以"老年教育"为关键字进行博
硕士学位论文高级检索，共检索到相关文献 297 篇，文献数量随时间呈
快速增长趋势，如图 2-3 所示。

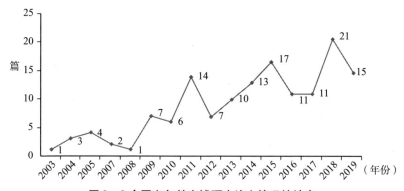

图 2-3 全国老年教育博硕士论文情况统计表

资料来源：中国知网（CNKI）数据库。

由图 2-3 可以看出，2003~2019 年间，论文发表数量呈上升趋势，有关老年教育相关问题的研究越来越受到重视，但由于老年教育的产生、发展时间不长，相关研究文献在学术界尚未形成规模。这在一定程度上也反映出了老年教育研究仍存在很大空间。从学位论文构成上看，143 篇博硕士学位论文中有 3 篇博士论文和 140 篇硕士论文，论文的授予单位分布是：上海师范大学 12 篇，华东师范大学 10 篇，东北师范大学 6 篇，陕西师范大学 5 篇，福建农林大学 4 篇，华侨大学、安徽大学和大连理工大学各 3 篇，如图 2-4 所示。从论文的研究内容上看，以个案分析居多，多采用文献法、调查法、访谈法和描述统计法展开研究，但调研范围较小。持续增加的博硕士学位论文数据在一定程度上显示了老年教育的研究价值，尤其是在我国人口老龄化矛盾日趋凸显的今天，老年教育的研究具有极大的发展和深化空间。

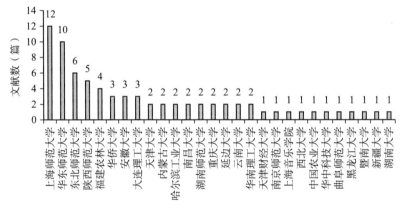

图 2-4 全国老年教育研究相关学位论文情况统计

资料来源：中国知网（CNKI）数据库。

2. 理论建设

王英（2009）[①] 提出中国老年教育以丰富老年人生活为主要取向，康复理论是其实践的主导理论，并认为西方老年教育理论比如权力理论、终身教育理论、社会参与理论等虽在中国老年教育的建设过程中也

[①] 王英：《中外老年教育比较研究》，载于《学术论坛》2009 年第 1 期，第 201~205 页。

有所体现，但并未处于主导地位。康复理论认为针对老年人的教育应该以
"康乐、休闲"为核心，主张休闲轻松的教育内容。张竹英（2012）[1] 认
为中国老年教育在研究内容方面既要注意结合自身实际坚持中国特色，
又要注意吸收借鉴世界先进科学的研究成果，如各国在有关老年人终身
教育、社会参与、权益保障等方面的研究成果。伊继东等（2015）[2] 认
为中国的老年教育建设更多的是以福利理论为价值导向，在实践中更倾
向于对老年人乐享晚年的教育，将老年人视作"非必要的社会劳动
者"，没有对老年人群体蕴含的丰富人力资本价值给予充分重视。丁馨
（2017）[3] 则以江苏省为例，认为其在老年教育实践中更多的受康复理
论的影响，内容较为单一，并进一步提出要继续加强老年教育相关理论
研究的深度和广度，不断完善和充实老年教育内容。姜卓娅（2017）[4]
认为面对日趋严重的老龄化挑战，在老年教育理念层面，我们应该坚持
人本理念，并树立终身教育理念。卢悦（2019）[5] 认为老年教育发展理
念上的个体认识性差异，尤其是管理者间的差异，是不同地方在实践过
程中存在差异的重要主观因素。张瑾和韩崇虎（2019）[6] 认为中国在政
策建设上有着丰富老年人生活和终身学习的价值取向。

3. 实现途径

伊继东等（2015）[7]指出中国老年教育模式主要包括学校式、活动
式以及自助式三种模式，具体主要有老年学校教育、远程老年教育、社
区老年教育、单位老年教育、老年人自主教育五种教育形式。杨晨和李

---

① 张竹英：《国内老年教育研究发展综述》，载于《天津电大学报》2012 年第 3 期，第
15～23 页。

②⑦ 伊继东、段从宇、宗佶：《协同创新发展老年教育的思考》，载于《云南社会科学》
2015 年第 4 期，第 145～150 页。

③ 丁馨：《积极老龄化视阈下江苏省老年教育发展探讨》，载于《北京城市学院学报》
2017 年第 1 期，第 13～16 页。

④ 姜卓娅：《人口老龄化背景下城市社区老年教育现状及推进策略研究——以温州市为
例》，载于《农村经济与科技》2017 年第 8 期，第 183～184 页。

⑤ 卢悦：《老龄化背景下老年教育供ற现状及对策研究——以镇江市为例》，载于《江
西广播电视大学学报》2019 年第 3 期，第 7～13 页。

⑥ 张瑾、韩崇虎：《中外老年教育政策的比较与反思》，载于《成人教育》2019 年第 6
期，第 49～55 页。

学书（2016）①认为目前中国老年教育形式一般涵盖学校教育、社会教育、远程教育和家庭教育等，虽然这些形式各具特色，但中国老年教育仍然是以学校教育为主。老年社会教育和远程老年教育尚处于起步阶段②。中国的老年教育办学模式在教育对象、水平、资源和环境等因素的影响下，呈现多渠道、多元化的特点③。张瑾和韩崇虎（2019）④认为中国老年教育的办学模式主要包括老年学校（大学）教育、社区老年教育以及远程老年教育三种形式。但综合来看，中国正规形式的老年教育的发展更多是以政府为主体，社会以及企事业单位参与开展的老年教育活动仅是阶段性的存在⑤。周林芳（2004）⑥曾以中国老龄工作初创时期提出的"五个老有"奋斗目标为基础，提出构建"五个老有"（养、医、为、学、乐）有机结合的老年教育发展模式。陈岳堂和宁凯（2018）⑦提出面对中国快速发展的"银发潮"，有必要改变传统的以政府为主的提供方式，注重发挥市场的作用，并进一步对中国共享经济社会背景下老年教育的电子商务提供模式进行了介绍。丁哲学（2017）⑧以黑龙江省的老年教育为例，认为其形成了相互补充、相互促进的多元办学体制。滕野（2019）⑨对全日制本科院校投身老年教育事业的可行性和必要性做出了具体阐释，认为相关部门应该为其发展大力提供政策和财政支持。

---

①　杨晨、李学书：《多元办学形势下老年教育微观管理发展与创新研究》，载于《职教论坛》2016 年第 18 期，第 57～62 页。

②　丁馨：《积极老龄化视阈下江苏省老年教育发展探讨》，载于《北京城市学院学报》2017 年第 1 期，第 13～16 页。

③　张弘：《我国老年教育发展现状及趋势》，载于《现代交际》2017 年第 21 期，第 255～256 页。

④　张瑾、韩崇虎：《中外老年教育政策的比较与反思》，载于《成人教育》2019 年第 6 期，第 49～55 页。

⑤　伊继东、段从宇、宗佶：《协同创新发展老年教育的思考》，载于《云南社会科学》2015 年第 4 期，第 145～150 页。

⑥　周林芳：《城市社区老年教育现状分析与对策研究——以北京市右安门社区为个案》，中央民族大学硕士学位论文，2004 年，第 41～42 页。

⑦　陈岳堂、宁凯：《人口老龄化背景下老年教育的发展》，载于《社会福利（理论版）》2018 年第 12 期，第 13～17 页。

⑧　丁哲学：《老年大学发展现状、问题及对策——以黑龙江省为例》，载于《现代远距离教育》2017 年第 4 期，第 70～74 页。

⑨　滕野：《浅析当今老年教育发展的问题与对策》，载于《文化创新比较研究》2019 年第 15 期，第 149～150 页。

4. 管理体制

杨晨和李学书（2016）[1] 从办学主体层面入手，总结了中国老年教育的一般管理体制：党政主导、财政供给；军队主办，自主管理；部门主办、经费自筹；企业主办、自主管理；社会办学、自主管理。陶薇和李国昊（2019）[2] 则以江苏老年教育为例，做出了如下判断：党委、政府主办，组织部、老干部局、老龄委或教育局主管；企业独立办学，自主管理；高校办学，自主管理；社会力量办学，自行管理。丁哲学（2017）[3] 认为中国目前的管理体制是在党委统一领导下，各地教育、文化、卫生、民政、老龄委等相关部门齐抓共管的多元格局，同时又指出在这种情况下，权责不清、多头管理情况层出不穷，管理一片无序状态。陈岳堂和宁凯（2018）[4] 也指出在这样的管理模式下，必然导致政出多门、权责不清的境况，严重影响老年教育的可持续发展。在文章最后，陈岳堂对国家在完善老年教育管理体系方面所做的努力，如加强立法规范等，也做出了相应介绍。乔维德（2012）[5] 认为中国长期以来条块分割严重的老年教育归属问题是造成如今老年教育既多头管理又无人管理矛盾局面的根本原因。赵晓东（2014）[6] 据此提出国家应从政策层面着手，具体规范老年教育的领导归属问题，促进老年教育的常规有序发展。张弘（2016）[7] 认为在目前各地老年教育管理机构建设过程中，存在相当数量的"立而不为"现象，具体表现为没有建立健全相应的配套机制以及提供相应的法律政策支持，甚至于一些机构只是空设机

---

① 杨晨、李学书：《多元办学形势下老年教育微观管理发展与创新研究》，载于《职教论坛》2016 年第 18 期，第 57 ~ 62 页。

② 陶薇、李国昊：《江苏省老年教育创新发展探索》，载于《成人教育》2019 年第 5 期，第 55 ~ 58 页。

③ 丁哲学：《老年大学发展现状、问题及对策——以黑龙江省为例》，载于《现代远距离教育》2017 年第 4 期，第 70 ~ 74 页。

④ 陈岳堂、宁凯：《人口老龄化背景下老年教育的发展》，载于《社会福利（理论版）》2018 年第 12 期，第 13 ~ 17 页。

⑤ 乔维德：《无锡市社区老年教育现状调查》，载于《天津电大学报》2012 年第 4 期，第 47 ~ 51 页。

⑥ 赵晓东：《对亟待发展的中国老年教育的思考》，载于《成人教育》2012 年第 12 期，第 116 ~ 117 页。

⑦ 张弘：《我国老年教育发展现状及趋势》，载于《现代交际》2017 年第 21 期，第 255 ~ 256 页。

构，并没有在实际运行中履行相应职责。丁倩梅（2019）[1] 认为老年教育存在机制协调路径不畅，管理权责难以划分的现象，且弊端日益显现。

5. 政策法规

秦希笛（2014）[2] 通过对当前颁布的政策法规现状进行内容分析法解析，认为绝大部分地区都意识到了老年教育的重要性且在近几年重视程度加深，并提出各地的老年教育发展、普及程度应与其实际发展需要相适应的建议。张弘（2016）[3] 认为中国现阶段虽然颁布了诸多法律法规来推动老年教育事业的进程，但相关配套法律建设仍不够人性化，对终身教育的建设也没有相关法规明确规定，且对于老年教育实践层面的建设也缺乏相应的保障机制。陈岳堂和宁凯（2018）[4] 指出中国当前在法制政策体系建设上的不健全是中国当前老年事业发展的瓶颈之一。李洁（2019）[5] 通过对中国教育政策法规建设进程的梳理回顾，认为其在立法方面存在着缺乏立足点、体系不健全、内容缺乏完善性和科学性等的问题，进而提出了相应的完善建议。张仁杰（2019）[6] 认为政策法规的制定需要完善的理论研究提供科学依据。傅美婷（2019）[7] 从政策法规的制定部门、政策内容与实施以及市场规范与管理三个方面，具体阐述了中国当前的老年教育政策法规建设方面存在的问题。

---

① 丁倩梅、陈标、向斌、何红：《四川省老年教育发展现状调查及政策建议》，载于《现代远程教育研究》2019 年第 4 期，第 86～93 页。

② 秦希笛：《基于内容分析法对老年教育的政策法规解析》，载于《当代继续教育》2014 年第 4 期，第 49～51 页。

③ 张弘：《我国老年教育发展现状及趋势》，载于《现代交际》2017 年第 21 期，第 255～256 页。

④ 陈岳堂、宁凯：《人口老龄化背景下老年教育的发展》，载于《社会福利（理论版）》2018 年第 12 期，第 13～17 页。

⑤ 李洁：《中国老年教育政策法规：回顾、反思与建议》，载于《终身教育研究》2019 年第 4 期，第 51～60 页。

⑥ 张仁杰：《关于中日老年教育政策法规发展的比较研究》，载于《广东开放大学学报》2019 年第 3 期，第 1～5 页。

⑦ 傅美婷：《中国老年教育政策法规回顾与反思》，载于《课程教育研究》2019 年第 4 期，第 247～248 页。

2.1.3 小结

通过对中外老年教育发展研究分析比较，认为在理论建设、办学模式、管理体制以及政策法规建设方面，存在如下的不同：

1. 理论建设

理论研究是老年教育发展的基础。相较于中国来说，国外非常注重关于老年教育理论层面的研究，国外的老年教育尤其是西方发达国家的理论建设以及研究工作已相当完善，这也是外国老年教育发展态势良好的优势所在——老年教育有理可依。相较于国外层次多样、内容丰富的老年教育理论基础，我国以康复理论为主导延伸出来的教育内容在一定程度上满足了老年人增长知识、休闲娱乐的需要，但是不能长期有效地解决老年人更为高层次的教育需求，即包括提高自己的生活和生命质量的需要以及回归社会的需要①。我国目前老年以及老年教育领域相关学者以及专业研究人员相对较少，且整体专业理论实践研究素质不高。即使是现有的理论研究，内容也大多重复、雷同、陈旧，造成了流于表面上的老年教育理论虚假繁荣②。要使我国的老年教育得到进一步发展，迫切要求建设一支专业研究学者团队，理论联系实际，从理论层面革新我国老年教育的发展基础，转变老年教育的价值取向，切实推进我国老年教育理论体系的构建和发展，促进我国老年教育实践发展水平，从而使老年教育的发展更好地满足国家、社会和人民的需要。

2. 办学模式

对于世界各国的老年教育模式的总体把握，不同的学者有着不同的看法。综合来看，国外老年教育模式的办学主体主要涉及政府、高等院校、社区组织、老年人自身、福利行政部门、非政府组织或民间组织

---

① 陈春勉、蒋子郁：《台湾乐龄教育：特色与启示》，载于《当代继续教育》2018 年第 4 期，第 39 页。

② 董新稳、周赞：《社区老年教育的问题及对策》，载于《职教通讯》2016 年第 11 期，第 32～35 页。

等①；办学形式大致可分为政府投资型模式、自治自助型模式以及社区型模式②等。与国外老年教育提供中很多都有高等院校介入的实践情况不同，国内很少有高校与老年教育保持密切联系，也不似国外重视民间团体和非营利性组织参与老年教育的作用，国外的老年教育模式更为丰富且成体系。由此可见，虽然从我国老年教育的表面形式上看，存在着多元的老年教育提供主体，实际上，我国正规形式的老年教育更多是以政府为主体提供，社会以及企事业单位参与开展的老年教育活动只是阶段性的③。为了我国老年教育的高效持续发展，有必要充分整合国家横向和纵向结构的教育资源，探索老年教育的协同发展路径。

3. 管理体制

发达国家老年教育发展的成功经验表明，权责分明的管理体制是老年教育可持续发展的重要制度保证④。相较于我国多元化的管理体制和过于分散化的管理机构，这些国家都设立有明确的老年教育主管部门，并对其职责做出具体规定，因此不会出现多部门职能交叉的问题，其老年教育管理体制具有更高的统一性和系统性。不仅如此，国外老年教育很早就确立了对老年教育的定位，即终生教育的一部分，始终强调其教育属性，所以并不会出现我国因定位的模糊和转换所造成的主管部门权力分散的现象。另外国外大多有其相对占主导地位的老年教育模式，办学主体的相对统一能促使管理更加的简捷有效。"多头管理的运作模式在老年教育发展初期，确实有利于激发各部门的主观能动性，充分利用部门资源，发挥专业优势，助力老年教育事业发展"⑤，但通过梳理不同地域学者的文献，可以发现这种管理体制已经日益成为制约我国老年教育事业发展的阻碍，从长远来看势必会影响我国老年教育的资源整合

---

① 王英：《中外老年教育比较研究》，载于《学术论坛》2009 年第 1 期，第 201～205 页。

② 罗悦庭：《积极老龄化下老年教育发展对策研究》，上海师范大学硕士学位论文，2011 年，第 36～37 页。

③ 伊继东、段从宇、宗估：《协同创新发展老年教育的思考》，载于《云南社会科学》2015 年第 4 期，第 145～150 页。

④ 周朝东：《南京市社区老年教育调查与思考》，载于《中共南京市委党校学报》2011 年第 2 期，第 109～112 页。

⑤ 丁倩梅、陈标、向斌、何红：《四川省老年教育发展现状调查及政策建议》，载于《现代远程教育研究》2019 年第 4 期，第 86～93 页。

和实际效率。

4. 政策法规

总体来看，我国的老年教育在制度建设方面仍有很多不足。相较于现存的法律如《中华人民共和国教育法》《中华人民共和国义务教育法》《中华人民共和国职业教育法》以及《中华人民共和国高等教育法》等教育领域法律制度建设，老年教育基本无法可依[1]，学者们一致认为相关老年教育法律法规的严重缺失是导致老年教育发展乏力的主要原因[2]。而美国作为最早进入老龄化社会的国家之一，早在20世纪60年代就意识到了发展老年教育的特殊重要性，于1965年、1975年分别起草制定了《美国老年人法》《禁止歧视老人法》，从多方面对老年人的教育服务做出了规范性规定。并于1976年制定了世界上第一部《终身教育法》，强调了实施终身教育对于国家社会经济发展的重要性。日本作为目前世界上老龄化发展程度和速度最快的国家，也于1990颁布了《终身学习振兴法》这一针对终身教育的专项行政法律文件。除此之外，我国以往的法律、政策文件等大多只停留在宏观指导政策层面[3]，对于具体的操作层面的问题，没有相应的法律规定加以明确，也缺乏指导性的标准。

2.2　老年教育资源协同发展研究

在协同发展方面，国内外学者已经进行了比较深入的研究，不难发现欧美等国早就意识到高等教育区域合作与共同发展的重要性。而国内大多数学者将协同发展用于不同区域的经济协同发展以及区域高等教育与地方经济的协同发展上，老年教育资源协同研究少见。本节通过相关文献的梳理和相关资料的查阅，梳理总结出我国老年教育资源整合的基

① 中国老年大学协会课题组：《中国老年教育学若干问题研究》，阳光出版社2012年版，第345页。
② 程仙平、赵文君、郭耀邦：《老龄化背景下老年教育的转型升级：多重理论视角的审视》，载于《职教论坛》2016年第15期，第60~64页。
③ 王戈：《当前中国老年教育的问题与反思》，载于《西北成人教育学报》2010年第5期，第8~9页。

本现状，以终身教育理论、积极老龄化理论及协同发展理论等为基础，理顺目前我国老年教育资源短缺现状及问题，对于深入探索老年教育资源协同发展路径战略、对老年教育事业的长足发展具有重要的理论和实践意义。

2.2.1　国外老年教育资源协同研究

发达国家作为老龄化进程最早的国家，较早就意识到了老年教育的重要作用，并积极寻找合理路径，整合资源，以求最大效率、最大程度地开展老年教育。对国外老年教育资源协同利用有效模式进行分析研究，有助于我国在老年教育建设中汲取经验教训，完善我国老年教育发展。

舒勒（Schuller T.，1992）[①] 对老年教育实际运行中存在的问题进行了剖析，在此基础上提出了相应的对策建议。卡尔顿（Carlton S.，1999）[②] 探讨了利用远程教育为老年人提供学习资源的新模式并提出开办第三年龄大学是整合老年教育资源的重要方式。勒米厄等（Lemieux，2007）[③] 认为第三年龄大学与传统教育学院相结合，将有利于进一步完善对未来老年教育者的理论和实践的专业培训。卡梅伦·理查兹等（Cameron Richards et al.）[④] 则通过具体研究第三年龄大学模式在泰国的发起与推行，讨论了当地某一大学和当地社区之间建立的一种新型合作模式，认为其在克服老年人学习阻力方面发挥了重要作用，并据此认为该模式亦可适用于其他地理区域。

很多国家都非常注重各级各类学校在老年教育中所发挥的作用。在

27

---

① Schuller, T. & Bostyn, A. M.. Education and Training for the Third Age in the UK: A Preliminary Report from the Carnegie Inquiry [J]. International Review of Education, 1992, Vol. 38 (No. 4): 375 – 392.

② Carlton, S., Soulsby, J.. Learning To Grow Older & Bolder: A Policy Paper on Learning in Later Life [J]. 1999.

③ Lemieux, André, Boutin, Gérald, Riendeau, J.. Faculties of Education in Traditional Universities and Universities of the Third Age: A Partnership Model in Gerontagogy [J]. Higher Education in Europe, 2007, 32 (2 – 3): 151 – 161.

④ Cameron Richards, Jittra Makaphol, Thomas Kuan. 'Lifelong Education' Versus 'Learning in Later Life': A University of the Third Age Formula for the Thailand Context [J]. The University of the Third Age and Active Ageing.

美国老年教育的发展过程中，利用高校的资源开展老年教育，已经成为发展老年教育的重要方式。资源社会发展中心全球服务研究所（2001）指出，美国高等教育机构专门针对老年人的特点、兴趣等设计课程内容，高等教育机构允许老年人进入高等教育机构旁听学习、与普通大学生一起学习，同时高校也为老年人提供专门的课程①。关口（Sekiguchi R. W.，1994）② 对日本参与老年教育服务的大学以及公共图书馆等机构进行了介绍。濑沼克彰（2001）③ 也指出，20 世纪 90 年代以后，日本政府开始推动短期大学、大学院校等高等教育机构向老年人开放。除此之外，通过凯琳等（Kerin et al.，1989）④ 对老龄管理局、卫生职业局、国家老龄研究所、国家精神卫生研究所和退伍军人管理局五个联邦机构在 1976～1986 年十年间对老年教育和研究的财政支持的研究分析，美国老年教育的资金主要来源于政府拨款。斯温德尔和汤普森（Swindel & Thompson，1995）⑤ 提出法国第三龄大学所需要的经费主要来自大学、地方政府的经费，同时社会捐赠也占相应的比例。西蒙（Simon，1999）⑥ 认为，校友和退休职员的加入是学校师资和资金的重要来源。法国创办了世界上第一所老年大学，为世界各国开展老年教育提供了榜样。

同时，各国也十分注重对社会其他资源的协同利用。查娅等（Czaja S. J. et al.）⑦ 在 2001 年探究了如何使技术更有效和更适用于老年群体的问题，并在 2006 年对社区居住的成年人使用技术的研究，以此探

---

① Center for Social Development Global Service Institute，Service Learning and Older Adults [M]，George Warren Brown School of Socail Work Washington University. One Brookings Drive Campus Box 1196 St. Louis，2001：30.

② Sekiguchi，R. W.. Special Issue on Education and Aging in Japan [J]. Educational Gerontology，1994，20：423 – 531.

③ 濑沼克彰：《日本式终生学习的特征和振兴业》，学文社 2001 年版。

④ Kerin，P. B.，Estes，C. L.，Douglass，E. B.. Federal Funding for Aging Education and Research：A Decade Analysis [J]. The Gerontologist，1989，29（5）：606 – 614.

⑤ Swindell，R. & Thompson，J.. An International Perspective on the University [J]. Educational Gerontology，1995：429 – 447.

⑥ Simon，S.. Retiring to Home of the Young [N]. Los Angeles Times，1999. 3. 29：A1.

⑦ Czaja，S. J.，Sharit，J.，Charness，N.，et al. The Center for Research and Education on Aging and Technology Enhancement（CREATE）：A program to enhance technology for older adults [J]. Gerontechnology，2001，1（1）.

究年龄与科技使用之间的关系①，对老年教育中科技资源的运用提供了理论指导，提出须重视发挥学校教育工作在老年教育中的重要作用。迈尔斯（Myers，1979）② 介绍了一些面向初中生有关衰老主题的教育。麦克弗森·特纳（Mcpherson Turner，2010）③ 认为必须在学校领域，通过学校教育给学生从小树立健康积极的老龄观。卡亚（Kaya G.，2014）④ 探讨了小学教材如何涵盖老人与老年教育的议题，认为有必要将老年人和老龄化教育纳入小学和教科书，以改善学生对老年人的态度，并培养他们接受自己的老化，倡导大众重视老年教育工作。海曼和圣彼得（Hooyman N. & St. Peter S.，2006）⑤ 介绍了在老年社会工作教育课程和组织变化过程中，教师、从业者和学生的经验教训和策略。哈什等（Hash K. M. et al.，2007）⑥ 基于 GeroRich 项目的经验，通过对在社会工作教育中注入老龄化内容的研究，为其他社会工作项目提供参考，能够更好地吸收和培训人才，迎接不断增长的老年人口挑战。汤普金斯（Tompkins，2011）⑦ 也对加强老年社会工作教育的重要性进行了阐述。

2.2.2 国内老年教育资源协同发展研究

进入新时代，我国老年教育事业面临的主要矛盾也转变为老年人对

---

① Czaja, S. J., Charness, N., Fisk, A. D., et al. Factors Predicting the Use of Technology: Findings from the Center for Research and Education on Aging and Technology Enhancement (create) [J]. Psychology and Aging, 2006, 21 (2): 333 – 352.

② Myers, J. W.. Aging Education for the Junior High/Middle School Years [J]. Aging, 1979: 151.

③ Mcpherson Turner, C.. Education for Aging [J]. Journal of School Health, 2010, 50 (6): 314 – 317.

④ Kaya, G., Candan, S., et al. Aging Education in Elementary Textbooks [J]. Procedia – Social and Behavioral Sciences, 2014, 116: 3030 – 3037.

⑤ Hooyman, N., St. Peter, S.. Creating Aging – Enriched Social Work Education [J]. Journal of Gerontological Social Work, 2006, 48 (1 – 2): 9 – 29.

⑥ Hash, K. M., Gottlieb, J., Harper – Dorton, K. V., et al. Infusing and Sustaining Aging Content in Social Work Education: Findings from GeroRich Projects [J]. Gerontology & Geriatrics Education, 2007, 28 (1): 1 – 18.

⑦ Tompkins, C. J.. Meeting the Challenges of Teaching Aging Content: Social Work Education at the Forefront [J]. Gerontologist, 2011, Volume 51 (5): 726 – 728.

老年教育的需要和不平衡不充分发展之间的矛盾。换言之，当前我国老年教育资源供给还不能满足老年人日益增长的教育需求。一方面是由于我国老龄化现象的加重，另一方面，苏迪（2017）指出在于"老年教育机构闭门造车，教育资源难以实现共享，教育资源重复性、同质化现象严重"①，老年教育资源短缺已经成为阻碍我国老年教育发展的瓶颈。如何整合有限的教育资源，成为老年教育领域的重要研究议题。

国内学者对老年教育资源的研究主要分为以下三个方面：其一，教育场地方面。老年学校是中国老年人学习的主要场所，据统计，"中国现有老年学校7.6万所，包括远程教育在内的老龄学院共1300万余人，但仅占60岁及以上老年人口的5%"②。该数据凸显我国老年学校供给不足的问题。其二，师资方面。马国云（2017）认为，老年教育师资存在专职少、兼职多，教师职称低，培训少、课务多的问题③。翟惠琴（2016）认为当前老年大学教师队伍建设所面临的主要问题集中在教师来源和师资数量上，占比较多的外聘教师以及兼职教师流动性大、专业性弱，不利于老年教育的长远发展④。其三，课程内容方面。张亚苹（2012）基于生命教育的视角，认为当前老年教育的课程内容设置应加强对老年人的生命指导以及实现自我发展的教育⑤。除此之外，学者还对其他一些范畴进行了研究。丁倩梅等（2017）通过对四川省的老年教育现状调研发现，老年教育需求与供给矛盾突出，主要表现为各级政府对不同地方的资金投入力度参差不齐，教育设施、师资配置不合理，区域发展不平衡。各自为政的老年教育部门导致老年教育资源无法得到有效整合与共享，造成资源浪费⑥。杨亚玉和欧阳忠明（2019）通过个

① 苏迪、韩红蕾：《"互联网＋"时代老年开放大学跨界融合研究》，载于《成人教育》2017年第9期，第66~71页。

② 智慧医养分会：《2019年中国老年教育行业市场现状及发展前景分析》，https：//mp. weixin. qq. com/s/RGS8aL3qGIx8suiLNgda3g，2019年12月13日。

③ 马国云：《关于老年教育师资建设对策的思考》，载于《南京广播电视大学学报》2017年第1期，第82~84页。

④ 翟惠琴：《老年大学教师队伍的建设研究》，载于《中国农村教育》2016年第11期，第42~43页。

⑤ 张亚苹：《生命教育视阈下的老年大学课程设置》，载于《宁波广播电视大学学报》2012年第4期，第93~100页。

⑥ 丁倩梅、陈标、向斌、何红：《四川省老年教育发展现状调查及政策建议》，载于《现代远程教育研究》2019年第4期，第86~93页。

案研究发现，老年教育在学费、教学实施、课程、师资力量供给方面与老年人的学习需求的匹配度不高①。中国广播电视大学（以下简称电大）经过多年的发展已经取得很大成就。但有学者指出，我国电大为扩大老年教育受众做出了贡献，但老年教育的供需矛盾仍是实现老年教育公平性和普惠性的障碍。电大的资源还需要有效整合，比如老年远程教育的基础设施、电大系统的师资力量等都未实现真正的共享②。同时，我国公办老年大学与民办老年大学在基础设施、办学经费、师资等方面也存在巨大的差距。

从以上学者的研究中可以看出，场地、师资、教育内容、地区差异等都是老年教育资源短缺现状的体现。《国家中长期教育改革和发展规划纲要（2010～2020年）》中提出："鼓励学校、科研院所、企业等相关组织开展继续教育。统筹开发社会教育资源，积极发展社区教育。"综上所述，理顺老年教育体制、实现资源协同是促进老年教育发展的必然之路。

总之，我国老年教育资源协同发展，存在开放程度不足的现象。作为我国老年教育发展程度最好的城市，上海依托上海交通大学、同济大学等9所高校形成了"校中校"的老年教育办学形式。但张少芳等（2017）③研究发现，高校老年大学存在资源整合低的现象，主要体现在与本校教育资源、其他老年大学、本市其他终身教育的整合上，其原因在于管理体制的制约等问题影响了资源共享的进程。我国学者主张实现老年教育与高校、中学等教育实现跨界教育，同时也主张老年教育与社会资源共享，实现多方优势互补、资源共享的局面。但由于我国长期以来受管理体制的束缚，各机构处于相对封闭状态。以依托高校办老年教育为例，高校办老年教育存在教学秩序混乱、教育资源流失、管理难度加大等问题，造成高校与老年教育发展资源共享的脚步被动放缓。杨

---

① 杨亚玉、欧阳忠明：《老年大学教育供给与老年人学习需求匹配的案例研究》，载于《职教论坛》2018年第8期，第93～100页。

② 张少刚、张益彬、王伯军等：《全国电大系统老年教育发展调研报告》，载于《中国远程教育》2015年第9期，第172～173页。

③ 张少芳、岳瑛：《老年教育资源共享：制约因素及对策》，载于《中外企业家》2017年第7期，第172～173页。

德广（2015）早在 2015 年就提出高校开展老年教育并非流失资源①的观点，并进一步认为高校不愿举办老年教育的原因，在于高校尚未充分认识老年教育事业所产生的知识经济②。与高校协同老年教育发展一样，老年大学、社区教育、社会力量在参与老年教育资源协同发展过程中也存在各种阻碍。除依托高校发展老年教育资源之外，伊继东等认为，我国行业企业对老年教育的参与和介入也有待提升，多元主体协同发展的老年教育体系尚未形成③。

2.2.3　小结

从国际上老年教育资源协同发展现状可以发现，大多数国家老年教育已经发展成多元主体、共享资源、共同促进老年教育发展的态势。国外老年教育资源主要依托于国家现有资源以及社会组织等。主要表现为以下特点：第一，充分利用教育资源。充分发挥各级各类学校为社会服务的职能，尤其是对高校资源的利用。高校作为培养专门人才的场所，拥有完备的教育设施、优秀的师资等，承担着为社会服务的职能。国外高校对老年人开放程度一般都非常高，老年大学可以直接设立在高校中，老年人与学生一起共享高校资源等，同时高校对老年人采取免费或降低学费的方式鼓励老年人学习。高校与老年教育协同发展为解决老年教育师资、场所不足等问题提供了解决路径。第二，协同社会资源。图书馆、博物馆等免费向老年人开放，并与老年大学、高校、老年组织建立了良好的沟通协调机制。第三，创新教育方式。广播电视大学、开放大学、网上教育等教育方式方便了老年人参与学习，扩大了老年教育受众，实现了学习的自由化。

综上所述，我国国内现有老年教育研究主要存在以下问题：第一，国内老年教育研究多是对老年教育现状及问题的宏观把握，对老年教育资源的具体运作情况研究数量少且深度欠缺。第二，既有老年教育资源

---

① 杨德广：《高校开展老年教育并非资源流失》，载于《成才与就业》2015 年第 1 期，第 68 页。

② 杨德广：《普通高校的继续教育应着力发展老年教育》，载于《终身教育研究》2017 年第 6 期，第 23～31 页。

③ 伊继东、段从宇、宗俏：《协同创新发展老年教育的思考》，载于《云南社会科学》2015 年第 4 期，第 145～150 页。

研究大多集中于师资建设、课程设置等狭义层面的资源范畴，缺乏对管理体制等广义层面老年教育资源的深入研究，更缺乏资源协同方面的研究。基于教育发展原理理论，从协同治理视角深入探究老年教育各方面资源配置现状，思考如何协同各方资源以实现高效配置，成为老年教育发展亟待解决的关键问题。

第3章 理论基础与问题起源

本章从界定老年教育的内涵与属性出发，围绕老年教育的对象与目的，阐明与研究相关的概念；以权力理论、需求层次理论、积极老龄化理论等理论作为支撑，为探析中国老年教育资源短缺问题提供理论基础和分析框架。

3.1 内涵与属性

老年教育随着人类社会的发展而不断发展，其内涵亦处于不断变化与发展之中，认清现阶段老年教育的内涵是研究老年教育实践发展的前提和基础。老年教育属性是对老年教育内涵的进一步认识，关乎老年教育的所属领域问题。

3.1.1 老年教育的内涵

需求层次转换、价值标准转变、人口老龄化等问题共同构成老年教育产生的动力基础，同时也成为老年教育存在的合理依据。人们对于老龄人口接受教育已经逐步达成共识。正如终身教育的提出者保罗·朗格朗所言，"人格的发展是通过人的一生来完成的，教育不能停止在儿童期和青年期，只要人还活着，就应该是继续的"[1]，老龄群体接受教育的权利由此得以彰显。教育内涵也因为老龄人口的参与而变得更加完整。如前文所述，老年教育在国外又被称为"第三年龄教育""老人教

① 段迎超：《人口老龄化背景下中国老年教育推进策略研究》，曲阜师范大学硕士学位论文，2008 年，第 2 页。

育"。国内关于老年教育的概念尚没有统一的界定，比较具有代表性的观点有以下几种：

在《新时期新名词大辞典》中，老年教育是以离休、退休干部和职工为主要对象，根据老年人生理、心理特点和志趣而进行的教育活动，是终身教育体系中的一个组成部分[①]。其教育内容包括卫生保健、美术等，主要结合老年人心理和兴趣开设课程。在《老年教育学》中，老年教育是以老年人为对象而开展的终身教育活动，其目的是满足其学习需要，提高群体素质，帮助老年人适应社会发展[②]，老年人的教育内容丰富，包括老年人关心的生活知识、自然科学知识，以及根据老年人兴趣开设的书法、绘画班等。

老年教育是以老年人为对象的教育体系，它容普通教育、高等教育与职工教育于一体，是成年教育的一个组成部分，是终身教育的最后阶段[③]。黄燕东（2016）认为："老年教育是以老年人口为教育对象而实施的教育活动的总称，它是成人教育的一种形式，是专门为老年人提供各种专业和课程的教育和教学活动。"[④] 叶忠海（2014）在《老年教育学通论》[⑤] 中提到，老年教育是"按老年人和社会发展的需要，有目的、有组织为所属社会承认的老年人所提供的非传统的、具有老年特色的终身教育活动"。老年教育是成人教育的一种特殊形式。老年教育学读本（2018）认为，老年教育是以老年人为对象，为老年人学习需要的满足、老年人素质的提高、老年人对社会发展要求的适应而展开的终身教育活动。

综观以上界定，我们可以发现老年教育是一个不断发展的概念。老年教育的对象从离退休干部扩展到所有老年群体；老年教育的内容逐渐丰富化；老年教育的目的由单纯满足老年人的需求到通过老年教育开发老年人的潜能，促进社会的发展；老年教育属于终身教育的重要组成部分。综合以上观点，本书认为老年教育是以特定的老年人为教育对象，

---

① 马国泉、张品兴、高聚成：《新时期新名词大辞典》，中国广播电视出版社1992年版，第798页。

② 陆剑杰主编：《老年教育学——中国老年教育34年实践经验的学术研究升华》，河海大学出版社2018年版，第4页。

③ 熊必俊、郑亚丽：《老年学与老龄问题》，科学技术文献出版社1989年版，第75页。

④ 黄燕东：《老年教育与老年福利》，浙江工商大学出版社2016年版，第20页。

⑤ 叶忠海：《老年教育学通论》，同济大学出版社2014年版，第5页。

根据老年人的特点实施恰当的教育方式、教育内容，以满足老年人学习需求、促进老年人全面发展并促进社会发展的终身教育活动。从广义上讲，老年教育包括居家社区老年教育、老年大学（学校）和远程老年教育等各类形式。狭义上的老年教育单指老年学校。

老年教育衍生于积极老龄化，积极老龄化因此成为老年教育的直接目标，并可为老年教育基本问题分析提供理论基础。本书以积极老龄化思想为依据，分别从老年教育的对象、目标、目的与内容四个方面对老年教育的内涵作出解读。

1. 老年教育的对象

教育对象的身心发展水平及其特点是教育组织实施的前提与依据。对于老年教育而言，老年人的年龄区间界定以及基于年龄特点的身体健康、心理健康和社会适应状况是需要解决的前提性问题。世界卫生组织（WHO）针对不同国家地区提出老龄人口年龄的不同划分标准。"发达国家将 65 岁以上的人群定为老年人；而在发展中国家，特别是在亚太地区（包括中国），则将 60 岁以上人群定为老年人。"[①] 基于此，本书将老龄人口的年龄区间界定为 60 岁以上。60 岁以上这一年龄段是个体老化特征最显著的阶段，其生理、心理以及社会适应能力都处于退行性变化阶段，与其他阶段教育对象相比处于极度弱势状态。具有如下特点：

（1）生理方面。

老年群体的身体机能整体处于下降趋势，其感知系统会出现视力听力模糊、嗅觉味觉不灵敏、平衡感降低等问题，身体骨骼会出现骨质疏松、腿脚疼痛、手脚不灵活等问题。

（2）心理方面。

老年人的经济财富、社会地位、个性特征以及阅历经验等生命历程因素构成累积优势，并因此使老龄人口具有较强异质性特点。与此同时，老龄人口存在负面情绪持久，智力衰退，记忆障碍，活动能力、反应能力与自我控制能力降低等问题，存在较强的支配性需求、通过工作体现价值与能力的需求以及依存与情感支持的需求。

---

① 王英、黄一凡：《老年护理学》，江西科学技术出版社 2007 年版，第 1 页。

（3）社会适应方面。

现代教育重视为儿童角色向青年角色的转变以及青年角色向成年社会化角色的转变做准备，却忽视了成年角色向老年的再社会化角色转变。这一方面导致老龄人口身心健康问题的出现；另一方面，老龄人口也因其知识结构陈旧落伍，不能适应智能化水平日渐提高的现代社会，在面对新事物新思想不断涌现的加速变革的社会时，普遍出现适应障碍。老年人的社会活动参与呈现出显著的自我性、差异性和参与度低等特点[1]。生理与心理交互作用，从而使老年人经常处于角色转变与社会适应、精神关爱需求与家庭养老功能弱化、老有所为与身心衰老等系列矛盾之中。[2] 另外，老龄人口的特点在不同时代具有动态相对性。与过去相比，现代社会中老龄人口的整体寿命、身体状态都越来越好，其体力与精力足以应对社会生产，有必要对之实施再社会化，助其发挥余热。同时，在老年群体中，低龄老龄人口与高龄老龄人口在身体、心理与社会适应方面也存在区别。最后，现代老龄人口所面对的心理压力与社会适应挑战也越来越高，而这也进一步增加了其接受老年教育的必要性。

2. 老年教育的目标

（1）国家目标。

2016 年国务院办公厅印发的《老年教育发展规划（2016～2020年)》提出老年教育的国家目标，即"老年教育是中国教育事业和老龄事业的重要组成部分"，提出主要目标"到 2020 年基本形成覆盖广泛、灵活多样、特色鲜明、规范有序的老年教育新格局。老年教育法规制度逐步健全，职责明确、主体多元、平等参与、管办分离的管理体制和运行机制得到完善。老年教育基础能力有较大幅度提升，教育内容不断丰富，形式更加多样。各类老年教育机构服务能力进一步提升，全社会关注支持老年教育、参与举办老年教育的积极性显著提高。以各种形式经常性参与教育活动的老年人占老年人口总数的比例

---

① 王莉莉：《中国老年人社会参与的理论、实证与政策研究综述》，载于《人口与发展》2011 年第 3 期，第 39 页。

② 许佃兵：《当代老年人心理发展的主要矛盾及特点》，载于《江苏社会科学》2011 年第 1 期，第 43～46 页。

达到20%以上"。

（2）社会目标。

在积极老龄化时代，老年教育成为解决人口老龄化问题的有效途径之一。老年教育的发展，承认并重视老龄人口的人力资本价值，强调在老龄人口健康维护基础之上，尊重其个体差异性、主观能动性以及主体权利，实现老年人力资本的充分利用，充分挖掘其潜能并进行人力资本价值增值；在促进全面发展基础之上助力其主动参与社会生产，为社会做出积极贡献。综上，开展老年教育既能促进老年人身心健康，又能通过"以教养老"减轻当代青年人的养老压力。

（3）个人目标。

社会的发展进步使得绝大多数老年人的需求层次已经基本实现了生理的需要、安全的需要、自尊的需要、爱和归属的需要，正向着满足自我实现的需要发展。老年教育的发展不仅帮助老年人接受新知识，提高个人的社会适应能力，更好地融入社会，提高老年人的生活质量；而且能满足老年人个人的求知欲望，有助于提高老年人生命质量，打造幸福晚年，寻求生命的意义和价值。

3. 老年教育的目的

如上文所说，积极老龄化是老年教育的重要目的，但老年教育作为教育形式的一种，它的目的不应止于积极老龄化。老年教育作为教育的特殊阶段，它同样遵循教育的两条最基本规律：即老年教育应致力于适应并促进社会发展，应致力于适应并促进老年人个体发展。老龄人口的身心特点决定了老年教育的目的重心应放置于个体层面，重在通过个体层面教育目的的实现促进社会层面教育目的的实现。在个体层面，老年教育目的体现为身体、心理和社会适应三方面。第一，身体方面。对老年人开展健康教育，帮助其在了解自身生理特点基础之上，运用健康行为知识预防并治疗疾病，维护身体健康。第二，心理方面。依据埃里克森（Erik Homburger Erikson）的个体发展八阶段理论，个体人的发展分为八个阶段，在不同阶段均有其特定的发展任务。其中，成年期（25～65岁）、成熟期（65岁以上）均对应于老年阶段。成年期（25～65岁）的发展任务体现为对下一代的关心和创造力。成熟期（65岁以上）的发展任务体现为解决自我调整与绝望期的冲突。① 相应地，老年教育应旨在帮助老龄人口养成关爱抚育后代、发展创造力、减少孤独、面对衰老的自我调整和适应能力，获知并理解面对死亡的态度等知识与技能。通过生活反思与自我评价发现并领悟生活的意义，直接有益于自己，间接服务于社会。第三，社会适应方面。老年教育旨在帮助老龄人口适应新的社会角色，缓解角色转换带来的自我认同冲突，促进其获得知识与技能，培养其解决生活问题、处置社会关系等能力，帮助其执行日常生活中的基本功能性任务，满足工具性需求。帮助老年群体适应信息化与智能化带来的诸种变化。第四，促进社会发展方面。老龄人口通过接受教育实现再社会化，一方面，帮助其通过学习角色知识缓解角色转变带来的自我冲突及认知偏差；另一方面，帮助其更新知识结构、价值标准与行为模式，挖掘并提升人力资本价值，直接服务于社会。

4. 老年教育的内容

老年教育对象的特殊性和目的决定了老年教育内容的多样性。老年教育内容是指根据老年人的身心特点和老年教育的目的开设的老年教育课程。大体分为两部分，即老年基本需求的教育课程和开发老年人力资源的课程。第一，满足老年人基本需求的课程。根据需求层次理论，只有老年人的基本需求得到满足之后才会产生更高层次的需求，因此开设基础教育内容是实现老年教育和人力资源教育内容的基础和前提。从这一角度讲，老年教育更应遵循"以学习者为中心"的原则。老年教育的教学内容应以老年人的需求为核心，以学习而非教学为重点，基于源自老年人为什么学、学什么以及如何学等态度信息，构建适切于老年人需求的合理的终身学习内容，以期更好地匹配老年人的兴趣、技能与学习目标。明确并识别老年人的需求并尽力满足它们将成为老年教育的关键点，为他们参与老年教育提供强有力的动力机制，进而产生参与老年教育的意愿与归属感。第二，开发老年人力资源的课程。开发老年人力资源的教育内容是基于发挥老年人余热、实现人生价值的需求。老年人的寿命以及健康状况与之前相比大大提高，这为其进行潜力开发提供了保障。对老年人进行再社会化有助于老年人自我价值的实现。因此，有

① 俞国良、罗晓路、埃里克森：《自我认同与心理社会性发展理论》，载于《中小学心理健康教育》2016 年第 7 期，第 41～44 页。

必要针对老年人的需求与专业兴趣，开设合适的课程，设计与工作生活实际需要相契合的教育内容。

3.1.2 老年教育的属性

就高等教育而言，认清老年教育属性是正确看待老年教育现象的前提。属性是事物本质的反映，是决定事物存在形态与运行逻辑的一种内在力量[①]。因此，认清属性，有助于了解事物内部的发展规律和解释事物现象。属性与事物密不可分。属性指事物的特点与关系，可以是一个事物，也可以是一类事物。根据不同的划分标准，属性具有不同的分类。比如可以将属性划分为本质属性与非本质属性，固有属性与偶有属性等。

教育属性是教育本身的性质和特点。教育的本质属性是培养人，此外还兼具政治、经济、历史等多维属性。关于教育属性，学者具有较大的争议。以教育的分支高等教育为例，存在诸如准公共产品属性、商品属性、产业属性、文化属性等多维属性之争。关于老年教育的属性也存在争议。老年教育属性即老年教育的本质所反映出来的性质与特点。通过老年教育的内涵我们可以得知，老年教育是针对老年人这一特殊群体而实施的一种教育活动。老年教育作为一种特殊的教育形式，具有以下两个方面的属性。

1. 老年教育的本质属性

本质属性是事物区别于其他事物的性质和特点。老年教育作为教育系统中一种新兴的教育形式，认清其本质属性是正确认识老年教育、看待和解决老年教育问题的前提和基础。

老年教育自产生就存在姓"教"、姓"老"还是姓"文"的问题，即老年教育是教育属性、老龄属性还是文化属性的争议。本书拟从老年教育的产生背景角度阐释老年教育的属性问题。第一，从老龄领域看，老年教育是解决老年问题的重要途径，也有学者将老年教育视为老年学的重要分支。在我国，老年教育是老年干部退休制度下的产物，具有一

---

① 付八军：《高等教育属性论教育政策对高等教育属性选择的新视角》，江西人民出版社 2008 年版，第 2 页。

定的政治背景。但随着老年教育的发展，无论是在教育对象还是办学体制等方面都打破了老年干部退休制度的局限。第二，从文化领域来看，老年教育是丰富老年人精神文化的重要方式。随着经济的发展，老年人这一特殊群体逐渐追求文化、精神领域的满足。同时，老龄化问题加重，各国意识到教育是挖掘老年人潜能的重要手段。因此，老年教育突破满足老年人娱乐等低层次的需要，向满足老年人高层次的需要转变。第三，从世界老年教育的起源看，老年教育诞生于教育的土壤，是终身教育中不可或缺的一部分。

从广义上讲，老年教育同时具有教育、老龄、文化属性，但教育才是老年教育的本质属性。具体而言，教育是一种有目的的对教育对象施加教育影响的活动，其目的一是为了促进人的全面发展，二是通过为社会服务、促进社会的发展。其中育人是教育的本质属性，这也是教育区别于其他活动的根本特征。狭义上，从老年教育的产生动因、内涵中可以发现，老年教育是专门针对老年人施加教育影响的活动。在积极老龄化理念倡导下，通过教育促进老年人的全面发展，进而开发老年人力资源，有助于解决老龄化问题带来的社会危机。从中可以发现，促进老年人发展是老年教育的首要目的，也是老年教育的出发点和归宿。这一点与教育的本质属性相契合。因此我们认为，教育是老年教育的本质属性。2010 年，《国家中长期教育改革和发展规划纲要（2010～2020 年）》中提出，"要重视老年教育"，这意味着国家已经将老年教育视为教育事业的重要组成部分。2016 年，《老年教育发展规划（2016～2020 年）》明确指出"老年教育是中国教育事业和老龄事业的重要组成部分"，该《规划》也从侧面体现了我国老年教育的本质属性。

2. 老年教育的派生属性

老年教育作为经济社会发展的产物，伴随着社会的发展，衍生出许多派生属性。本书拟从以下两个方面进行论述。

第一，老年教育是一种个性化需求强与自主性要求高的区域性活动。由人生经历带来的累积经验决定了老年个体较强的异质性特点，并为老年教育制造了更复杂的先决条件。换句话说，老龄人口接受教育的兴趣和学习态度积极与否受制于其早期教育经历，并高度依赖其个体生活和社会环境。教育的先决条件越多，受教育者的教育需求就越是明确，其在教育参与中的个性化需求以及自主性要求就越强烈。不同的老年个体对学什么、如何学以及在哪里学的偏好较其他阶段个体区别更大。同时，由于老年群体的身体素质整体偏低，老年教育场所应该基于老龄人口方便就近设置，老年教育因此具有较强的区域性特点。社区作为老龄人口生活的基本单元，应该成为老年教育的基本单元。

第二，老年教育是福利性、非强制性的公共产品，是实现积极老龄化的重要渠道。积极老龄化"面向全体老年人"的要求决定了老年教育应该成为普及性教育。结合其在构建学习型社会与终身学习体系中的重要地位，本书认为老年教育产品应该具有非竞争性与非排他性，作为公共教育产品存在。加之老年人往往因顾及家中年轻人的教育需求以及生活开支而放弃接受教育，普及型老年教育因此应该成为免费获得或者低价的公共教育产品。事实上，老年教育在世界很多国家均是被纳入社会福利政策支持范畴的。老年教育产品本质是一种福利性公共产品。同时，老年教育的个性化需求与自主性要求又进一步赋予了老年教育这一公共产品非强制性特点。与同时作为教育公共产品的义务教育相比，福利性与非强制性是老年教育这一公共产品最突出的特点。

3.2　理　论　基　础

"理论取向是引导老年教育发展的哲学观"，权利理论与需求层次理论为老年教育的产生提供了条件，终身教育与积极老龄化理论为促进老年教育的发展产生助力。协同发展理论是解决老年教育资源短缺的有效途径。

3.2.1　权利理论

这里所说的权利理论，指有关公民受教育的权利。受教育权是公民的一项基本权利，它具体包括两个方面的内容：一是公民所享有的接受教育的权利；二是国家有关方面要为公民能够充分地接受教育创造和提供相应的硬件、软件设施和机会。对教育权利的重视起始于义务教育阶段，最早由德国具体实行。此后随着社会经济的发展，教育权利的范围日益扩展。1948 年，由联合国通过并颁布的《世界人权宣言》中明确强调"人人都享有受教育的权利"，引起世界范围内对受教育权的持续关注。自此，许多国家相继在国家层面立法保障公民的受教育权利，并且不再局限于义务教育阶段。这场始于人权的教育运动也被一些学者认为是老年教育的萌芽。

在老年教育中，权利理论的运用更为注重的是从老年人个体角度强调老年人的受教育权利。各国都非常重视保障老年人受教育权利，在国家层面制定了各种老年教育相关的政策法规加以明确，并以此为基础开展各种老年教育活动。以美国为例，美国有以保障老年人学习权利为目的的完善的立法，如《美国老年人法》《高等教育法》《成人教育法》《职业教育法》《禁止歧视老人法》等，都阐述了对老年人学习和受教育的机会和权利的保障。日本老年教育相关政策法律背后也蕴含了大量福利权利理论，比如在《教育基本法》等基础的教育法律中对老年人参与学习权利的规定，并由厚生省和文部省相互协作，共同保障老年人参与学习的权利。我国也在宪法层面明确规定了公民所依法享有的教育权利和义务，而且我国在《教育法》和《老年人权益保障法》中对公民和老年人的受教育权利的保障也是权利理论的体现。

3.2.2　需求层次理论

需要层次理论是由美国著名心理学家亚伯拉罕·马斯洛（Abraham Maslow）于 1943 年在其出版的心理学著作《人类动机理论》中所阐述的动机理论，亦称"需求层次论"。依据马斯洛的需求层次理论，人的需要由低到高依次体现为"生理需要、安全需要、归属与爱的需要、尊重需要、认知需要、审美需要和自我实现需要七种层次"[1]。马斯洛的需求层次理论要点体现于以下几方面：第一，需要由个体生成并反向控制个体。第二，人类的需要是以层次的形式出现的，需要由低层次生理需要向高层次精神需要顺次延展产生。第三，当低层次需要得到满足后，个体从该层次需要解放并追求更高层次需要。第四，受制于经济社

---

① 杨鑫辉：《新编心理学史》，暨南大学出版社 2003 年版，第 374～375 页。

会发展演变，个体各个层面的需要内涵随之变换。这一需求层次理论不仅适用于个体层面的需求解读，同样也适用于组织与国家层面。

随着老年人年龄与人生经历的增长，对前两项生理和安全的需要已经得到了满足，在心理上将更为倾向于对后几项需要的追求。对于老年人来说，健康需求、依存需求、和睦需求以及尊重需求是老年人现今日常生活主要的基本需求。而随着社会经济发展水平的日益提高以及老年人自身整体素质的普遍增强，基本的物质生活条件都能较好地实现保障，退休的老年人从工作社会中进入家庭，很多无法适应这种转变，各种状况如孤独、空虚、焦虑等心理问题频发，迫切需要通过学习的方式加以调整，以便更好地参与社会、融入社会，与社会共同发展。老年人对于工作以及学习的需求日益凸显，自我实现的精神需要逐渐占据主导地位，因此老年教育在这一时代背景下应运而生。综上，老年教育正是基于特定经济条件、教育条件、养老服务与保障条件的个人发展需求与国家政治需求转换的产物，其中经济发展水平是老年教育发展的最终驱动力。

3.2.3 终身教育理论

1965 年，保罗·朗格朗提出了"终身教育观"。在《终身教育导论》一书中，他提出："教育要强调顺序性和连贯性，终身教育观包括了教育的各个方面、各种范围，包括从生命运动的一开始到最后结束这段时间的不断发展，也包括了在教育发展过程中的各个点与连续的各个阶段之间的紧密而有机的内在联系。"[①] 该理论的提出使人们意识到长久以来对成人教育和老年教育的忽视。联合国教科文组织编著的《学会生存》报告中，指出了终身教育和学习型社会的重要性，并提出"终身教育是学习化社会的基石"。

终身教育理论已经成为世界各国应对教育变革和社会变迁等问题的重要思想。该理论的提出顺应了时代的发展，打破了传统教育对年龄的限制，打开了继续教育和全民教育的大门，更加体现了教育的民

---

① ［法］朗格朗（Lengrand, P.）著，滕星等译：《终身教育导论》，华夏出版社 1988年版，第 16 页。

主性原则①。该理论已成为我国学术界研究教育问题的切入点和重要的理论依据。袁振国（2004）②认为，终身教育是教育平等的制度基础，冯建军（2004）③认为终身教育是生命可持续发展的内在需要。我国学者在终身教育理论的支撑下做了大量关于老年教育问题的研究。学者们认为，终身教育是老年教育体系构建的依据④，是老年教育变革与发展⑤、改革⑥、转型升级⑦、制定相关政策的出发点⑧；同时探讨了终身教育和学习型社会背景下老年教育的发展现状⑨、发展模式⑩、老年教育的可持续发展⑪等问题。

随着终身教育理念在中国的不断深入，有关终身教育的政策也在不断丰富。终身教育政策的发展大致经历了四个阶段：雏形期（1979～1992 年）、转型期（1993～1999 年）、立法拓展期（2000～2009 年）、体系构建期（2010 年至今）⑫。《国家中长期教育改革和发展规划纲要（2010～2020 年）》要求"构建完备的终身教育体系"。虽然我国没有颁布终身教育的专门法律，但相关法律的出台已经确定了老年教育的合法性，并为推动老年教育的发展提供助力。在终身教育理念的指导下，

---

① 朱敏、高志敏：《终身教育、终身学习与学习型社会的全球发展回溯与未来思考》，载于《开放教育研究》2014 年第 1 期，第 50～66 页。

② 袁振国：《当代教育学》，教育科学出版社 2004 年版，第 348 页。

③ 冯建军：《生命与教育》，教育科学出版社 2004 年版，第 313 页。

④ 张少芳：《老年教育体系构建的原则、影响因素及路径选择》，载于《成人教育》2019 年第 8 期，第 41～46 页。

⑤ 李婷、李文：《新媒体时代老年教育的变革与发展路径》，载于《成人教育》2018 年第 11 期，第 48～53 页。

⑥ 郭世松：《学习型社会与老年教育改革——以广西钦州市为例》，载于《继续教育研究》2015 年第 3 期，第 13～15 页。

⑦ 程仙平、赵文君、郭耀邦：《老龄化背景下老年教育的转型升级：多重理论视角的审视》，载于《职教论坛》2016 年第 15 期，第 60～64 页。

⑧ 傅蕾、吴思孝、程仙平：《老年教育政策价值研究：基于政策文本的审视》，载于《现代教育管理》2018 年第 4 期，第 48～53 页。

⑨ 王仁彧：《终身学习观照下的老年教育现状与展望》，载于《职教论坛》2014 年第 36 期，第 44～48 页。

⑩ 胡庆莲、宋晚生：《终身教育视阈下中国老年教育发展模式探究》，载于《山西广播电视大学学报》2016 年第 4 期，第 2～6 页。

⑪ 苟荣津、夏海鹰：《学习型社会背景下老年教育可持续发展探究》，载于《成人教育》2018 年第 2 期，第 42～44 页。

⑫ 孙立新、李硕：《中国终身教育政策演变：社会背景、文本内容及价值取向》，载于《河北师范大学学报（教育科学版）》2018 年第 5 期，第 54～61 页。

改变了一人一辈子只受一次教育的传统观念，这有利于提升老年教育的地位。

3.2.4 积极老龄化理论

20 世纪 70 年代左右，西方发达国家出现人口老龄化现象。1956 年联合国发布的《人口老龄化及其社会经济后果》引起了社会各国对老龄化的重视。长久以来，社会对老年人的认知停留在"问题人群、残障人群"的层面上，认为老龄化只会增加社会的负担。以上的老年观忽略了老年群体特有的功能及其人力资本。西方学者为了应对老龄化，提出了与悲观老龄化相对应的"健康老龄化""积极老龄化"理论，试图引导人们重新认识老年人，挖掘并开发老年人潜能，发挥老年人的人力资本。1987 年，世界老龄大会提出了"健康老龄化"。我国著名人口学、老年学专家邬沧萍教授认为，健康老龄化是指，"在老龄社会中，多数老年人处于生理、心理、和社会功能的健康状态"[1]。2002 年，世界卫生组织又给"健康老龄化"增加了"保障"和"参与"[2] 两项内容，并提出了"积极老龄化"的概念。积极老龄化被定义为："使老年人的健康、参与和保障达到最佳过程，发挥最大效应的过程。"[3] 该理论更加强调在老年人健康的基础之上，注重老年人的积极参与，发挥老年人的主动性。

随着世界人口老龄化问题日益突出，"积极老龄化"作为一种延长生活质量和健康生命周期的一项战略逐步得到推广[4]。我国作为人口大国，众多学者结合我国实际发展情况，针对积极老龄化进行了进一步的

---

① 邬沧萍、姜向群：《"健康老龄化"战略刍议》，载于《中国社会科学》1996 年第 5 期，第 52～64 页。

② 陈坤、李士雪：《健康老龄化的理念演变与实现路径》，载于《理论学刊》2017 年第 3 期，第 87～92 页。

③ Organization W. H. Active Ageing: A Policy Framework [J]. The Aging Male, 2002, 5 (1): 1–37.

④ Gessa, G. D., Grundy, E.. The Relationship Between Active Ageing and Health Using Longitudinal Data from Denmark, France, Italy and England [J]. Journal of Epidemiology and Community Health, 2013, 68 (3): 261–267.

探索。穆光宗（2011）[①] 认为积极老龄化是指老年人可以继续为社会创造财富。邬沧萍（2013）认为实现"积极老龄化"需要三个条件：生命全程的视角、对老年人权利的承认以及多部门和代际间的通力合作。具体而言，生命全程的视角是指老年人的身体健康应该从婴儿甚至胎儿时就应该注意，而不是指到了老年阶段才重视；对老年人权利的承认是指，一切的活动开展要以承认老年人的权利为基础；多部门和代际间的合作是指实现老年人的健康需要卫生健康部门和其他部门的相互合作，也需要老年人及其家庭内外代际之间的相互支持。[②]

从以上研究中可以看出，积极老龄化是在老年人身体健康的前提下，挖掘老年人的潜能、发挥老年人的余热，与健康老龄化相比更加强调老年人的社会"参与"。积极老龄化已经成为世界各国应对老龄化问题的一种乐观态度和处理老龄化问题的应对之策。与此同时，积极老龄化为老年教育发展提供了理论指导，具体体现在：第一，在积极老龄化理论的指导下，老年教育的最终目的应该是通过培训，挖掘老年人的潜能，开发老年人力资源，以缓解老龄化问题给社会造成的负担；第二，老年教育的教育内容除了休闲教育、保健知识之外，应加强开发老年人潜能、增强老年人适应社会的教育内容；第三，政策的制定与执行都需要从积极老龄化的观点出发，重视老年人的参与。

3.2.5 协同发展理论

20 世纪 70 年代赫尔曼·哈肯（Hermann Haken）提出"协同"的概念，并发表了《协同学导论》《协同学：大自然的奥秘》等著作，阐述了协同学及协同发展理论。协同学是强调系统之间、要素之间、协同与要素、系统与环境之间存在着"协同作用"，通过自身的调节由无序状态转变为有序状态。没有协同作用，社会将无法存在。协同发展理论认为处于相同环境的组织或单位之间并不是对立、分隔的关系，而是相互合作、相互影响、相互独立的关系。协同发展突出"协同"二字，

---

① 穆光宗、张团：《中国人口老龄化的发展趋势及其战略应对》，载于《华中师范大学学报（人文社会科学版）》2011 年第 5 期，第 29～36 页。

② 邬沧萍：《积极应对人口老龄化理论诠释》，载于《老龄科学研究》2013 年第 1 期，第 4～13 页。

引导具有相同目标的组织，相互协调共同完成某一项任务，从而达到双赢或者多赢的效果即产生"1＋1＞2"或"2＋2＝5"的效果。协同发展可以分为文化协同、资源协同、战略协同、管理协同等多种方式。此外，协同发展理论不仅蕴含着协同，还意味着竞争。因为系统内部要素或系统之间，为达到协同的目标，会出现资源竞争的问题。但就是在不停的竞争与协同的过程中，系统不断优化升级，达到更高更加有序的状态[①]。

由于协同发展能够实现利益最大化，达到双赢或多赢的效果，该理论被广泛应用到经济、教育等领域，并取得了一定的成就。以我国京津冀三区域为例，区域之间本身存在资源分配不均、资源浪费的现象，为解决这种问题，协同论成为京津冀城市群协同发展的核心理论[②]。通过实行京津冀协同发展战略，京津冀地区的生态环境得到改善、产业联动取得重大进展、科技合作与医疗卫生持续深入、教育合作不断加深[③]。同理，老年教育作为我国教育系统中的重要组成部分，由于起步时间晚以及传统老年观的原因使我国老年教育获取的资源受限，尤其与基础教育、高等教育相比，老年教育资源显得尤为不足。随着我国老龄化现象不断加重，老年教育成为积极应对人口老龄化的重要方式，老年教育资源供给不足的问题亟须应对之策。早在2016年，国务院印发的《老年教育发展规划（2016～2020年）》指出："加大老年教育资源供给，有效整合教育资源，促进各类学校开展老年教育资源。"在老年教育资源短缺的背景下，协同发展理论为促进老年教育质和量的提高提供了理论指导。

3.3　老年教育的基本理论

追溯老年教育身份缺失的原因、分析老年教育的产生动因是发展老

---

① 赵素巧：《基于协同理论的物流产业发展研究》，吉林大学硕士学位论文，2013年，第13页。

② 方创琳：《京津冀城市群协同发展的理论基础与规律性分析》，载于《地理科学进展》2017年第1期，第15～24页。

③ 柳天恩、田学斌《京津冀协同发展：进展、成效与展望》，载于《中国流通经济》2019年第11期，第116～128页。

年教育的前提，理清老年教育的价值、探析老年教育的规律是发展老年教育的重要基石，准确理解老年教育资源的内涵、构建老年教育资源协同发展机制则是发展老年教育的保障与支撑。

3.3.1　原因探源

人的教育应该是贯穿终生的终身教育，"是一个人从出生那一刻起直到生命终结为止的不间断的发展过程"[①]。长期以来，教育系统并未能囊括个体生命的全部阶段，主要是因为老年人被排斥于教育系统之外。老年教育一直以老龄化工作的名义归属于社会保障、文化娱乐领域，直至 20 世纪 70 年代才被正式纳入终身教育范畴。老年教育游离于教育系统之外，老年教育的教育身份缺失，这是教育系统发展历程中的阶段性必然，源于特定经济、社会、文化背景下的观念制约。

1. 老龄人口价值传统认知与老年教育的身份缺失

第一，老龄人口文化价值极高，但在现实中往往作为教育实施者而非受教育者。与老年教育游离于教育系统不相称的是，老龄人口一直位于教育系统之内，享有教育身份和极高的教育价值。甚至可以说，老龄人口的教育身份与教育价值是同教育这种社会现象一同产生的。追本溯源，教育起始于人类生产劳动经验传递的需要，老龄人口因其丰富的经验积累与谋生技能成为最早的教育实施者，并以家庭教育为单元展开。家庭教育因此成为最早的教育形式和最基本的教育单元。老龄人口被认为是智慧的象征，他们位居家庭中心，在巩固家庭关系的同时，通过授受与言传身教帮助青年一代获得知识、经验、技能与文化并助其养成相应习惯。伴随生产力发展水平不断提升以及教育形式专门化，家庭教育在年轻一代成长与发展中的地位与作用逐渐弱化。尤其近年来，信息媒介的出现更是对传统家庭为单位的授受教育提出挑战，年轻一代依靠信息媒介就可获得超越了老龄人口知识经验的教育资源。老龄人口的教育价值因此逐渐降低，开始被排斥于专门教育系统之外。综上所述，老龄人口很久以来一直被赋予极高教育价值，一直作为教育者而非受教育者

---

① ［法］保罗·朗格朗著，腾星等译：《终身教育导论》，华夏出版社 1998 年版，第 16 页。

位于教育系统之中，以老龄人口作为教育对象的老年教育因此并不必需。

第二，老龄人口经济价值被贬损，无须接受教育进行价值增值。在古代，人因不作为生产要素而被视为缺乏生产价值。近代资本制度产生后，人才开始被视为生产要素，其资本价值逐渐得以彰显。受制于日渐衰退的体力与脑力，老龄人口几乎很少参加社会生产，其对经济社会发展的贡献主要通过养育子女、调解邻里纠纷等间接方式实现。在强调功利主义直接经济效率导向的现代社会，老年人的间接价值被漠视。加之现代社会对个体的脑力、体力要求明显提高，导致老龄人口的社会生产参与度显著降低，其有限的经济生产价值更加微乎其微。老龄人口的经济资本价值并未随个体人生产价值的释放而被挖掘出来。不仅如此，老年人普遍被视为"渐至黄昏"的残障群体，被认为是丧失能力的、需要被赡养的、会给家庭及社会造成负担的弱势问题人群。老年人的人力资本价值及其潜能衰微，在致力为富有潜能人群实施人力资本价值挖掘与增值的教育视域下，老龄人口通过接受教育进行人力资本价值增值被认为缺乏必要性以及可行性。

2. 人力资本的内涵被窄化与老年教育的身份缺失

以上论述是基于老龄人口个体人的层面分析老年教育身份缺失的原因。那么，基于教育组织层面，又是什么原因导致老年教育的教育身份缺失？其答案蕴藏于教育系统分化以及教育形式产生的驱动力之中。教育系统遵循教育对象阶层下移的轨迹发展演变，并因教育对象范围的扩大发生分化。其根本动力源于人力资本观念的形成及其内涵演变。人力资本这一概念于19世纪正式产生，并一直作为教育系统发展演变的根本驱动力左右着教育系统的分化。人力资本被认为是"人民作为生产者和消费者的能力"[1]，是"通过后天投入凝结于人体之中的、具有经济价值并能带来未来收益和凭以参与收益分享的指示、经验、技术、能力、工作努力程度、协作力、健康及其他质量因素的总和"[2]。人力资本包含生产性与消费性两种属性，收益与分享收益两个维度。其中，生

---

① 舒尔茨著，吴珠华等译：《论人力资本投资》，北京经济学院出版社1990年版，第17页。

② 李玲：《人力资本运动与中国经济增长》，中国计划出版社2003年版，第19页。

产性体现于经济、文化、精神等各个领域生产创造的价值。消费性则体现于通过教育、医疗、保健等致力于人力资本养成与维护的投资。消费性是生产性达成的条件，是人力资本得以生成的重要渠道。但功利主义的现代社会发展取向决定了人们更多看到了人力资本的经济生产性，并以其经济生产性作为标准衡量人力资本价值高低。而人力资本的文化生产性、精神生产性被弱化。因此，没有经济生产性或者经济生产性较弱等对经济发展具有间接作用的主体人力资本价值以及人力资本价值挖掘与增值的必要性未被重视。教育等能够致力于人力资本经济生产性养成的消费活动被赋予人力资本特点。凡是不直接致力于经济生产性养成的消费活动都不具备人力资本特点。或者说，人们往往只认识到教育在人力资本养成中的重要价值。健康保健、医疗以及生命维护等消费性投资活动对于人力资本维护与增值的价值以及纯消费本身的人力资本价值并未被重视。因此，经济生产性较弱的老年人被认为人力资本价值较弱，同时也缺乏人力资本价值挖掘与增值的必要性。另外，因老龄人口将大部分资金投入健康保健、医疗、生命维护以及纯消费领域而非教育的现实，更加剧了社会对其人力资本价值潜能的忽视程度。另外，人力资本思想在现实层面的应用更多关注投资所获收益，并不重视不同人力资本投资主体根据其投资份额的既得收益分享。老龄人口作为年轻一代教育的投资主体，他们对于年轻一代接受教育所获收益的分享并未被重视。这些均降低了老龄人口接受教育的必要性，并导致老年教育的教育身份缺失。

3. 教育价值的工具取向与老年教育的身份缺失

教育具有适应并促进社会发展以及适应并促进个体发展的双重导向。前者对应于谋生教育，即教育旨在帮助个体获得谋生的手段，为其参加社会生活做准备，在求得物质生活满足的同时，致力于促进社会发展。对应于"理性学习"，后者对应于人的教育，即旨在帮助个体形成完美的人性，获得美好精神生活。对应于"生活学习"，二者之中，人的教育是根基，是教育的"首要目的"，同时也是教育的"终极目的"。①"谋生教育"与"人的教育"之间是个性与共性的关系，是末与

---

① 王道俊、扈中平主编：《教育学原理》，福建教育出版社 1998 年版，第 139 页。

本的关系。教育应该最终指向于"人，不是人力"[1]。另外，"谋生教育"是适用于某一阶段人的教育，"人的教育"不仅仅适应于某一阶段人的教育，而是适用于人的一生。在很大程度上，"谋生教育"应该基于"人的教育"实现，"人的教育"对个体获得精神富足和社会发展均有益处。然而，现实层面的教育过于关注"谋生教育"而忽视"人的教育"。在古代，教育致力于培养统治者，服务于国家政治。在近现代，教育更致力于培养具有经济生产能力的理性人，服务于国家经济。自古至今的教育均舍本求末，忽视了服务于人本身的"人的教育"，更忽视了老龄人口这一不以谋生为重心的人群的教育。教育被以与教育对象谋生能力相关的年龄阶段为线索划分，教育终止于中青年人，以老龄人口作为教育对象的老年教育因此缺失。

3.3.2 合理依据

老年教育产生于特定的机遇与条件，这些机遇与条件为老年教育提供了合理依据，并为重思教育带来新的视角。

1. 需求层次转换是老年教育的产生条件

依据马斯洛的需求层次理论，人的需要由低到高依次体现为"生理需要、安全需要、归属与爱的需要、尊重需要、认知需要、审美需要和自我实现需要七种层次"[2]。基于该理论，本书认为，老年教育正是基于特定经济条件、教育条件、养老服务与保障条件的个人发展需求与国家政治需求转换的产物。众所周知，经济发展水平是最终驱动力，以美国为例说明，第二次世界大战后，美国经济以 3.4% 的平均年增长率高速增长[3]，义务教育财政保障与高等教育普及率迅速提升，成人教育因此获得发展的空间与机会。同期，美国已形成相对完善的养老制度与养老模式，老龄人口的社会保险金加退休金早已高于其工资水平[4]。充足

---

① 台湾师范大学教育科学研究所编：《西洋教育思想史（上下册）》，伟文图书出版社有限公司 1979 年版，第 908 页。

② 杨鑫辉：《新编心理学史》，暨南大学出版社 2003 年版，第 374~375 页。

③ 陶继侃：《战后美国经济增长速度及其前景估计》，载于《世界经济》1979 年第 5 期，第 1 页。

④ 李洁：《老年人学习权益法制保障研究》，人民出版社 2013 年版，第 142 页。

经济和制度政策支持下的养老机构，从生命健康的基本维持转向更高层次的精神心灵以及生命健康维护需求。随着经济条件、教育条件与养老保障条件不断完善，老年人从低层次需要得到满足并从中获得解放，需求重心转向精神心灵层次。他们已经不再满足于休闲与娱乐，而开始要求获取新的知识并重返工作岗位从事力所能及的工作。[①] 同时，"学习化社会"思想开始酝酿，并于 1968 年由美国学者罗伯特·哈钦斯（Robert Hutchins）提出[②]。在《学会生存》（联合国教科文组织，1972）以及《国家在危机中》（美国优质教育委员会，1983）等系列报告推动下，美国国家发展目标转向构建终身学习型社会。20 世纪 70 年代，老年教育相关理论研究和实践密集产生并得到发展。1971 年，麦克拉斯基（Houard Y. Maclusky）在美国白宫老人会议上指出："对于所有年龄组的一切人来说，教育是一项基本权利。它是持续进行的，而且今后将成为老年人获得丰富的和富有意义的生活的途径之一，是帮助他们发挥其潜力，使之成为改善社会的源泉的一种手段"[③]，直接为美国老年教育的产生提供重要基础。从美国老年教育的产生环境与历程看，老年教育的产生与经济发展水平、教育条件、养老保障、个人与国家需求转换之间存在紧密的因果关系。

2. 价值标准转变是老年教育的产生契机

第一，人的价值标准发生转变。当今社会正处于由现代社会范式向后现代社会范式转型期。社会转型带来了基于社会需求的个体价值衡量标准的变化。在现代社会，等级性突出，经济系统优于文化系统、政治系统，整个社会以经济效率为导向，价值标准趋于单一化。人的价值衡量标准趋向于直接为社会创造财富，具有显性化、直接化与功利化的特点。20 世纪 60 年代逐渐兴起的后现代主义思潮带来了相对主义和多元主义的价值观以及趋向平等的社会结构理念。经济发展不再是社会发展的主流目标，个体的价值不再囿于直接为社会创造财富。人的价值开始扩展到文化、精神等各个领域，由中青年扩展到所有年龄阶段，由直接贡献扩展到间接贡献、隐性贡献。所有人都拥有能力与智慧这一新的观

53

---

① 杨德广：《美国老年教育的发展及启示》，载于《世界教育信息》2017 年第 4 期，第 34 页。
② 林钧：《国外学习化社会理论与实践》，中国经济出版社 2013 年版，第 70 页。
③ 岳瑛：《教育学视阈中的老年教育》，湖北科技出版社 2012 年版，第 113 页。

念日渐被认识。这一认识首先颠覆了社会对老年群体的价值判断。

第二，教育的价值标准发生转变。一方面，基于物质需求满足的精神诉求驱使社会发展取向由"物本"向"人本"转变，致力于社会发展的需要与个体人的发展相互契合，推动教育目标由促进经济发展转向促进人的发展，由工具取向的"谋生教育"向价值取向的"人的教育"转变。教育的价值不再仅仅服务于经济系统，更在于创造学习型社会，促进所有人的全面发展与潜能实现。另一方面，基于"环境污染、自然灾害、能源紧缺、粮食危机"等人类生存危机、社会问题、伦理问题的反思，关注生与死的生命教育于 20 世纪 60 年代开始在美国出现，并很快影响至世界其他各国。[①]"向人类传递生命的气息"这一教育价值被重新发现。生命教育、健康教育、人际交往价值取向在既有的教育领域开始被重视。教育的内涵边界得以扩展，正由专业教育、课堂教育扩展至生活的方方面面包括娱乐活动等。教育对个体生命的关注引导人们开始将教育对象扩展至生命的各个年龄阶段。教育发展取向以及内涵边界扩展为老年教育的产生带来生长契机。

3. 人口老龄化问题解决需求是老年教育的产生助力

当今世界人口正迅速老龄化。预计到 2030 年，年龄 60 岁以上人口将占全球总人口的 1/6。到 21 世纪中叶，60 岁及以上人口将占到全球总人口的 20%。[②] 人口老龄化对养老基础设施、养老资金和养老服务的更高要求，将造成社会保障、健康保健以及其他福利花费过高，在加重国家财政负担的同时，也会加剧不同社会机构间对于公用稀缺资源的竞争。同时，在人口老龄化背景下，越来越多家庭将更多时间投入养老，青壮年劳力从事生产的机会因此减少，并进而影响国家经济发展。最后，不加引导的被动老龄化会使老年人社会参与度与自我价值感降低，不利于个体身心健康，进而加剧人口老龄化对社会发展的负面效应。为此，1990 年，世界卫生组织提出"健康老龄化"理念，并将之作为破解人口老龄化难题的重要手段。健康老龄化提出生理、心理与社会适应这三个健康老龄标准，旨在通过提高老龄人口的生命质量来缓解养老与

---

① 黄渊基：《生命教育的缘起和演进》，载于《求索》2014 年第 8 期，第 173 页。

② 刘琪：《联合国发表多项议题，关注世界人口老龄化问题》，载于《上海城市管理》2017 年第 5 期，第 96 页。

医疗给家庭以及社会带来的负面影响。但健康老龄化主要关注老龄人口的健康问题以及对社会的适应问题，忽视了社会层面和精神层面对老龄化的影响以及老龄人口对社会的反作用。1999 年，世界卫生组织进一步提出积极老龄化，倡导"人到老年时，为了提高自身的生活质量，使健康、参与和保障的机会尽可能发挥最大效益的过程"。[①] 积极老龄化在重视健康维护基础之上更加强调经济、政治、文化等社会与精神层面因素与老龄化过程的互动影响。承认并重视老龄人口的人力资本价值，强调在老龄人口健康维护基础之上，尊重其个体差异性、主观能动性以及主体权利，充分挖掘其潜能并进行人力资本价值增值，在促进全面发展基础之上助力其主动参与社会生产，在为社会做出积极贡献的同时，促进身心健康。这决定了旨在助力人力资本潜能挖掘、健康维护与价值增值的老年教育必将成为积极老龄化实现的关键。从某种意义上说，积极老龄化的本质就是教育养老。由人口老龄化问题产生到健康老龄化对健康维护的重视，再到积极老龄化对教育养老的提倡，老年教育是人口老龄化问题解决的必然产物。简而言之，解决人口老龄化问题势必要产生老年教育。

55

3.3.3　价值与规律

理清老年教育内在的独特价值与规律是发展老年教育的重要基石。本书认为老年教育的价值体现为个人价值和社会价值两个层面，老年教育的发展遵循内部关系规律和外部关系规律两个方面。

1. 老年教育的价值

老年教育价值即老年教育的有用性，本书拟从老年教育的社会价值和个人价值两方面进行论述。

（1）个人价值。

从个人本位论来讲，老年教育是以满足老年人个人的自身教育需要来达到教育目的的教育形式。

第一，老有所乐的价值。老年人这一特殊群体，身体器官会随着年

---

① 贺莎莎、孙建娥：《积极老龄化政策研究综述》，载于《社会福利（理论版）》2017年第 11 期，第 7 页。

龄的增长不断衰竭，心理问题也日益加重。心情低落、孤单、失落、害怕等负面情绪经常出现。老年教育一方面可以通过教育使老年人加强对身体的正确认知，另一方面可以通过教育形式使老年人相聚获得陪伴的欢乐，通过多样的老年教育课程来满足老年人心理和精神文化的需要，增强其满足感。

第二，老有所为的价值。老年人退休后容易出现负面情绪，通过老年教育能够满足老年群体对知识的渴望与满足，通过教育再造，发挥其具有丰富的工作经验、广阔的人际关系等优势，可以提高老年人的参与感。

（2）社会价值。

从社会本位论来讲，老年教育是以满足社会的需要出发对老年人进行教育，促进社会的和谐发展。其社会价值包括经济价值、文化价值和教育价值。

第一，经济价值。老年人拥有潜能、经验、学习以及在社会中与他人交换经验的能力，甚至具有促进经济和整个社会发展的价值。伴随人口老龄化时代到来，世界各国先后制定的延迟退休政策更是突出了老龄人口的价值。老龄人口的价值被认可，其价值需要被挖掘增值。教育在于发现并挖掘人的价值与潜能，老年教育因此获得契机。另外，后现代主义思潮带来了看待事物视角的多元化，使人们不再囿于生物学单一视角看待老龄人口，同时看到了经验等非生物学方面的潜能及其对功能性能力退化的抵消功能。

第二，文化价值。老年教育在全国范围内的快速兴起，首要价值表现为其在提升人口素质中发挥的重大作用。通过接受老年阶段的再教育，老年人的现有知识体系得到有效的丰富，老年群体的文化素养水平得到有效提高。其次，教育作为文化的一项重要载体，其先天就不可避免带有文化意蕴，而老年教育作为一种独特的教育形式，也是一种特殊的文化现象。老年教育的文化价值，一定程度上也就体现在它作为一种文化现象而存在上。最后，通过接受老年教育，更多的老年人得以在生命的最后一段时间，重新找到生命的意义，散发光彩的生命活力。因此，老年教育的文化价值，在某种层面上还体现为"老年人回归个体生命本质的文化进步"[①]，让老年人体会到作为生命个体的本质意义。

---

① 黄克歧：《老年教育的文化意义刍议》，载于《厦门特区党校学报》2014 第 5 期，第 77～80 页。

第三，教育价值。老年教育的产生重塑了老年教育系统，打开了新的教育形式。一方面，老年教育的产生从纵向上增加了老年教育的对象，扩大了教育系统，这有助于完善教育系统。另一方面，老年教育的发展有利于促进实现教育公平。长久以来，老年群体被排除在老年教育系统之外，剥夺了老年群体的受教育权，使其长久在某一教育水平阶段而无法提高。老年教育将老年人纳入教育系统之中，使提高老年群体素质成为可能。

2. 老年教育的规律

任何事物的存在都有着其内在规律性，并循着这一规律发展，老年教育也不例外。教育规律是指教育活动中存在的客观的、必然的和内在的联系，老年教育从属于教育范畴，必然也遵循着教育规律而活动。探寻老年教育的发展规律，有助于我们科学地认识老年教育，更好地促进其发展。对老年教育规律加以说明必然要以整个老年教育系统为研究对象，学界关于老年教育的规律众说纷纭，有学者认为当前的教育规律有"内外部规律说""一般特殊规律说""动静规律说"以及"矛盾运动规律说"等不同的表述[1]。在这里，本书依然沿用教育界应用最广、认可程度最高的潘懋元教授对教育规律的观点进行表述。老年教育作为教育的特殊阶段，它同样遵循教育的两条最基本规律，即老年教育应致力于适应并促进社会发展，应致力于适应并促进老年人个体发展。

（1）外部关系规律。

老年教育的外部关系规律，也称为老年教育与社会的关系规律。社会作为一个广泛的概念范畴，是政治、经济以及文化等各种关系的总和，教育既然内含其中，就必须与系统中的各个要素相适应并互促进步。外部规律具体表现在老年教育要受社会发展规律的制约并为社会发展服务，即老年教育要与社会发展水平相适应。

教育从产生之日起，就注定了与社会发展的不可分割的相互关系。正是社会经济的发展使得原始人类从每天的生产劳动中解放出来，有空闲开展教育学习活动，又反过来进一步促进社会的发展。而今也是如此，经济的发展使得国家、学者不止将注意力投入于义务教育、高等教

57

---

① 侯怀银、刘泽：《"教育规律"解析》，载于《大学教育科学》2018 年第 4 期，第 4 ~ 9 页。

育等的研究，更是有精力将注意力转向老年教育的研究。老年教育的外部关系规律决定了老年教育的发展必然要密切关注其所在的社会大环境，脱离社会谈教育，这样产生的教育必然不能符合社会发展的要求，老年教育活动的开展必须要时刻与社会的政治、经济以及文化等的发展密切结合。社会的发展促进了老年教育的发展，而老年教育的发展，尤其是其对于充分利用老年人力资本价值方面的作用，不仅有助于社会资源的充分利用，更是有助于缓解当前日益严重的老龄化问题，减轻社会经济压力，有助于社会的发展进步。

（2）内部关系规律。

老年教育的内部关系规律，即老年教育与人的发展的关系，体现在教育与人的个体以及身心发展等各方面之间的关系上。具体表现为老年教育受人的发展规律与水平的制约并为人的发展服务。教育活动作为人类社会所特有的活动，起源于人类参与社会生活的需要和人类自身身心发展的需要，以培养人为目的，是人类社会所必需的、基本的社会实践活动之一，人作为教育活动开展的唯一对象，必然与教育有着紧密的内部关系。

与在正式教育阶段所要求的德育、智育、体育、美育、劳育等方面的培养要求不同，到了老年人这个阶段，一般对个人情操的提高、增长知识以及生活技能等方面更为关注，更为重视社会参与、充实自身的需要，以及对临终教育、死亡教育等正确认识死亡、保持积极乐观心态的心理知识教育。老年教育的内部规律，要求老年教育的发展要更关注以及全面协调上述老年人的各种需求之间的关系，使老年人在老年教育中得到想要的发展。现如今的社会，生活水平日益提高，老年人对于老年教育的需求日益增大。充分认识老龄人口的学习特点对老年教育的发展有着举足轻重的作用。老龄人口接受教育的兴趣程度和学习态度受制于其早期教育经历，并高度依赖其生平和社会环境。教育的先决条件越多，受教育者的教育需求就越是明确，其在教育参与中的个性化需求以及自主性要求就越强烈。不同的老年个体对学什么、如何学以及在哪里学的偏好较其他阶段个体区别更大。老年教育具有非常显著的个性化特点，而最初的老年教育往往不注重这些因素，忽视老年人的实际需求。现在的老年教育正向着满足老年人的需求及期待的方向发展。反过来，老年教育的发展不仅帮助老年人学习新知识，提高个人的社会适应能力，更好地融入社会，提高老年人的生活质量；更满足了老年人个人的求知欲望，有助于提高老年生命质量，打造幸福晚年，寻求生命的意义和价值。

3.3.4　保障与支撑

充足的老年教育资源是保障老年教育正常运行的有力保障，老年教育资源的有效协同发展则是老年教育发展的重要支撑。

1. 老年教育资源

对老年教育资源概念的解读有必要从教育资源着手。李祖超（1997）提出"教育资源是指社会经济资源中，输入教育过程的人力、物力、财力、信息和时间资源的总称"。[①]《教育大辞典》中认为教育资源也称"教育经济条件"，是"教育人力资源、物力资源和财力资源的总和。其中人力资源包括教育者人力资源和受教育者人力资源，物力资源包括学校中的固定资产、材料和低值易耗物品"。[②] 王惠青、杨新援（2000）则将教育资源视为"可供教育利用的环境、人力、资金和技术资源的总和"。[③] 综上发现，已有教育资源的概念界定主要集中于资源的具体形态，认为"人力""物力"和"财力"是教育资源的核心。本书认为，上述对教育资源的界定太过狭隘，导致教育资源配置在实际运作中由于力量分散而作用有限。基于此，本书拟将教育资源的概念范畴扩展至宏观广义层面。认为教育资源包括狭义和广义两个层面。狭义层面的教育资源主要指人力、物力、财力等资源。广义层面的教育资源主要指体制、制度、文化、环境等资源。对教育资源从狭义与广义两个层面进行更为细致的划分，以利于指导、协同各资源共促教育发展。基于大资源的概念界定，本书认为老年教育资源包括狭义与广义两大层面。狭义层面的老年教育资源是指保证老年教育正常运行所必需的教育场地、组织机构、教学设施、资金投入、教学人员、行政管理人员等资源。广义层

---

① 李祖超：《我国教育资源短缺简析》，载于《高等教育研究》1997 年第 6 期，第 39 ~ 41 页。

② 顾明远：《教育大辞典》，上海教育出版社 1998 年版，第 799 页。

③ 王惠青、杨新援：《论教育资源的可持续发展》，载于《教育评论》2000 年第 6 期，第 4 ~ 6 页。

面的老年教育资源是指老年教育相关的管理体制、管理模式、政策法规、文化环境等资源。其中，狭义层面的资源为老年教育事业运行提供人财物等实物保障，广义层面的老年教育资源则通过协调组织狭义层面的资源为老年教育事业运行提供有力支撑。

2. 老年教育资源协同发展

由于协同发展在协调资源、促进合作共赢方面的重要作用，协同发展论已被当今世界许多国家和地区广泛应用到经济、教育等领域，并取得了一定的成就。到目前为止，协同发展研究多用于分析和解决经济、产业、城市发展、生态、高等教育等领域出现的问题，在老年教育研究中尚不多见。随着我国老年人口负担逐年递增，老年教育资源短缺问题已严重制约我国老年教育的发展。持续丰富老年教育资源供给，构建老年教育资源协同机制，实现资源有效统合必将成为我国老年教育寻求发展机遇的关键举措。本书将"协同发展"引入老年教育领域，提出老年教育协同发展这一概念，并将其作为本书的重要概念基础：所谓老年教育资源协同发展，就是指协调老年教育领域两个或者两个以上的不同资源，通过优化资源配置并使其有效整合，在促进各类资源共赢发展的基础之上促成老年教育办学质量有效提升。具体来看，我们应从确立协同治理目标和发展原则、推进老年教育多元化供给改革、完善老年教育管理体制以及构建高校协同的综合长效机制等方面入手，全面协同政府、教育机构与社会资源三方力量来解决老年教育资源短缺问题，实现老年教育共建共治共享，以期最终达成老年教育事业高质量发展和积极老龄化的最终目标。

第4章 我国老年教育发展历程

自 20 世纪 80 年代开始，随着干部退休制度改革的推进，我国老年教育开始逐渐发展起来。历经三十多年的风风雨雨，在各级党委政府的关心、支持和有关部门的领导下，经过教育工作者的恪尽职守和老年学员的努力奋斗，老年教育事业实现了从无到有，从少到多，从传统教育向现代化教育的转型，形成了从中央到地方，从城市到农村的省（部）、市、县、乡、村五级老年教育网络，构建了一个多方位、多层次、多学科、多功能、开放式的老年教育体系。[①] 三十多年来，老年教育的发展历程可分为以下四个阶段。

4.1 初创阶段（1982~1993 年）

1982 年 2 月，中共中央发布《关于建立老干部退休制度的决定》（以下简称《决定》），该《决定》成为老年教育事业起步的主要标志。干部退休制度的实施，使得很多从工作岗位退下的老干部、老职工在不同程度上出现失落、孤独等消极感受，为了丰富老干部的退休生活，一些省市开始组织离退休老干部参加以健身、书法、国画为主要内容的活动和讲座，积极创办老年大学。1983 年 9 月，山东省率先创立了我国第一所老年大学——山东省红十字会老年大学，开辟了老年教育事业新纪元。老年大学的创办得到了政府的支持，哈尔滨、贵州、南京、广州、上海、武汉等地也开始创办老年大学。至 1985 年底，全国老年大学（学校）数量已达到 61 所，在校学员 4 万余人。[②] 1988 年 12 月，我

---

①② 杨德广：《老年教育学》，人民教育出版社 2016 年版，第 50、76 页。

国老年大学协会在武汉成立，全国各区县、基层街道、乡镇开始积极创办老年学校，企事业单位、军队、高校、社会团体等也纷纷行动起来，全国老年大学（学校）开始形成体系。截至 1990 年底，老年学校达2300 多所，初步形成全国老年教育网络。

这一时期老年教育的发展刚刚起步，亟须健全老年教育的管理体系。1982 年 10 月"中国老龄问题全国委员会"成立，委员会是由有关部门和群众团体、科研机构组成的社会团体。它的任务包括：对有关老龄问题的一些重大问题，进行调查研究、综合规划、组织协调、督促检查；参加有关老龄问题的国际性和地区性的专业会议，开展多边或双边的技术援助和技术合作等对外活动。而具体业务的开展则由国务院各有关部委、群众团体和科研机构分别管理①。由于当时的老年教育都是面向当地退休老干部们的教育，最主要的管理机构也就是各地的老干部局。1983 年 4 月 23 日，国务院办公厅转发中国老龄问题全国委员会《关于我国老龄工作中几个问题的请示》，正式批准我国老龄问题全国委员会作为管理老龄问题的常设机构。全国各地在这一通知的指导下，纷纷成立各地的"老龄问题委员会"，对老年教育进行管理，例如 1983年 11 月上海市政府批准成立上海市老龄问题委员会。这一时期老年教育主要依靠党委政府的领导和管理，一些老年学校的主要负责人也都是由一些党委的负责人兼职担任，尚未指定专门的主管部门。

总体上看，这一时期是我国老年教育的初创时期，老年教育开始受到国家和政府的重视，以老干部群体为主的老年大学相继创办。虽然老年大学的教学内容和课程设置还相对简单，老年教育系统的管理也不健全，还未形成固定的组织和系统，但这一阶段是我国老年教育的起步阶段。老年教育从此迈出了实质性的一步。

4.2 探索发展阶段（1994～2004 年）

1994 年，国家计委、民政部、老龄委等 10 个部委联合制定了《中国老龄工作七年发展纲要（1994～2000 年）》。这是第一次以指导性文

---

① 《国务院办公厅转发中国老龄问题全国委员会〈关于我国老龄工作中几个问题的请示〉的通知》，https：//law. lawtime. cn/d658288663382. html。

件的形式对老龄工作和老龄事业发展作出的全面战略规划，老年教育理念在国家层面更加明朗。1995 年全国人大常委会颁布《中华人民共和国教育法》，1996 年颁布《中华人民共和国老年人权益保障法》（以下简称《老年人权益保障法》），明确指出，"国家和社会应当采取措施，健全老年人的社会保障制度，逐步改善保障老年人生活、健康以及参与社会发展的条件，实现老有所养、老有所医、老有所学、老有所为、老有所乐"。《老年人权益保障法》作为第一部涉及老年人的法律，其影响意义深远，为老年教育的发展提供了可靠的法律保障。1999 年，我国 60 岁及以上老年人口占总人口的比重达到 10% 以上，按照国际通行的标准，我国开始进入老龄化社会。为进一步加强老龄工作，1999 年 10 月经中共中央、国务院批准，全国老龄工作委员会成立，李岚清指出，"要大力发展老年教育，动员社会力量兴办各类老年大学和老年学校"。从而进一步确定了老年教育工作在国家建设中的地位和作用。2000 年，中共中央和国务院下发了《关于加强老龄工作的决定》，要求重视发展老年教育，鼓励社会力量兴办老年学校。除大力发展老年大学外，社区作为老年教育主要阵地，其地位开始凸显，省、市（地）、县（区）、乡（镇）、村（居）五级办学网络开始建立，社区教育有了组织保障，各地社区教育实验区开始举办内容丰富、形式多样的社区老年教育活动。2002 年，党的十六大提出了"全面建设小康社会"的目标，明确指出"构建终身教育体系"。这标志着老年教育作为终身教育的最后一环，进入到党和国家的工作体系之中。为进一步扩大老年教育的范围，一些地方开始尝试将现代传媒手段与信息网络技术运用到老年教育中。

在此期间，老年教育的管理体制得到初步发展，管理的主体更加多元化，开始走向科学化、规范化。同时相继出台了相关的政策文件指导老年教育的管理。1994 年出台了《中国老龄工作七年发展纲要（1994～2000 年）》（以下简称《纲要》），指出要改革和完善老龄工作管理体制。《纲要》指出了我国目前的老龄工作还是多部门分头管理，尚未明确和统一，这就要求政府及一些老龄工作机构要加强对老龄工作的调查研究，统筹规划，组织协调，督促检查。其中当然包括老年教育的管理工作，此时的老年教育管理是由政府及一些老龄机构进行管理和统筹。《纲要》还指出了要逐步改革现有机构，理顺各个机构的职责与关系。

同时十分重视老龄工作干部队伍和科研队伍的建设，提出要不断加强培训，提高素质，这在相当大的程度上提高了老年教育管理人员的素质，为以后老年教育的管理奠定了基础①。1995 年 2 月 19 日发布了《关于老龄事业机构问题的通知》，将"老龄问题全国委员会"更名为"中国老龄协会"，并规定这一协会由民政部代管。此时的老年教育开始由党委直接领导转向由老龄委管理，但毕竟老龄协会在当时仅仅是关于协调组织的机构，并没有指导地方老龄工作的职能，也无法对老年教育实施系统的行政管理，而且工作重点主要集中在老龄问题，对老年教育管理更是欠缺。而随着老年教育的受教育群体不断扩大，老干部局的管理也越来越受到限制②。1996 年颁布了《老年人权益保障法》，此法第三十一条明确提出老年人有继续受教育的权利，国家鼓励社会办好各级各类的老年学校，鼓励发展老年教育，并明确规定老年教育由各地各级人民政府领导，对老年教育进行统一规划，加强管理。1999 年 7 月出台《关于加强老年文化工作的意见》，提出要想做好老年文化工作必须要办好老年大学，做好老年教育。并规定老年教育由各级文化行政部门统一负责，明确指出各级文化主管部门要认真做好对老年教育的规划、审批和管理工作③。1999 年 10 月发布《关于印发全国老龄工作委员会成员单位职责的通知》，提出由文化部全面负责全国的老年教育工作，对各级老年学校要加强领导和管理。2000 年 8 月出台《中共中央国务院关于加强老龄工作的决定》，指出要理顺和健全老龄工作体制。2001 年 6 月，多个部门联合下发《关于做好老年教育工作的通知》，强调文化行政部门在老年教育中的重要地位和作用，规定文化行政部门要会同有关部门认真学习和借鉴各单位发展老年教育事业的成功经验，尽快制定老年教育事业发展规划和远景目标，进一步加强领导，科学指导，逐步规划老年教育事业的发展④。2001 年 7 月，国务院颁布《我国老龄事业

---

① 《国家计委、劳动部、民政部等关于印发〈中国老龄工作七年发展纲要（1994～2000年）〉的通知》，http://www.law-lib.com/law/law_view1.asp?id=59486，1994 年 12 月 14 日。

② 张瑾、韩崇虎：《多属性视域下我国老年教育管理发展和创新研究》，载于《职教论坛》2019 年第 1 期，第 59 页。

③ 《文化部印发〈关于加强老年文化工作的意见〉的通知》，www.ndcnc.gov.cn/shifanqu/fagui/201306/t20130618_683659.htm，2013 年 6 月 18 日。

④ 《中组部、文化部、教育部、民政部、全国老龄工作委员会关于做好老年教育工作的通知》，http://www.chinalawedu.com/falvfagui/fg22598/27214.shtml，2001 年 6 月 22 日。

发展"十五"计划纲要》①，纲要强调地方各级政府对老龄事业包括老年教育进行领导和统筹安排，要求建立和完善各级老龄工作委员会及其办事机构，明确任务和职责，核定编制，配备干部，保证必要的工作经费和工作条件，这在政策上为老年教育的管理和发展提供了便利条件。2004 年教育部发布《关于推进社区教育工作的若干意见》，提出："把老年文化活动、老年教育作为社区教育的重要组成部分。并要求将各地的社区教育纳入地方经济发展规划。建立领导机构，明确各部门的职责和任务。"最终形成"党政统筹领导，教育部门主管，有关部门配合，社会积极支持、社区自主活动、群众广泛参与"的管理体制和运行机制。"② 并将老年教育的领导机构设在了教育行政部门。至此老年教育的管理和领导不再仅局限于老龄部门和文化部门，教育部门也开始参与其中。

总之，这一阶段的老年教育发展已经有了较大的发展，不管是老年大学还是老年学员的数量都在逐渐增多，老年学员的范围也从退休干部扩大到退休工人、退休教师等群体。这一时期，有关老年人权利的法律政策保障开始起步构建。老年教育的发展正不断朝着老有所学、老有所为、老有所乐的方向探索前进。这一时期国家对老年教育的领导和管理更加重视，出台了多项文件政策来指导和规范老年教育的管理。从管理主体来看，呈现出以文化部为主，其他部门（如民政部、教育部、老龄委等）配合的管理格局③。在此基础上加强党对老年教育的领导，促进了老年教育领导部门的建立，许多省市根据中央文件要求建立了老年教育领导小组，明确了老年教育的主管部门。

4.3　快速推进阶段（2005～2010 年）

面对不断加快的老龄化进程，2006 年出台的《我国老龄事业发展

---

① 《国务院关于印发〈中国老龄事业发展"十五"计划纲要〉的通知》，http://www.gov.cn/zhengce/content/2016－09/23/content_5111148.htm，2001 年 7 月 22 日。

② 《教育部关于推进社区教育工作的若干意见》，https://baike.so.com/doc/3763392－3953432.html，2004 年 12 月 1 日。

③ 吴思孝：《我国老年教育的历史追溯与未来展望——基于政策发展视角》，载于《成人教育》2019 年第 6 期，第 96 页。

"十一五"规划纲要（2006～2010）》提出要积极发展老年远程教育，倡导社区办学等多种形式的老年教育。同年，《我国老龄事业的发展》白皮书发布，指出国家要重视保障老年人受教育权利，加大投入，积极扶持，推动老年教育事业迅速发展。截至 2006 年底，全国老年大学（学校）数量已达到 37000 所，在校学员 383 万余人。2010 年，《国家中长期教育改革和发展规划纲要（2010～2020 年)》提出要"重视老年教育，把老年教育纳入继续教育和终身教育体系"，"基本形成全民学习、终身学习的学习型社会，向人力资源强国迈进"。这是我国老年教育第一次被写入国家教育改革和发展纲要，标志着老年教育的"教育性"得到党和国家的正式承认。2011 年发布的《中国老龄事业发展"十二五"规划》指出要注重老年人力资源开发，支持老年人老有所为，发光发热，服务于社会经济建设。2012 年和 2015 年先后对《中华人民共和国老年人权益保障法》进行了修订，对保障老年人接受继续教育的权利提出举措，如增强全社会积极应对人口老龄化意识，鼓励全社会办好各类老年学校等，老年教育进入深化发展阶段。

2005 年，国家先后出台了《关于加快发展养老服务业的意见》《关于加强基层老龄工作的意见》《关于加强老年人优待工作的意见》等文件，从不同角度关注老龄工作发展。对于老龄事业的发展越来越重视，使得老年教育的管理也得到了进一步的发展。2006 年 9 月，国务院发布《我国老龄事业发展"十一五"规划》，提出要充分发挥政府的主导作用，各级政府要切实加强对老龄工作的领导，各部门要按照各自职能，做好本部门的工作。

2010 年《国家中长期教育改革和发展规划纲要（2010～2020 年)》提出把老年教育的发展作为继续教育的重要组成部分，并对教育的管理体制做出规定：要不断深化教育管理体制改革，不断形成并健全政事分开、规范有序、统筹有力、权责明确的教育管理体制，并明确规定"由中央政府统一领导和管理国家教育事业，制定发展规划、方针政策和基本标准，地方政府负责落实国家方针政策"①。2011 年 9 月，《我国老龄事业发展"十二五"规划》指出要加强老年教育工作，并提出创新老年教育体制机制，探索老年教育新模式。为了促进地方老年教育的发

---

① 《国家中长期教育改革和发展规划纲要（2010～2020 年)》，http：//www. gov. cn/jrzg/2010 - 07/29/content_1667143. htm，2010 年 7 月 29 日。

展，提出各地要建立老龄工作委员会，协调、组织和管理好老年教育。2012 年，全国老龄委《关于进一步加强老年文化建设的意见》，提出文化教育部门要把老年教育纳入终身教育和社区教育体系，加强领导，统一规划。由上看出，这一阶段老年教育逐步从文化部门的管理中被析出，开始被放置到老龄事业中，并关乎国家的政治、经济和社会稳定的发展①。

4.4 深化创新阶段（2016 年至今）

2016 年，教育部等九部门联合发布《关于进一步推进社区教育发展的意见》，提出社区教育中要大力发展老年教育，一是要加强养老服务体系建设；二是要密布社区学习资源网点，完善老年人学习支持服务网络；三是要建设一批在本区域发挥示范作用的乡镇（街道）老年人学习场所和老年大学。同年 10 月，国务院出台《老年教育发展规划（2016～2020 年）》，这是我国第一部老年教育专项规划，其中明确提出积极探索养教结合新模式。2017 年 10 月，党的十九大报告中提出构建养老、孝老、敬老政策体系和社会环境，推进医养结合，加快老龄事业和产业发展。老年教育开始由社会问题的边缘化走向中心。同年，国务院发布我国第一部老龄事业规划《"十三五"国家老龄事业发展和养老体系建设规划》，要求"牢固树立和贯彻落实创新、协调、绿色、开放、共享的发展理念"，到 2020 年基本形成"老年教育新格局"。

在管理体制方面，《老年教育发展规划（2016～2020 年）》，提出了老年教育管理体制的主要发展目标是："到 2020 年，基本形成覆盖广泛、灵活多样、特色鲜明、规范有序的老年教育新格局。老年教育法规制度逐步健全，职责明确、主体多元、平等参与、管办分离的管理体制和运行机制得到完善。"② 2017 年，《"十三五"国家老龄事业发展和养老体系建设规划》提出："创新老年教育发展机制，促进老年教育可持

67

—————————

① 吴思孝：《我国老年教育的历史追溯与未来展望——基于政策发展视角》，载于《成人教育》2019 年第 6 期，第 97 页。

② 《国务院办公厅关于印发〈老年教育发展规划（2016～2020 年）〉的通知》，http://www.gov.cn/zhengce/content/2016－10/19/content_5121344.htm，2016 年 10 月 19 日。

续发展，促进各级各类学校开展老年教育，支持鼓励各类社会力量举办或参与老年教育。到 2020 年，基本形成覆盖广泛、灵活多样、特色鲜明、规范有序的老年教育新格局。全国县级以上城市至少应有一所老年大学。"2019 年 11 月，中共中央、国务院印发《国家积极应对人口老龄化中长期规划》，指出应构建老有所学的终身学习体系，推行终身职业技能培训制度，加快终身学习立法进程，建立健全社区教育办学网络，创新发展老年教育，实施发展老年大学行动计划，到 2022 年全国县级以上城市至少建有一所老年大学。以《老年教育发展规划（2016～2020年)》为起点的"完善期"，意味着国家开始以教育管理部门为主进行老年教育的顶层设计和实践行动，也意味着老年教育从早期的社会福利服务体系逐渐演进到现代的终身教育的教育体系[①]。

三十多年来，我国老年教育坚持以满足老年人实际需求为出发点，积极创造条件开展各项活动，使老年人不断充实和发展自己，拓展了他们生命的宽度，正逐步实现"老有所学、老有所为、老有所乐"的老年教育格局。

我国老年教育是顺应时代潮流，适应形势发展的必然产物。进一步办好老年大学（学校），积极推进老年教育事业长远发展，功在当代，利在千秋。

---

① 吴思孝：《我国老年教育的历史追溯与未来展望——基于政策发展视角》，载于《成人教育》2019 年第 6 期，第 97 页。

第5章 我国老年教育资源的现状及特点

我国老年教育经过几十年的发展取得了显著的成就，教育资源配置效率不断提高，教育资源在量和质两个层面都得到较快的发展，部分省份老年教育发展速度更快，成绩更加突出，但是，地区间发展不均衡的现象也同时存在。本章首先对全国老年教育资源现状进行分析，在此基础上，重点选取山东、上海、四川等地区，详细分析典型地区的老年教育资源现状，以期展示我国老年教育资源发展与配置的全貌。

5.1　全国老年教育资源现状分析

从全国范围看，老年教育规模、组织机构、老年大学管理模式、高校协同发展老年教育以及对老年教育的研究等方面均取得了一定的成绩，基本形成了一个全方位、多层次的老年教育体系。

5.1.1　老年学员规模情况

1983 年，山东省红十字会老年人大学成立，开启老年教育事业的大门。最初，老年大学学员多为退休干部和老同志，随着各地老年大学的扩张，老年学员的数量显著提高（见图 5-1）。1985 年，我国老年大学在校学员的数量达到 4 万人，政府的支持给予了老年教育发展的动力，老年人学习积极性不断提高，老年学员的范围也在不断扩大，退休工人、退休教师也开始进入老年大学学习。1999 年我国在校老年学员已达到 130 万人，是最初参加老年教育人数的 30 多倍。我国进入老龄化社会之后，老年教育得到社会更多人的认可，社区、城镇的老年人也开始进入老年学校，2006 年我国老年大学（学校）在校学员已达到 383 万人，2017 年我国在校老年学员达到 700 多万人，增长速度分别为 1999 年的 3 倍和 6 倍。

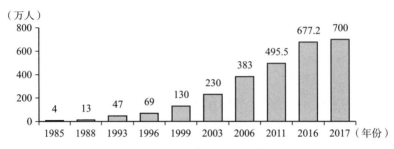

图 5 - 1　全国老年教育在校学员数

资料来源：杨德广：《老年教育学》，人民教育出版社 2016 年版。

5.1.2　老年教育的组织机构

　　山东省红十字会老年人大学的成立，打开了山东省举办老年大学的大门，更是开启了全国范围各地区举办老年大学的进程。短短几年的时间，老年大学得到了各地政府和群众的支持（见图 5 - 2）。1985 年，我国老年大学已建立 61 所，同年 12 月，在"全国老年大学经验交流会"上，中央领导对老年大学的肯定极大地增强了办学人员对发展老年教育事业的信心。政府部门、高等学校、行业机构和民间个人、团体等从教育需求出发，积极创办老年大学（学校），2005 年西藏老年大学成立，标志着我国在全国范围内均建立了老年大学。

　　1999 年，我国老年大学（学校）已有 13200 所，但这与我国老年人口数相比，实在是杯水车薪。加之空巢老人、高龄老人的比例不断增加，老龄化进程的加快，传统式的家庭养老已经无法满足当代老年人的需求，社区老年教育应运而生。相对于老年大学，社区老年学校更加便捷，办学形式也更加丰富。社区是社会的细胞，社区老年教育对实现教育社会化有重大意义。截至 2003 年，老年大学（学校）数量已经是 1999 年的 2 倍，2011 年老年大学（学校）数量为 42991 所，2016 年全国老年大学（学校）数量已达 59711 所，基本形成一个全方位、多层次的老年教育发展模式。

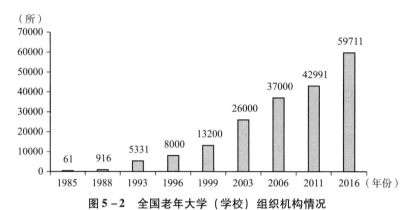

图 5 - 2　全国老年大学（学校）组织机构情况

资料来源：杨德广：《老年教育学》，人民教育出版社 2016 年版。

5.1.3　老年大学（学校）的管理模式

　　宏观角度分析，我国老年教育管理主要是指在国家层面行政主体（包括国务院、地方各级人民政府及其行政部门）依法对老年学校教育事业进行的领导、规划、决策、调控和管理。我国老年教育管理最显著的特征是管理归口不一，管理主体多元化，且有十分鲜明的地方特色。各地政府根据地方经济社会发展水平、老龄化程度以及受教育水平等因素建立了相应管理体制。

　　对全国省（自治区、直辖市）级老年大学的调查表明，我国老年教育管理主体主要有：老干部局、教委、老龄委、多部门合管以及老年教育领导小组、老年大学管理主体部门。情况如表 5 - 1 所示。

表 5 - 1　　　　　　我国部分城市老年教育管理主体分布

主管部门	数量（所）	省份	所占比例（%）
老干部局	21	重庆、河北、河南、山东、山西、甘肃、内蒙古、宁夏、浙江、安徽、湖北、广西、云南、海南、辽宁、吉林、福建、江西、陕西、湖南、广东	70
教委	2	上海、天津	6.7

主管部门	数量（所）	省份	所占比例（%）
老龄委	4	青海、新疆、江苏、四川	13.3
多部门合管	1	西藏（老干部局与教委）	3.3
	1	黑龙江（老干部局、老教委）	3.3
老年教育领导小组	1	贵州	3.3

资料来源：根据杨德广：《老年教育学》（人民教育出版社 2016 年版）及部分省份相关网站整理而得。

由表 5-1 可看出，大部分省份的老年教育工作由老干部局管理，老年教育领导小组（或老年教育委员会、工作小组）也在其中起到重要作用。截至 2016 年，全国共 8 个省（直辖市）设立老年教育领导小组，除了贵州省老年教育由领导小组直接主管外，其余 7 个也确定了老年学校教育行政主管部门。

微观上看，由于管理归口的不一致，我国老年学校内部管理也向多样化趋势发展，各办学主体依据所拥有的资源进行领导与分配，学校内部管理模式主要可分为六种：一是校委会领导下的校长责任制，校委会主任由在职领导担任，委员大多数为在职部门主要负责人；二是校董事会领导下的校长责任制，校董事会主要由在职领导、离退休领导和企事业单位知名人士组成；三是上级主管部门领导下的校长责任制，上级主管部门直接主管老年大学，如上海老年大学；四是校党委领导下的校长责任制，其人员编制、经费预算、学校行政级别、校舍修缮、干部人事任免等都按照党政程序规定执行，属于国家政府办学典型；五是校长责任制，校长是学校法人代表，全权负责学校工作，如重庆市老年大学；六是"两块牌子、一套班子"的领导方式。[①]

5.1.4 高校协同发展老年教育的现状

1. 相关政策法规的现状

在政策法规层面上，国家已逐步认识到高校在老年教育的发展中应

---

① 杨德广：《老年教育学》，人民教育出版社 2016 年版，第 309 页。

有的责任和重要的作用。各级各类部门分别用法规或政策文件的形式明确提出高校应积极、主动支持老年教育事业的发展。比如，为贯彻和落实《中华人民共和国老年人权益保障法》与《国家中长期教育改革和发展规划纲要（2010～2020 年）》，促进老年教育事业的科学发展，国务院办公厅于 2016 年 10 月 5 日印发《老年教育发展规划（2016～2020 年）》（以下简称《规划》）①。《规划》中明确要求利用高校资源开展老年教育："各级各类学校向区域内老年人开放场地、图书馆、设施设备等资源，为他们便利化学习提供支持，积极接收有学习需求的老年人入校学习；探索院校利用自身教育资源举办老年教育（学校）的模式，推动普通高校和职业院校面向老年人提供课程资源，特别是艺术类、医药卫生类、师范类院校和开设有养生保健、文化艺术、信息技术、家政服务、社会工作、医疗护理、园艺花卉、传统工艺等专业的职业院校，应结合学校特色开发老年教育课程，为社区、老年教育机构及养老服务机构等积极提供支持服务，共享课程与教学资源。"《规划》中还提到要以高校为基地加强老年教育学科的建设、相关人才的培养和理论政策的研究："鼓励综合类高校、师范类院校、职业院校开设老年教育相关专业，其他高校也要加强老年教育相关专业建设。支持有条件的高校开展老年教育方向的研究生教育，加快培养老年教育教学、科研和管理人才；鼓励老年教育机构的专任教师和管理人员在职进修老年教育专业课程，攻读相关专业学位。""依托有关高校、科研院所、老年教育机构等建立若干个老年教育研究基地，开展老年教育基础理论研究、政策研究和应用研究，探讨和解决老年教育发展中的重大理论和实践问题。"

此外，《国家中长期教育改革和发展规划纲要（2010～2020 年）》（以下简称《纲要》）将老年教育归属到国家的大教育系列中，使其成为"继续教育"的组成部分，并把它纳入到教育管理体系中以确保国民教育体系的完整性。

由上述政策法规所提及的高校在老年教育事业中的作用和责任，不难发现，随着对老年教育的本质属性及其在老龄化事业和终身学习型社会建设中的作用的认识逐渐深化，高校与老年教育的关系愈来愈密切，前者对后者的助推力作用也被凸显。但是，同样也可以发现，相对于基

---

① 《国务院办公厅关于印发老年教育发展规划（2016～2020 年）的通知》，中国政府网 http：//www. gov. cn/zhengce/content/2016－10/19/content_5121344. htm。

础教育和高等教育，我国在政策法规层面对老年教育的支持力度依然不够，即便有政府和老龄事业管理部门的摇旗呐喊，但鲜有高校以实际行动与之呼应。另外，老年教育事业所归属管理部门的复杂性，使各部门出台的相关法规缺乏系统性和连贯性，加上相关政策法规对高校在老年教育事业中的职责规定非常笼统，甚至颇具模糊性，虽然有了法规，但规约性较差且难以实现。

2. 高校协同发展老年教育的实践现状

严格来讲，我国老年教育只有 35 年的实践基础，高校参与老年教育的实践更是处于起步探索阶段。这也与我国老年教育社会办学疲软，投资热情不高的现状相吻合。所以从实践层面看，高校对老年教育发展仍未发挥其应有的作用。这从全国范围内参与老年教育的高校数量和占比情况即可体现。2014 年，我国老年大学协会成立了高校老年大学工作委员会，其联盟成员目前仅有百余所高校，老年大学协会所联系的地方老年大学有 32700 余所。另外，我国的高校数量（不包含独立学院）近 2500 所。所以现有的 100 多所高校老年大学不论从全国高校数量来看，还是从全国老年大学数量看，其所占比例依旧相当低。不仅如此，从办学模式上看，绝大多数高校开办的老年大学是从属于学校的退休工作，仅面向本校退休工作人员开展文化教育活动，而面向社会招生的一部分高校老年大学，往往作为地方老年大学的分校，与普通老年大学的管理模式、教学模式以及课程设计等没有本质差别。

陕西师范大学老年大学与上海高校老年大学联盟，是目前国内高校参与老年教育的成功案例，极大地推进了当地老年教育事业的发展。但调研发现，这些具有示范性的高校老年大学在教育目标和教学内容上与普通老年大学的差异性并不明显。比如陕西师范大学老年大学设有七个老年群众团体："老教授协会""老年书画协会""老年体协""老年摄影协会""老年艺术团""老年戏曲研究会""老年手工艺协会"。这类老年教育仍旧以文体娱乐为主，尚未凸显高校办老年教育的新时代特色。再比如上海九所高校（复旦大学、上海师范大学、上海交通大学、华东理工大学、上海财经大学、东华大学、华东师范大学、上海大学、同济大学）在 20 世纪 90 年代结为联盟，先后在校内专辟场所开办老年大学，共同支持上海老年教育的发展。办学 20 余年间，他们以在师资力量、学员学历、教学质量上的显著优势成为上海老年教育的中坚力量。但目前九所高校的老年大学是以上海老年大学的分校形式存在。综上，当前我国老年学校在办学体制、教学内容以及办学人员数量等方面呈现出的问题足以说明：高校协同发展老年教育的淡漠观念没有完全改观；高校开办老年大学的主体性、独立性尚未实现[①]；自觉性、主动性的办学动机尚未形成。

5.2　典型地区老年教育资源现状分析

在全国老年教育资源快速发展、全方位、多层次老年教育体系日渐形成的大潮中，我国部分省市，如山东省、上海市、四川省等，老年教育建设和发展成效尤为突出，并成为其他地区争相效仿的典范。本研究选择了以上地区作为典型案例，案例选择遵循全面性、特色性的原则：山东省作为全国第一所老年大学发源地，其发展模式为多地市提供宝贵的借鉴；四川省可作为中国西南地区老年教育发展的缩影，特殊地形地势使得老年教育在资源配置上特色鲜明；上海市老年教育发展先进，成为东部经济发达地区的典范。

5.2.1　山东省老年教育资源现状分析

山东省是人口大省，老龄化形势非常严峻，山东省立足本省特色，创办了全国第一所老年大学，发挥了引领示范的作用。经过近四十年的发展，山东省老年教育无论是在资源管理制度、建设资金投入还是在办学模式方面都取得了显著的成绩。

1. 山东省老年教育资源概况

1983 年山东省创办了我国第一所老年大学，作为全国老年教育事业的发源地，历经 36 年的发展改革，山东省老年教育逐渐形成了统一

---

① 张娟娟：《高等院校举办老年大学现状调查及对策研究》，上海师范大学硕士学位论文，2009 年，第 40～45 页；刘孟：《基于"积极老龄化"视野的我国老年教育发展策略研究》，陕西师范大学硕士学位论文，2014 年，第 33 页。

由组织部门、老干部工作部门主管老年大学的管理体制和面向社会老年人开放办学机制。各老年大学通过合作办学、延伸办学、远程教育等多种方式向乡镇（街道）、农村（社区）、企业、养老机构辐射，示范带动基层老年教育发展。截至 2018 年底，山东省共有老年大学（学校）5588 所，在校学员 56.53 万人。[①]

在山东省各级党委领导、政府统筹，教育、组织、老干部、民政、文化、老龄委等部门密切配合下，其他相关部门共同参与老年教育事业发展的氛围逐步浓厚，初步形成了各部门共同推动老年教育事业发展的格局。2018 年各项经费投入已达到 14259.2 万元。在管理队伍和师资队伍方面，山东省老年大学（学校）共有工作人员 5649 名，其中在编2037 人，聘用 3612 人。各种方式聘用的老年教育教师 12735 名，其中在编有 228 人[②]。理论研究方面，山东老年大学作为全国老年教育理论研究基地，成立了老年教育理论研究专家委员会，在老年教育理论研究领域发挥了示范作用。在近两年国家级老年教育高峰论坛和理论研讨会上，山东省提交论文 150 多篇，荣获特别奖和一等奖 10 余篇，提交论文和获奖数量在全国名列前茅[③]。

2. 山东省老年教育的资本投入

发展教育的先决条件是拥有稳定的经费投入。我国老年教育经费来源主要有三种：财政（企业）拨款、学员学费收入和社会资助。山东省老年教育经费来源情况与我国老年教育经费总体情况存在颇多相似之处，成为我国的缩影。

图 5-3 展示了 2018 年山东省老年教育经费的来源情况。其中，财政（企业）拨款所占比重最大，为总经费的 70%；其次为学员学费收入，占到总经费的 29%；社会资助所占比重与其他两种相差甚远，仅占到总经费的 1%。这与国外老年教育经费大部分由社会资助的情况相差甚远，也是我国老年教育经费短缺的重要原因之一，今后，大力开发和利用社会资源来发展老年教育事业，成为必然趋势。

---

① 通过调研、访谈获取数据计算而得。
②③ 通过调研、访谈获取数据。

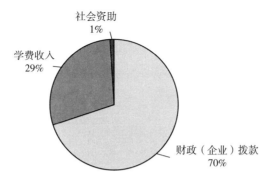

图 5 – 3　2018 年山东省老年教育经费来源分布

资料来源：通过调研、访谈获取数据。

　　表 5 – 2 展示的是 2018 年山东省各地市老年教育经费来源情况。
2018 年山东省老年教育经费投入共 14259.2 万元，其中财政（企业）
拨款为 10029.1 万元，学费收入为 4167.8 万元，社会资助为 62.3 万
元。其中，山东老年大学作为山东省唯一一所省属老年大学，教育经费
由省财政直接拨款。2018 年山东老年大学获得财政拨款 2726.8 万元，
学费收入为 600 万元，尚未有社会赞助经费。

77

表 5 – 2　　2018 年山东省各地市老年教育经费投入情况统计　　单位：万元

机构/地市	财政（企业）拨款	学费收入	社会赞助	合计
山东老年大学	2726.8	600.0	0	3326.8
济南市	1324.5	409.4	8.3	1742.2
青岛市	1472.9	1418.5	1.0	2892.4
淄博市	699.2	205.1	0.0	904.3
枣庄市	253.2	26.7	0.0	279.9
东营市	709.1	9.8	4.0	722.9
烟台市	198.8	279.5	0.0	478.3
潍坊市	378.5	371.3	2.0	751.8
济宁市	986.9	137.6	0.0	1124.5
泰安市	189.3	149.6	7.0	345.9
威海市	197.5	340.3	40.0	577.8

续表

机构/地市	财政（企业）拨款	学费收入	社会赞助	合计
日照市	229.0	7.3	0.0	236.3
滨州市	115.0	115.9	0.0	230.9
德州市	92.0	52.6	0.0	144.6
聊城市	106.9	1.5	0.0	108.4
临沂市	191.5	36.9	0.0	228.4
菏泽市	158.0	5.8	0.0	163.8
全省总计	10029.1	4167.8	62.3	14259.2

资料来源：通过调研、访谈获取数据。

从山东省 16 个地市的资金投入来看，2018 年较 2017 年相比有所增加；从横向比较来看，不同地市老年教育经费投入两极分化比较明显，经费投入超过 1000 万元的地市有青岛市、济南市和济宁市，其中青岛市和济南市仅财政拨款就已达到 1000 万元以上；烟台市、威海市等的财政拨款总额低于学费收入总额。可见，由于经费投入高度依赖财政拨款，投入数额与地区经济发展程度密切相关，经济发展较好的地市，老年教育经费投入相对较高。获得社会赞助的城市仅有 6 个，其中威海市的社会赞助总额最高达 40 万元，其他 5 个地市均在 10 万元以下（见图 5-4）。

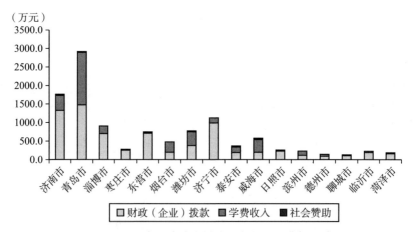

图 5-4 2018 年山东省各地市老年教育经费投入情况

资料来源：由山东老年大学提供。

总之，山东省各地市老年教育经费主要依赖财政拨款，不同地市的老年教育资金投入差异较大，存在较明显的两极分化，同时，社会资助比例过低，社会办学力量不足。

3. 山东省老年教育办学规模

（1）机构规模。

自山东老年大学建立以来，山东省政府重视发展老年教育，鼓励各级各单位积极创办各层级老年教育机构。目前，16 个地级市均已建立市级老年大学，县级老年教育机构实现基本覆盖，乡镇级、社区（村）级都已建立相应的老年活动室。

随着社会的发展与演变，以"社区"为单位的社会结构开始出现，对于退休的老年人，身份也由"单位人"转变为"社区人"。相较于其他年龄结构的人群，老年人对社区的参与度更高，责任感更为强烈。社区老年教育也成为终身教育体系中的重要组成部分。由表 5 - 3 可以看出，社区（村）级老年教育机构数量最多，在山东省 5588 个老年教育机构中，社区（村）级机构为 4446 个，占比为 79.56%；青岛市最高为 94.69%（见表 5 - 4 和图 5 - 5）。

表 5 - 3　　　　2018 年山东省各地市老年教育机构情况统计　　　　单位：所

地级市	省市级	县级	乡镇级	社区（村）级	企业性质	养教结合	老年机构总数
济南市	3	10	83	391	2	1	490
青岛市	1	10	115	2372	0	7	2505
淄博市	1	8	29	143	2	1	184
枣庄市	1	6	61	400	1	1	470
东营市	1	5	35	115	1	0	157
烟台市	1	11	148	73	0	0	233
潍坊市	1	12	61	36	0	6	116
济宁市	1	11	8	6	1	1	28
泰安市	1	6	62	165	2	4	240
威海市	1	4	34	345	0	3	387
日照市	1	4	32	4	0	0	41

地级市	省市级	县级	乡镇级	社区（村）级	企业性质	养教结合	老年机构总数
滨州市	1	6	2	3	0	3	15
德州市	1	11	8	10	0	3	33
聊城市	1	8	119	5	0	2	135
临沂市	1	12	137	350	1	2	503
菏泽市	1	9	13	28	0	0	51
总计	18	133	947	4446	10	34	5588

资料来源：通过调研、访谈获取数据。

表 5－4　　2018 年山东省各地市社区（村）级老年机构情况统计

地级市	社区（村）级（所）	老年教育机构总数（所）	所占比例（％）
济南市	391	490	79.80
青岛市	2372	2505	94.69
淄博市	143	184	77.72
枣庄市	400	470	85.11
东营市	115	157	73.25
烟台市	73	233	31.33
潍坊市	36	116	31.03
济宁市	6	28	21.43
泰安市	165	240	68.75
威海市	345	387	89.15
日照市	4	41	9.76
滨州市	3	15	20.00
德州市	10	33	30.30
聊城市	5	135	3.70
临沂市	350	503	69.58
菏泽市	28	51	54.90
总计	4446	5588	79.56

资料来源：通过调研、访谈获取数据。

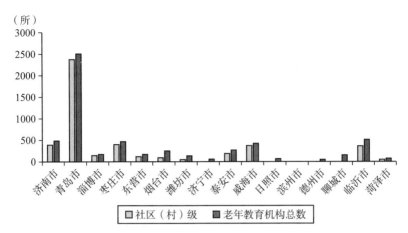

图 5-5 2018 年山东省各地市老年教育机构总数与社区（村）级老年教育机构数量
资料来源：通过调研、访谈获取数据。

随着人民生活水平的提高，与企业联合举办的老年大学和养教结合模式的老年机构在养老服务和老年教育等相关领域也取得新的发展，受到更多人青睐，养老服务业的市场潜力巨大。目前，山东省企业性质的老年大学已经建立 10 所，主要集中在济南市（济南铁路局老年大学、莱钢老年大学）、淄博市（淄矿集团老年大学、齐鲁石化老年大学）、泰安市（肥矿集团公司老年大学、山东新能源新矿集团老年大学）、东营市（胜利石油管理局老年大学）、济宁市（兖矿集团公司老年大学）、枣庄市（枣矿集团公司老年大学）和临沂市（临矿集团公司老年大学）7 个地市。企业老年大学的招生门槛较低，一般情况下，学员招生范围不仅仅局限于本集团退休员工，还面向本地市所有老年人。

（2）学员规模。

2018 年底，山东省老年大学（学校）在校学员人数达到 56.53 万人，规模持续扩大。但因山东省 60 岁以上人口达 1981.2 万人，基数较大，在校学员占山东省 60 岁以上人口总数仅为 2.85%，仍然很低。在校学员中，60 岁及以上学员以中龄老年期（60~70 岁）和高龄老年期（70~80 岁）的学员为主，共计 33.53 万人，占学员总数的 59.58%。

表 5-5 和图 5-6 呈现的是山东省 16 地市老年人口与 60 岁及以上老年学员人数的分布及占比状况。其中，青岛市老年学员人数占比最高，60 岁及以上老年学员人数达到 99402 人，这与青岛老年教育服务

覆盖范围更广有关。经过多年发展，青岛市老年教育的数量和质量都得到了极大提升，已经形成市老年大学、区老年大学、街道老年大学和社区老年学校四级联动的老年教育格局，保证每个区市都有老年大学，每个街道老年人活动中心占地面积不少于 1500 平方米，服务对象不仅包括青岛籍老年人，还包括移居青岛的老年人，真正实现了老年人就地活动、就近学习的愿望。但也应看到，除青岛市和东营市外，其他地级市老年学员所占比例均在 5% 以下，聊城市和德州市比值最低，仅为 0.41%。原因在于这些地市老年大学资源分布过少，以聊城市为例，2018 年聊城市老年大学入学学员与申请学员的比率仅为 1 : 2.5，学员申请数量达 1.7 万余人，最终入学学员数仅为 6000 余人，老年大学"一座难求"成为这些地区的普遍现象，老年教育需求难以得到有效满足。

表 5 - 5　　　2018 年山东省及 16 地市老年人口及学员分布状况

地级市	老年人口数（万人）	60 岁及以上老年学员人数（人）	所占比例（%）
山东省	1981.20	335300	1.69
济南市	197.16	44494	2.26
青岛市	183.50	99402	5.42
淄博市	98.14	13051	1.33
枣庄市	88.75	18724	2.11
东营市	31.73	16263	5.13
烟台市	171.00	21019	1.23
潍坊市	210.70	22315	1.06
济宁市	116.00	7893	0.68
泰安市	117.41	19844	1.69
威海市	78.11	16784	2.15
日照市	71.45	4799	0.67
滨州市	36.75	6589	1.79
德州市	108.50	4436	0.41
聊城市	111.50	4533	0.41
临沂市	210.50	27478	1.31
菏泽市	150.00	7665	0.51

资料来源：由山东省统计局、山东老年大学提供数据计算而得。

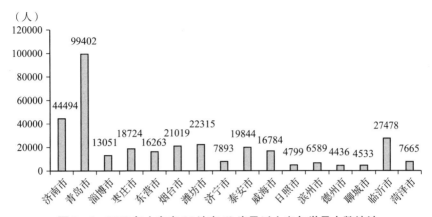

图 5 - 6　2018 年山东省 16 地市 60 岁及以上老年学员人数统计

资料来源：通过调研、访谈获取数据。

　　从性别结构上来看，山东省老年大学的学员男女比例约为 2∶3，女性老年人参与老年教育的积极性高于男性。课程选择上，女性学员更偏重于文化修养、艺术修养课程，男性学员更多选择实用技能类和体育健身类课程。文化层次上，高中及中专层次学员最多，初中及以下，大专及以上学员较少。另外，学校层级越高，学员的文化层次越高，这与部分学校招生办法和要求有关，部分学校在招收学员时会进行入学考试和面试，抬高了入学门槛。

　　（3）师资队伍。

　　老年教育是一项公益性的事业，对师资队伍的要求也更加严格。教师队伍的质量在一定程度上决定着老年教育的整体质量，优质的师资队伍是老年学校发展的先决条件。但是，山东省老年教育的教师队伍存在巨大缺口。2018 年山东省老年教育教师共 12735 人，老年学员共565284 人，师生比仅为 1∶44。

　　从地区分布来看，青岛市为 5955 人，如图 5 - 7 所示，占到教师规模的 46.76%。这种现象的产生一方面与青岛市老年学员的数量多有十分密切的关系，另一方面也与青岛市正在尝试发展教师派遣制新方式有关。目前，青岛老年大学正实施这一制度：由青岛市政府购买服务，青岛老年大学负责管理，已初步有 9 名合同制教师，教师在完成一定教学任务的同时，参与教学管理、有关课程的设置和大纲的编写，实行多劳多得薪酬制。青岛老年大学还在尝试与青岛高校联合，通过邀请在职教师为青岛老年大学授课，课时量与本校同步，或者高校组成志愿者教学队伍，老年大学给予部分课时费的方式保障师资水平。

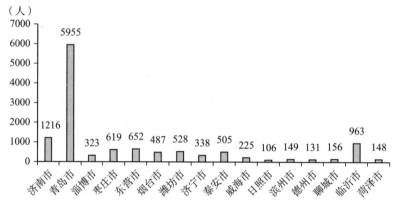

图 5 - 7　2018 年山东省各地市老年教育教师数量统计
资料来源：通过调研、访谈获取数据。

从教师质量来看，山东省老年教育教师的整体师资水平并不高。如表 5 - 6 和图 5 - 8 所示，山东省教师队伍的结构可分为定编和聘用制两种形式，2018 年在编教师数量为 228 人，聘用制教师数量却达到 12507 人，在聘用制教师队伍中，专业课程教师又占很大比重。从职称比例来看，教师队伍的职称水平不高，初级及无职称的占比为 45%；从年龄结构来看，教师年龄普遍偏大，对青年教师的需求明显，但目前大多青年教师为兼职，编制下的青年教师数量极少。

表 5 - 6　　　2018 年山东省各地市老年教育师资队伍情况统计　　单位：人

级别	师资队伍						
	合计	身份结构		职称结构			
		在编	聘用	无职称	初级职称	中级职称	高级职称
山东老年大学	234	0	234	135	21	37	41
济南市	1216	9	1207	400	248	318	250
青岛市	5955	50	5905	1004	1834	2590	527
淄博市	323	25	298	130	52	74	67

续表

级别	师资队伍						
	合计	身份结构		职称结构			
		在编	聘用	无职称	初级职称	中级职称	高级职称
枣庄市	619	11	608	40	149	322	108
东营市	652	24	628	248	110	172	122
烟台市	487	27	460	17	66	243	161
潍坊市	528	0	528	107	90	225	106
济宁市	338	44	294	33	84	149	72
泰安市	505	10	495	178	105	175	47
威海市	225	0	225	36	23	99	67
日照市	106	0	106	37	32	34	3
滨州市	149	0	149	25	13	61	50
德州市	131	3	128	39	16	50	26
聊城市	156	0	156	37	17	76	26
临沂市	963	13	950	127	266	410	160
菏泽市	148	12	136	21	23	66	38

资料来源：通过调研、访谈获取数据。

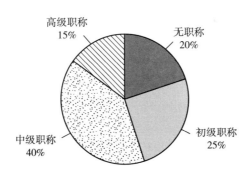

图 5 – 8 2018 年山东省各地市老年教育教师职称结构统计

资料来源：通过调研、访谈获取数据。

因此，教师普遍较低的职称水平、差异化的专业背景以及年龄偏大等问题，都较大地影响到了课程质量，难以满足学员多样化的专业知识需求。另外，聘用制教师流动性较大，加之老年教育经费紧张，使得教师归属感差，优秀人才较易流失，进一步限制了教师队伍素质的提升。

4. 山东省老年教育投入产出分布状况

图 5 - 9 展示的是山东省 16 地市老年教育资源投入—产出相关指标的箱线图分布状况。不难发现，除了教师数量、社区学校、在校学员数等指标分布相对集中外，经费投入、老年大学数量、党校占地面积以及毕业学员数、电教学员数和发表论文数等指标的分布呈现出很大的不均衡特征。这些指标的中位数偏下，有较大的四分位差，尤其是经费投入、老年大学数量和毕业学员数量存在较大差异。图中由"★"和"○"表示的青岛、济南、烟台的相关指标处于领先地位。其中，青岛市在教师数量、经费投入、社区学校和在校生数方面都要远远领先于其他地市，烟台市老干部党校占地面积大于其他地市，济南市的电教学员人数最多，说明济南市在远程老年教育方面做得最好。总之，山东省各地市老年教育资源投入与产出呈现的不均衡发展问题是值得关注的。

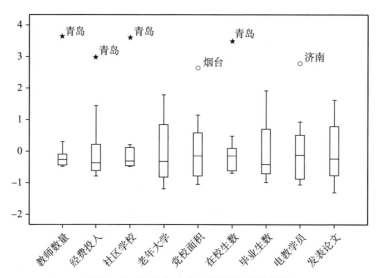

图 5 - 9　2018 年山东省指标分布箱线图

5. 山东省老年教育制度建设

山东省老年教育也受到各级党委政府的重视，各相关部门结合自身的工作职责，为老龄工作制定了不同层次的政策，自上而下推进制度建设与改革开放。山东省委、省政府根据党中央、国务院制定颁布的众多促进老年人事业健康发展的法规、规划、意见、通知等精神，相应制定了山东省具体实施条例、规划、意见和措施。近几年颁布实施的比较重要的，包括《山东省人民政府关于印发"十三五"山东省老龄事业发展和养老体系建设规划的通知》《关于加快发展老年教育的实施意见》等。各地级市也相继制定相关老年教育政策文件，总结如表 5 - 7 所示。

表 5 - 7　　　　2018 年山东省各地市有关老年教育政策性文件统计

地级市	相关文件名称
济南市	《山东老年大学"十三五"发展规划》《关于进一步加快老龄事业发展的意见》《"十三五"济南市老龄事业发展和养老体系建设规划》
青岛市	《关于加强老干部文化建设的实施意见的通知》《关于加快养老服务业发展的意见》《青岛市"十三五"老龄事业发展规划》
淄博市	《关于印发淄博市老龄事业发展和养老体系建设规划（2018~2020 年）的通知》
枣庄市	《枣庄市人民政府办公室关于促进老龄事业发展和养老体系建设的实施意见》
东营市	《关于进一步加强老年文化建设的实施意见》《市级财政老龄事业发展专项资金管理暂行办法》《"十三五"东营市老龄事业发展和养老服务体系建设规划》
烟台市	《烟台市"十三五"老龄事业发展和养老体系建设规划》
潍坊市	《"十三五"潍坊市老龄事业发展和养老体系建设规划》
济宁市	《济宁市老龄事业发展和养老体系建设"十三五"规划》
泰安市	《泰安市老龄事业和养老服务业发展"十三五"规划》
威海市	《威海市"十三五"老龄事业发展规划》
日照市	《"十三五"日照市老龄事业发展和养老体系建设规划》《关于加快推进社区居家养老服务的实施意见》
滨州市	《"十三五"滨州市老龄事业发展和服务养老体系建设规划》
德州市	《"十三五"德州市老龄事业发展和养老体系建设规划》
聊城市	《聊城市"十三五"养老服务业发展规划》《聊城市人民政府办公室关于支持社区居家养老服务的实施意见》
临沂市	《"十三五"临沂市老龄事业发展和养老体系建设规划》
菏泽市	《菏泽市居家和社区养老服务改革试点工作实施方案》

资料来源：各地市政府网站。

在各级党委领导、政府统筹，教育、组织、老干部、民政、文化、老龄委等部门密切配合下，山东省老年教育制度建设稳步推进，改革探索不断深化。例如，山东老年大学积极协同企业、高校、社会多方力量，合理配置教育资源，迈出了在高校发展老年教育的第一步，各部门、各主体共同推动老年教育事业发展的格局已初步形成。

5.2.2 上海市老年教育资源现状分析

上海市是我国一线城市的代表，经济发达，文化繁荣，老年教育发展也相对迅速。经过几十年的发展，上海市老年教育基本形成了多方参与、协调发展的资源配置格局，具有十分鲜明的区域特色。

1. 上海市老年教育资源概况

1984 年，上海市委老干部局试办上海市离退休干部进修学校，上海市老年教育发展的序幕由此拉开。经由最初的多部门自发办学到市老龄委主管，再到今天的教育系统主管，上海市老年教育目前已经发展为"一方牵头、多方参与、分工负责、协调发展"的格局，区县、街道和乡镇老年教育三级网络已经建立。

"一方牵头"是指上海市老年教育以市教委业务管理为主。"多方参与"是指上海市老龄委、市财政局、市民政局为老年教育发展提供有力支撑。经过 35 年的发展，目前全市共建立老年大学（学校）290 所，全年招生学员 815169 人次，其中 60 岁及以上老年学员为 604751 人次。在课程选择方面，全市级老年大学及其分校、社区街镇学校均采用上海市学习型社会建设服务指导中心办公室颁布的《上海社区教育课程分类体系（2016 版）》。2018 年，上海市老年教育经费投入总数为 34539.7 万元，政府拨款为 27514.5 万元。全市老年教育教管人员共 9476 人。教师队伍中专职教师为 954 人，兼职教师为 18253 人[①]。

2. 上海市老年教育资本投入

从老年教育指标投入的总体情况来看，如表 5 - 8 所示，2018 年上

---

① 通过调研、访谈获取数据。

海市老年教育经费共 34539.7 万元，比去年增加投入 8599.7 万元。上海老年教育经费来自三个方面：政府拨款、学费收入及社会赞助。2018年的经费投入中政府拨款为 27514.5 万元，学费收入为 6134.2 万元，社会赞助为 891 万元。与山东省的经费投入相比，上海市的政府拨款比例和社会赞助比例均高于山东省，上海市政府比例和社会资助比例分别为79% 和 2.5%，山东省的政府比例和社会资助比例分别为 70% 和 0.4%。

表 5 - 8　　　　2018 年上海市老年教育经费投入情况统计表

单位	政府拨款（万元）	学费收入（万元）	社会赞助（万元）	总计（万元）
市级老年大学	5501	1178	283.3	6962.3
市级老年大学分校和系统校	734.7	918.9	322.4	1976
区级老年大学	2958.7	2242.4	101.3	5302.4
街镇（含工业园、区老年学习苑）老年学校	18320.1	1794.9	184	20299
总计	27514.5	6134.2	891	34539.7

资料来源：依据上海市老年教育统计汇编等材料整理。

从不同的办学级别来看，各级别老年大学（学校）的办学规模、办学质量以及声望都会影响经费的投入情况。2018 年，上海市市级老年大学经费总收入为 6962.3 万元，市级老年大学分校和系统校为 1976万元，区级老年大学为 5302.4 万元，街镇（含工业园、区老年学习苑）老年学校为 20299 万元（见图 5 - 10）。四级经费投入较之 2017 年均实现增长，分别增长了 1562.3 万元、191.8 万元、938.2 万元和 5901.1万元。各级老年大学经费来源中，政府拨款占比最高，为 86.3%[1]，其中市级老年大学分校政府拨款为 734.7 万元，占所有经费投入的37.2%，有九所学校政府拨款达到 100%[2]。经费投入快速增加有效缓解了教育资源的短缺问题。

---

①②　依据上海市老年教育统计汇编等材料整理。

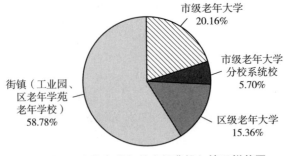

图5-10　上海市老年教育经费投入情况饼状图

资料来源：依据上海市老年教育统计汇编等材料整理。

3. 上海市老年教育办学规模

（1）机构规模。

上海市老年大学（学校）组织机构共290个，其中市级老年大学4所，市级老年大学分校和系统校43所，区级老年大学22所，街镇（含工业园、区老年学习苑）老年学校221所。此外，上海市还拥有5503个居村委办学点（占到总居村委会数的92%）和270个养老机构办学点（如表5-9所示）。

表5-9　　　　2018年上海市各区老年教育机构情况统计　　　单位：个

单位	区级老年大学	街镇（含工业园、区老年学习苑）老年学校	居村委办学点	合计
浦东新区	2	36	1228	1266
黄浦区	3	10	172	185
静安区	3	16	258	277
徐汇区	1	13	302	316
长宁区	1	10	185	196
普陀区	1	10	271	282
虹口区	1	8	202	211
杨浦区	1	12	298	311
宝山区	1	14	438	453
闵行区	1	14	498	513
嘉定区	1	12	254	267

单位	区级老年大学	街镇（含工业园、区老年学习苑）老年学校	居村委办学点	合计
金山区	1	11	221	233
松江区	1	17	319	337
青浦区	1	11	269	281
奉贤区	1	9	248	258
崇明区	2	18	340	360
合计	22	221	5503	5746

资料来源：依据上海市老年教育统计汇编等材料整理。

上海市老年教育机构管理归口明确（如表5－10所示）。相比较而言，在4所老年大学中，上海市老年大学归属于教委，上海市老干部大学归属于老干部局，上海老龄大学归属于机关事务管理局，上海市退休职工大学归属于总工会。由上海师范大学牵头创办的老年教育高校联盟成为市级老年大学分校的重要组成部分，如上海老年大学上海师大分校、上海市退休职工大学复旦分校等。除高校老年教育分校之外，市级老年大学分校还包括各区级老干部大学，如黄浦区老干部大学、静安区老干部大学等，企事业单位老年大学分校，如上海市退休职工大学工商银行上海市分行分校、上海市退休职工大学邮政分校等。不同性质分校以行业发展为依托，充分利用行业资源，已经形成独具特色的老年教育新模式。高校、社会、政府相互配合，为促进上海市老年教育资源的均衡发展做出巨大努力，成为全国老年教育学习的典范。

表5－10　　2018年上海市级老年大学办学机构情况统计　　单位：所

单位	市级老年大学	市级老年大学分校和系统校数
上海市老干部大学	1	20
上海市老年大学	1	8
上海老龄大学	1	2
上海市退休职工大学	1	13
合计	4	43

资料来源：依据上海市老年教育统计汇编等材料整理。

从地区分布来看，上海市各区老年教育发展同样存在不均衡现象。如图 5-11 所示，作为上海第二大行政区域，浦东新区在老龄事业发展上居于领先地位，老年教育机构已建立 1266 所，其数量是黄埔区老年教育机构的 6.8 倍。目前，浦东新区拥有 2 所区级老年大学，36 个乡镇和街道实现老年教育机构全覆盖（表 5-9），其中上海老年大学办学规模最大。2017 年上海老年大学浦东分校开设课程 176 门，班级 224 个，学员 1.2 万人次。截至 2017 年，浦东新区已拥有 3 个全国性学习型社会示范街镇，10 个上海市学习型社区，14 个全国社区教育示范街镇，17 个上海市社区教育示范街镇。全区街镇老年学校实现标准化建设，11 所街镇老年学校被评为 "上海市示范性老年学校"，8 所被评为 "上海市特色老年学校"①。

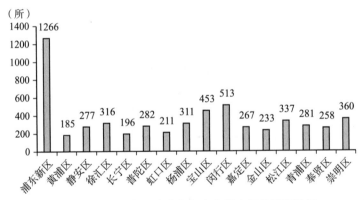

图 5-11　2018 年上海市各区老年教育机构情况统计

资料来源：依据上海市老年教育统计汇编等材料整理。

上海市老年教育的信息化建设也十分迅速。为解决偏远地区老年教育资源不足的问题，上海老年大学正在尝试远程教育新模式，将老年大学作为课程的生产基地，录制金牌课程，通过网络传播至各学习点。为提高建设远程课程的效率，除了与教育电视台合作，上海老年大学还与我国电信企业合作共同开辟 IPTV 学习渠道，让老年人随时随地都能获取课程资源，实现偏远地区老年人的学习。2018 年，60

---

① 《教育》，上海市浦东新区人民政府网站，http://www.pudong.gov.cn/shpd/abont/20150419/008006002033_c14af384-5816-4604-9198-81e1cba1a186.htm。

岁及以上远程教育学员有57.82万人。2019年3月,上海市开办乐学大讲堂,通过网络传输,将录制课程或讲座发放至各办学点,首次乐学大讲堂即实现6万人同步观看。通过远程教育可以实现远程互动,学员提问问题,教师在线答疑解惑,这样也提高了学员学习积极性。

(2)学员规模。

经济快速发展的上海目前已率先进入深度老龄化阶段,人口的深度老龄化带来老年人精神文化需求的快速增长,对老年教育的资源供给数量提出挑战。为应对挑战,近几年上海市老年教育机构的学员规模持续扩大。

截至2018年底,上海市老年人口已达到483.6万人,进入学校教育的学员为541375人(上海市学员分为学校教育和社会教育),约占全市老年人口总数的11.19%。图5-12展示了上海市各区60岁及以上老年学员分布状况,可以发现,浦东新区老年学员人数为133173人,处于首位,其次为闵行区(53147人)、徐汇区(34811人)、奉贤区(33021人)和宝山区(32627人),其他地区老年学员分布在10000~30000人之间。表5-11展示了老年学员的地区分布情况,各区老年学员占老年人口总数的比例均在6%以上,其中最高的为奉贤区,所占比例为19.67%,最低为杨浦区,所占比例为6.54%。

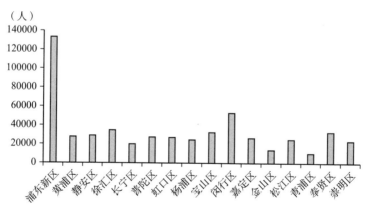

图5-12 2018年上海市老年教育机构60岁以上老年学员情况统计

资料来源:依据上海市老年教育统计汇编等材料整理。

表 5 - 11　　**2018 年上海市各区老年教育机构老年学员情况统计**

区级	老年人口数（万人）	60 岁及以上老年学员人数（人）	所占比例（%）
浦东新区	91.48	133173	14.56
黄浦区	31.65	27574	8.71
静安区	34.21	28876	8.44
徐汇区	30.93	34811	11.25
长宁区	20.51	20023	9.76
普陀区	33.12	27381	8.27
虹口区	28.23	26982	9.56
杨浦区	37.6	24584	6.54
宝山区	32.49	32627	10.04
闵行区	33.22	53147	16.00
嘉定区	20.42	26525	12.99
金山区	16.47	13901	8.44
松江区	17.91	24935	13.92
青浦区	14.79	10421	7.05
奉贤区	16.79	33021	19.67
崇明区	23.79	23394	9.83

资料来源：依据上海市老年教育统计汇编等材料整理。

　　不论整体上看还是分区级分析，上海市老年学员占老年人口总数比例均大于山东省。但即便如此，上海市老年教育同样面临着"一座难求"的资源短缺问题，远不能满足老年人对老年教育的巨大需求程度。为此，上海市在招收老年学员时通常设置较高门槛，以上海老年大学为例，入学学员需具备所要求的学历。上海老年大学在校老年学员中，受过高等教育的比例占 80% 以上。在专业课招生方面，上海老年大学对学员也会有一定的要求，比如书画课，一般要求学员需具有一定的基础，面试时学员需要带着自己的作品来展示；申请报名音乐课的学员需要有一定歌剧基础；报名英文课的学员，需具备 3000 个单词词汇量等。

　　（3）师资队伍。

　　2018 年上海市老年教育教师共 19207 人，其中专职教师 954 人，兼职教师 18253 人，与 2017 年相比，专职教师和兼职教师数量分别增加 289 人、761 人。居村委会办学点共 11264 名教师，平均每个办学点有 2 名教师，市级老年大学、市级老年大学系统校、区级老年大学和街镇老年学校教师数量分别为 394 万人、988 万人、1255 万人和 5306 万人（见表 5 - 12）。与 2017 年相比，除市级老年大学分校和系统校专职教师减少外，其他单位教师数量均有所增加。

表 5 - 12　　　　2018 年上海市老年教育师资队伍情况统计　　　单位：人

单位	教师总数	专职教师	兼职教师
市级老年大学	394	0	394
市级老年大学分校和系统校	988	15	973
区级老年大学	1255	110	1145
街镇（含工业园、区老年学习苑）老年学校	5306	829	4477
居村委会办学点	11264	——	11264
总计	19207	954	18253

资料来源：依据上海市老年教育统计汇编等材料整理。

专职教师的数量是衡量老年学校办学能力的重要标志。对上海市 16 区老年机构教师队伍的对比发现（见表 5 - 13），浦东新区作为上海市老年教育发展的重要基地，不论是区级老年大学还是街镇老年学校的专职教师数量均高于其他地区。其次，比较同级不同区专职教师和兼职教师分布可以看出（如图 5 - 13 和图 5 - 14 所示），16 区专职教师数量远低于兼职教师数量，黄浦区、虹口区、闵行区、宝山区、嘉定区、金山区和奉贤区甚至没有专职教师。表 5 - 13 显示，街镇级老年学校教师队伍中专职教师占比不高，松江区占比最多，在 395 名教师中，有 113 人为专职教师。与 2017 年相比，宝山区、青浦区、黄浦区、崇明区、奉贤区、嘉定区、静安区、松江区、长宁区和虹口区专职教师数量均有减少，其中宝山区减少最多，为 107 名；徐汇区、杨浦区、金山区、浦东新区、闵行区和普陀区专职教师数量有所增加，其中徐汇区增加最多，为 42 名。

表 5－13　　2018 年上海市老年教育各级师资队伍情况统计　　单位：人

地区	区级老年大学			街镇（含工业园、区老年学习苑）老年学校			居村委办学点
	教师总数	专职教师数	兼职教师数	教师总数	专职教师数	兼职教师数	教师总数
浦东新区	256	43	213	1210	107	1103	2309
黄浦区	179	0	179	375	34	341	307
静安区	118	12	106	456	64	392	620
徐汇区	122	3	119	389	47	342	826
长宁区	32	2	30	291	43	248	703
普陀区	85	19	66	283	42	241	562
虹口区	39	0	39	243	6	237	334
杨浦区	45	5	40	177	31	146	455
宝山区	91	0	91	260	84	176	812
闵行区	1	0	1	281	13	268	1679
嘉定区	47	0	47	161	50	111	651
金山区	50	0	50	156	19	137	473
松江区	29	6	23	395	113	282	430
青浦区	24	13	11	134	26	108	161
奉贤区	89	0	89	308	73	235	604
崇明区	48	7	41	187	77	110	338
合计	1255	110	1145	5306	829	4477	11264

资料来源：依据上海市老年教育统计汇编等材料整理。

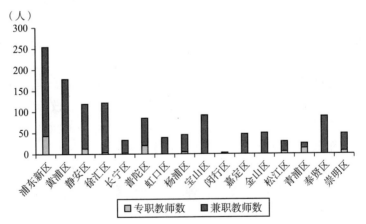

图 5－13　2018 年上海市区级老年学校教师结构情况统计

资料来源：依据上海市老年教育统计汇编等材料整理。

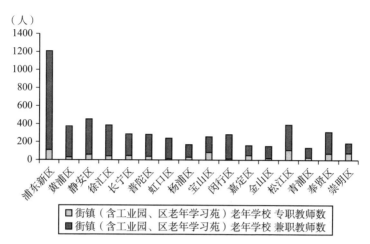

图 5 - 14 2018 年上海市街镇老年大学教师结构情况统计

资料来源：依据上海市老年教育统计汇编等材料整理。

上海市老年大学（学校）兼职教师队伍组成形式与山东省相似，退休教师所占比例较大，教师年龄结构偏大。如上海老年大学共 189 名教师，均为兼职教师。这些兼职教师共可分为三类：第一类为高校退休教师，他们具备多年教学经验，且与老年学员年龄相仿，通过再教学形式发挥余热；第二类为来自艺术学院或戏剧学院的年轻教师，他们具备更加专业的素养和强烈的责任感；第三类为国家级或省级演员，上海老年大学与上海评弹剧团通过合作共建的形式邀请专业演员为老年学员上课，由上海老年大学和评弹剧团按照一定比例支付课时费，在做好自我工作的同时也发挥了特长。

4. 上海市老年教育制度建设

为了积极应对老龄化，根据《国务院办公厅关于印发老年教育发展规划（2016～2020 年）的通知》《教育部等七部门关于推进学习型城市建设的意见》的要求，上海市发布实施了《上海中长期教育改革和发展规划纲要（2010～2020 年)》《上海市教育改革和发展"十三五"规划》等政策性文件，《上海市老年教育发展"十三五"规划》中提到，面对新形势，需要客观分析工作现状，主动把握发展新方向，认真谋划今后一个时期的工作。针对上海老年教育还存在的诸如老年教育供给能力不够，教育服务能力有待进一步提高，师资队伍数量不足，专业化程度需要进一步增强等问题，上海市政府及部分地区都颁布了相应政策性文件予以解决，详见表 5 – 14。

表 5 – 14　　　　上海市部分区有关老年教育政策性文件统计表

地区	相关文件
浦东新区	《浦东新区养老设施布局专项规划》 《浦东新区老龄事业发展"十三五"规划》 《关于浦东新区落实〈上海市农村地区养老服务美好生活三年行动计划（2018～2020）〉的实施意见》
黄浦区	《黄浦区养老服务"十三五"规划》 《2018 年上海市黄浦区教育工作要点》 《黄浦区面向 2020 年加快推进教育现代化实施方案》
静安区	《静安区老龄事业发展"十三五"规划》
徐汇区	《徐汇区推进社区教育发展三年行动规划（2018～2020 年)》 《徐汇区中长期教育改革和发展规划纲要（2010～2020)》
普陀区	《普陀区老龄事业发展"十三五"规划》
虹口区	《虹口区教育事业改革与发展"十三五"规划》
杨浦区	《上海市杨浦区教育发展"十三五"规划》（2016～2020 年)
宝山区	《宝山区老龄事业发展"十三五"专项规划》
闵行区	《闵行区教育改革和发展"十三五"规划》
金山区	《菏泽市居家和社区养老服务改革试点工作实施方案》
奉贤区	《奉贤区居家和社区养老服务改革试点工作实施方案》

资料来源：上海市各区政府网站、民政局网站。

作为全国经济最为发达的地区之一，上海市老年教育事业发展迅猛，在资金投入、办学规模、制度建设等方面都走在全国前列，老年教育资源配置效率较高，较好地满足了老年人的教育需求，并成为全国老年教育事业发展的典范。但仍存在地区发展不均衡、资源供给不足、教学质量不高等问题。寻求多元主体协同发展老年教育，同样是上海市需要不断探索和改革的方向。

5.2.3 四川省老年教育资源现状分析

四川省同样是人口大省，老龄化程度较深，老年教育亦面临着机遇和挑战。历经多年发展，通过多方合力，四川省老年教育的社会效益日益明显，多部门联动、多种办学形式的老年教育格局基本形成，在全国树立了良好的榜样。

1. 四川省老年教育资源概况

1993 年，为了推动老年教育事业的发展，四川省老龄委和四川省教委联合发文，将老年教育纳入成人教育序列。1998 年，两部门又联合制定了《四川省"九五"期间老年教育事业发展规划》。四川省政府积极调动社会各方力量，持续加大对老年教育的支持力度。"十二五"期间，四川省老年教育事业取得长足进步。全省共建成各级老年大学（学校）2468 所，招收老年在校学员 62 万人，老年人入学率提升至 3.51%，老年教育的社会效益日益凸显，目前已经初步形成了多部门推动、多形式办学的老年教育发展格局，一定程度上缓解了老年教育资源短缺的困境。

2. 四川省老年教育资本投入

四川省老年教育经费投入主要以政府拨款为主，其次为学员学费收入，社会赞助形式的经费投入微乎其微。在政府拨款中，民政局对老年大学的投入较多，社区学校主要由教育部门划拨社区教育专项经费开展老年教育工作，其他部门对于老年教育的投入根据每年的经费预算而有所不同。

图 5 – 15 展示了经费投入前 13 位的市（州）分布状况。成都市作为四川省的经济发展重地，其老年教育经费投入排在首位，为 900 万元，是位于第二位的自贡市的 2 倍之多，眉山市和绵阳市的经费投入也超过 100 万元，遂宁市为 90 万元排在第 5 位。其他 8 个市年经费收入均低于 50 万元，阿坝藏族羌族自治州、凉山彝族自治州、甘孜藏族自治州三州的老年教育经费投入为零。可以看出，四川省不同地市（州）老年教育经费投入差距较为明显，地区间不均衡，人均教育经费短缺的

现象比较严重。面对这一困境，四川省政府出台多种政策，鼓励多渠道筹集资金，完善资金投入机制，如《老年教育发展规划（2017～2020年)》中指出，"要完善经费投入机制，各地要采取多种方式增加对老年教育的投入，切实拓宽老年教育经费投入渠道，形成政府、市场、社会组织和学习者等多主体分担和筹措老年教育经费的机制。""鼓励和支持行业企业、社会组织和个人设立老年教育发展基金，企业和个人对老年教育的公益性捐赠支出按照税收法律法规规定可享受所得税税前扣除政策。"

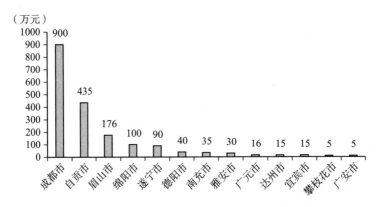

图5-15　2018年四川省部分地市经费投入情况统计

资料来源：许琳、向斌、何红：《提升品质：推动老龄事业全面协调可持续发展——基于对四川省老年教育发展现状的调研》，载于《天津电大学报》2019年第3期，第39～43页。

3. 四川省老年教育办学规模

（1）机构规模。

四川省老年教育组织机构有三种类型：老年大学、社区老年学校、基层老年人活动中心（老年教育学习点）。老年大学分为省级老年大学、市级（州级）老年大学和县级老年大学，如表5-15所示，目前四川省共建立省、市（州）级老年大学21所，县级老年大学136所，其中，成都市凭借其地理位置优势，建立的县级老年大学数量最多，共43所；其次为宜宾市、泸州市和南充市，分别以10所和7所县级老年大学的数量处于领先地位。相较于其他地市，阿坝藏族羌族自治州等三个州老年大学数量较少，阿坝藏族羌族自治州尚未建立市级老年大学，甘孜藏族自治州仅建立一所市级老年大学，尚未建立县级老年大学。①

（2）学员规模。

根据第六次人口普查公报显示，四川省老年人占比情况位居全国第二位。2015年，四川省60岁及以上老年人口为1672万人，预计到2020年将达到1866.72万人；80岁及以上人口为211.58万人，预计到2020年将达到287.39万人。从表5－15可以看出，四川省各地市老年人口比例均达到14%以上，其中老龄化占比达到20%以上的有10个地市，自贡市老年人占比最多，为22.4%（见表5－15）。其次为眉山市（21.52%）、资阳市（21.51%）、绵阳市（21.42%）、成都市（21.18%）、内江市（20.80%）、德阳市（20.78%）、遂宁市（20.69%）、泸州市（20.46%）和雅安市（20.43%）②。老年人数量的增加扩大了对老年教育的需求，面对老年教育资源短缺等问题，四川省老年教育坚持"多部门推动、多形式办学"的发展格局，通过老年大学（学校）、社区教育和远程教育等多种形式积极推动终身教育的发展。

表5－15　　　　　　　　2018年四川省老年人情况统计

市（州）	人口数（万人）	60岁及以上老年人数（万人）	所占比例（%）
自贡市	323.94	72.56	22.40
眉山市	350.25	75.37	21.52
资阳市	348.88	75.04	21.51
绵阳市	536.8	114.98	21.42
成都市	1435.33	303.98	21.18
内江市	420	87.36	20.80
德阳市	385	80	20.78
遂宁市	369.69	76.5	20.69
泸州市	503.42	103	20.46
雅安市	153.84	31.43	20.43

①② 许琳、向斌、何红：《提升品质：推动老龄事业全面协调可持续发展——基于对四川省老年教育发展现状的调研》，载于《天津电大学报》2019年第3期，第39～43页。

市 （州）	人口数 （万人）	60 岁及以上老年人数 （万人）	所占比例 （%）
达州市	673.2	133.3	19.80
巴中市	379.21	71.67	18.90
宜宾市	555.57	98.28	17.69
凉山彝族自治州	68.36	10.2	14.92
阿坝藏族羌族自治州	92.47	13.5	14.60

资料来源：许琳、向斌、何红：《提升品质：推动老龄事业全面协调可持续发展——基于对四川省老年教育发展现状的调研》，载于《天津电大学报》2019 年第 3 期，第 39～43 页。

（3）师资队伍。

四川省老年教育的师资队伍也同样面临兼职教师数量与专职教师数量不匹配的难题。在老年大学和社区学校，师资队伍主要由外聘教师和志愿者组成。据泸县老年大学校长反映，学校教管人员多为退休职工，年龄偏大，对现代化教学媒体设备的应用并不熟悉，不利于提高授课质量。社区学校是老年教育发展的新阵地，但由于成立时间短，经费不足，教管人员数量较少，在编人员分身乏术。据社区工作人员反映，他们的工作量已经超负荷，各种职能部门在落实政策时均需要社区人员参与，对待老年教育工作往往力不从心。此外，四川省老年教育教师课时费普遍偏低，平均为 100 元/小时，教师薪酬得不到保障，聘请优秀教师更是举步维艰。四川省老年教育教师数量的地区分布同样存在不均衡，成都市老年教育教师数量最多，市级专兼职教师人数达 150 人左右，绵阳市、泸州市、内江市、遂宁市等次之，最少的为自贡、资阳等地。

4. 四川省老年教育制度建设

四川省政府办公厅在 2017 年发布了《四川省人民政府办公厅关于印发四川省老年教育发展规划（2017～2020 年）的通知》（以下简称《通知》），《通知》就如何扩大资源供给、鼓励多方参与和满足老年人多元需求方面做了工作规划。部分地市也先后出台了老年教育的相关文件（见表 5 - 16），进一步推动了老年教育事业的发展，实现老有所教、老有所学、老有所为、老有所乐的新格局。[1]

---

[1] 许琳、向斌、何红：《提升品质：推动老龄事业全面协调可持续发展——基于对四川省老年教育发展现状的调研》，载于《天津电大学报》2019 年第 3 期，第 39～43 页。

表 5－16　　　2018 年四川省部分地市老年教育政策性文件统计表

地市	相关文件名称
成都市	《成都市老龄事业发展"十三五"规划》 《成都市人民政府办公厅关于加快老年教育发展的实施意见》
内江市	《内江市"十三五"社会养老服务体系建设规划》 《内江市"十三五"老龄事业发展规划》
自贡市	《自贡市老龄事业发展"十三五"规划》
雅安市	《雅安市人民政府关于印发雅安市"十三五"老龄事业发展规划的通知》
眉山市	《眉山市"十三五"老龄事业发展和养老体系建设规划》
遂宁市	《遂宁市"十三五"老龄事业发展和养老体系建设规划》
泸州市	《泸州市老年教育发展规划（2018～2020）》
德阳市	《制定和实施老年人照顾服务项目实施办法》 《德阳市"十三五"老龄事业发展和养老体系建设规划》
巴中市	《关于制定和实施老年人照顾服务项目的实施意见》
广元市	《广元市老年教育发展规划（2018～2020）》
宜宾市	《宜宾市"十三五"老龄事业发展和养老体系建设规划》
达州市	《达州市老龄事业发展和养老体系建设规划（2018～2020）》
乐山市	《乐山市"十三五"老龄事业发展和养老体系建设规划》

　　资料来源：许琳、向斌、何红：《提升品质：推动老龄事业全面协调可持续发展——基于对四川省老年教育发展现状的调研》，载于《天津电大学报》2019 年第 3 期，第 39～43 页。

　　总体来看，四川省老年人口基数较大，老龄化程度比较深重。为了应对老年群体迫切的教育需求，老年教育事业得到政府大力支持，发展迅速。但四川省因其独特的地理环境，边缘地区、山区分布较广，居住在这些地区的老年人受地理位置的约束，老年教育资源分配可及性较差。为此，远程教育成为解决该问题的有效手段，也成为四川省老年教育资源配置的一大特色。

5.2.4　山东、上海和四川老年教育资源现状比较

　　伴随我国老龄化程度的不断加深，我国老年教育事业也得到了快速发展。作为全国典型代表地区，山东省、上海市、四川省的老年教育事

业契合当地的经济社会发展条件，走出了各具特色的建设道路。通过比较这三个地区的老年教育资源配置和老年教育事业发展情况，归纳总结先进经验，同时，对存在的共性与特性问题的对比分析，为其他地区发展老年教育事业提供前车之鉴，从而有利于全国老年教育事业的协同发展。

1. 各地区老年教育经费投入比较

稳定的经费投入是老年教育事业发展的物质基础，多元化筹资渠道为资金的稳定来源提供了保障。由于政府的高度重视，三个地区的老年教育经费投入都比较大，在全国处于领先地位。从人均经费投入比来看，上海市的优势更为明显；从筹资渠道来看，上海市在社会赞助方面成为一大亮点。而山东省和四川省主要依靠财政拨款，多元化的筹资渠道尚未完全形成（见表 5－17）。

表 5－17　　　　　　　　典型城市比较分析

	山东省	上海市	四川省
60 岁以上老年人口数（万人）	1981.2	483.61	1762.5
60 岁以上老年学员人数（万人）	33.53	60.47	＜62
老年教育入学率（%）	1.70	12.50	＜3.51
师资队伍（人）	12735	19207	
师生比	1：26.32	1：31.48	

注：老年教育入学率＝60 岁以上老年学员人数/60 岁以上老年人口数。

2018 年，山东省老年教育经费投入共 14259.2 万元，财政（企业）拨款所占比重最大，为总经费的 70%，学员学费收入可占到总经费的 29%，社会资助所占比重与其他两种相差甚远，仅占到总经费的 1%。四川省老年教育经费投入主要以政府拨款为主，其次为学员学费收入，社会赞助形式的经费投入少之又少。上海市经费投入总额为 34539.7 万元，其中政府拨款为 27514.5 万元，占比达到 80%，学费收入为 6134.2 万元，占比 18%，其他收入为 891 万元，占比为 2%。虽然上海市老年教育经费的社会赞助也相对较少，但明显高于其他两个地区，这与上海市市场经济发达程度有密切关系。

从人均老年教育经费来看。本书选取济南市、成都市和上海市进行比较，可以发现，在 2018 年，济南市的教育经费为 1742.19 万元，济南市 60 岁以上老年学员 44494 人，人均老年教育经费为 392 元，成都市的教育经费为 900 万元，人均老年教育经费不足 300 元，而上海市人均老年教育经费为 571 元。济南市和成都市的人均老年教育经费都与上海市存在一定的差距。

2. 各地区老年教育办学规模比较

（1）学员规模比较。

从老年人口总量和老龄化程度来看，这三个地区都处于全国前列。2018 年，山东省 60 岁以上人口达 1981.2 万人，占全省人口总数的 19.72%，四川省 60 岁以上老年人口总数为 1762.5 万人，占全省人口总数的 21.13%，上海市 60 岁以上老年人口总数也达到 483.61 万，占全市人口总数的 19.92%，庞大的老年人口基数也扩大了老年学员的数量。

山东省 60 岁以上老年学员总数为 33.53 万人，四川省 60 岁以上老年学员接近 62 万人[1]，上海市 60 岁以上老年学员人数为 60.47 万。在此基础上，可计算得到三个地区老年学员入学率，山东省、四川省和上海市的入学率分别为 1.7%、12.50%、3.51%，上海市的老年学员入学率最高。将三个地区的入学率进行平均，可得平均入学率约为 5.9%。与《2018 年全国教育事业发展统计公报》[2] 所公布的我国各阶段毛（净）入学率相比较，这三个地区的老年学员入学率低于其他阶段入学率（见表 5–18）。

表 5–18　　　　　　　　**2018 年我国各教育阶段入学率**　　　　　　单位：%

各教育阶段入学率	所占比例
学前教育毛入园率	81.70
小学阶段净入学率	99.95

---

[1]　因数据查找困难，尚未找到四川省 60 岁以上老年学员人数，此处四川省 60 岁以上老年学员人数按照不足 62 万进行计算。

[2]　教育部：《2018 年全国教育事业发展统计公报》，http：//www.gov.cn/xinwen/2019–07/24/content_5414053.htm。

各教育阶段入学率	所占比例
初中阶段毛入学率	100.90
高中阶段毛入学率	88.80
高等教育毛入学率	48.10

（2）机构规模比较。

这三个地区的老年教育办学机构规模较大，类型呈现多元化特点，主要有老年大学、社区老年学校（居村委办学点）、养老机构办学点、远程老年大学等。不同类型办学机构也因管理体制的不同而各具特色。

山东省老年教育办学机构共 5588 个，其中社区（村）级老年教育机构数量最多，为 4446 个，占办学机构总数量的 79.56%，从学校层级来看，山东省建有省级老年大学 1 所，市级老年大学 17 所，县级老年学校 133 所，企业性质老年大学 10 所，办学类型较为多样。上海市老年教育办学机构共有 5793 个，其中居村委办学点占比最多，为 5503 个，占到机构总数量的 94.99%，从学校层级来看，建有市级老年大学 4 所，市级老年大学分校、系统校 43 所，区级老年大学 22 所，街镇老年学校 221 所。四川省共建立省、市（州）级老年大学 21 所，县级老年大学 136 所，其中，成都市凭借其地理位置优势，建立县级老年大学数量最多，共计 43 所。四川省办学机构的建立受地理位置的影响较大，处于地势较高地带的阿坝藏族羌族自治州等三个州老年大学数量较少，阿坝藏族羌族自治州尚未建立市级老年大学，甘孜藏族自治州仅建立一所市级老年大学。

可见，虽然这三个地区的老年教育机构总量较多，类型多样化，层级分布比较合理，但相对庞大的老年人口基数，供给总量仍存在较大缺口，地区分布也并不均衡。因此，鼓励多元主体共同参与老年教育办学，扩大供给总量，提高供给质量，是我国老年教育事业发展的必然选择。

（3）师资队伍比较。

由于经济社会发展水平相对较高，这三个地区老年教育师资队伍，不论从总量还是素质来看，均在全国处于前列。但是，光鲜数字的背后，仍然存在师生比过低、教师待遇较差、教师专业能力不高等深层次问题。首先，从师生比（师生比 = 教师队伍数量/60 岁以上老年学员总数）的计算来看，山东省和上海市的师生比分别为 1 : 26. 32 和 1 : 31. 48，即平均一位教师要同时对约 30 位同学进行教学，教学压力和教学质量可想而知。其次，通过教师队伍结构来看，各地区都存在兼职教师数量居多，且年龄结构偏大，专业性不强等问题。

教师的素质决定了老年教育教学质量，而老年教育教学质量又决定了老年学校对师资力量的吸引力和凝聚力。因此，大力提高老年教育教师的待遇水平，加强教师职业培训，精心设计老年教育方案和课程，是我国老年教育事业发展的核心要件，只有师资力量的大幅度提升，才能更好地满足老年学员的多样化需求，才能从根本上提高老年教育机构的办学质量。

5.3　我国老年教育资源利用效率综合评价
——以山东省为例

107

5. 3. 1　基于 DEA 的老年教育资源配置效率研究

为更加准确地把握老年教育资源配置问题，本研究以山东省 16 地市的投入—产出数据构建 DEA 数据包络模型，以测算山东省各地市老年教育资源配置的相对效率。DEA 方法主要用于多投入多产出复杂系统的有效性评价，首先运用数学规划模型，构造出一组假想的效率最大化服务单位，即生产前沿面；然后通过对某特定单位的效率和这组提供相同服务的虚拟单位绩效进行比较，获得 100% 效率的单位被称为相对有效率单位，评分低于 100% 的单位称为相对无效率单位。进一步地也可计算出相对无效率单位采用怎样的投入产出匹配才能实现效率最优的路径。

鉴于图 5 - 9 的箱线图分布所显示出的山东省各地市老年教育资源投入产出的不均衡特征，本书基于表 5 - 19 所示的投入—产出指标体系下，构建规模报酬可变的 DEA 模型，即 BCC 模型，如式（5 - 1）所示。在规模报酬可变的 BCC 模型生产前沿下，综合技术效率

（crste，即不考虑规模收益时的技术效率）可分解为纯技术效率（vrste，考虑规模收益时的技术效率）和规模效率（scale，考虑规模收益时）：crste = vrste × scale。采用 DEAP 2.1 软件包计算的模型（5.1）估计结果如表 5 – 20 所示。

表 5 – 19　　山东省第 j 地市老年教育资源投入—产出指标体系
（j = 1，2，…，16）

	指标变量	指标含义
投入指标	x_{j1}	经费投入（万元）
	x_{j2}	教师数量（人）
	x_{j3}	社区学校（个）
	x_{j4}	各类老年大学（个）
	x_{j5}	老干部党校占地面积（千平方米）
产出指标	y_{j1}	在校学员（万人）
	y_{j2}	毕业学员人数（万人）

表 5 – 20　　山东省 16 地市综合技术效率、纯技术效率和规模效率

地市	综合技术效率（crste）	纯技术效率（vrste）	规模效率（scale）	效率特征
济南市	0.969	1.000	0.969	drs
青岛市	1.000	1.000	1.000	—
淄博市	0.977	1.000	0.977	drs
枣庄市	1.000	1.000	1.000	—
东营市	0.908	0.972	0.935	drs
烟台市	0.932	0.983	0.948	drs
潍坊市	1.000	1.000	1.000	—
济宁市	1.000	1.000	1.000	—
泰安市	1.000	1.000	1.000	—
威海市	1.000	1.000	1.000	—

地市	综合技术效率 （crste）	纯技术效率 （vrste）	规模效率 （scale）	效率特征
日照市	1.000	1.000	1.000	—
滨州市	1.000	1.000	1.000	—
德州市	0.868	1.000	0.868	irs
聊城市	1.000	1.000	1.000	—
临沂市	1.000	1.000	1.000	—
菏泽市	1.000	1.000	1.000	—

假设某个地市的投入—产出向量为（x_0，y_0）：

$$\min\theta$$

$$\text{s. t.}\begin{cases} \sum_{j=1}^{16} x_{ji}\lambda_j \leqslant \theta x_0, & i=1, 2, \cdots, 5 \\ \sum_{j=1}^{16} y_{jk}\lambda_j \geqslant y_0, & k=1, 2 \\ \sum_{j=1}^{16} \lambda_j = 1 \\ \lambda_j \geqslant 0, & j=1, 2, \cdots, 16 \end{cases} \quad (5.1)$$

考察表 5 - 20，山东省 16 地市中，除了济南、淄博、德州、烟台、东营 5 个地市的综合技术效率是相对无效的以外，其他 11 地市的综合技术效率均是相对有效的。

即使上述 5 个地市的情形也不尽相同，呈现出以下特点：

（1）济南、淄博和德州市的综合技术相对无效性源于其规模效率的相对无效，分别是 0.969、0.977 和 0.868，但是济南和淄博市却呈规模报酬递减特征（drs），德州市呈现规模报酬递增特点（irs）。也就是说，在当前的老年教育资源投入—产出状况下，面对强势的老年人学习需求，济南和淄博市的报酬递减特征表现出其投入和产出的不匹配，呈现出了严重的资源投入不足问题，而东营市则呈现出学员产出规模不足问题，应借规模报酬递增优势，扩大老年学员规模。

（2）烟台市的综合技术效率为 0.932，纯技术效率为 0.983，规模效率为 0.948。东营市的综合技术效率为 0.908，纯技术效率为

0.972，规模效率为 0.935。众所周知，纯技术效率是由于管理和技术等因素影响的生产效率，规模效率是由于规模因素影响的生产效率。烟台市和东营市的综合技术效率相对无效率，既源于其管理和技术层面的不合理因素影响，也源于其规模不足因素的影响，相对而言规模效率小于纯技术效率。因此，就烟台市和东营市而言，在增加老年教育资源投入，扩大老年学员规模的同时，更应该加强内部管理水平和技术运作能力的提升。

5.3.2 基于 PLS – SEM 的老年教育资源利用的综合评价

1. 基于因子分析的老年教育资源利用综合评价指标体系构建

为全面把握山东省 16 地市老年教育发展状况，根据我们所采集的相关数据指标，其 KMO 和 Bartlett 检验如表 5 – 21 所示，结果显示我们所收集到的数据适合于进行因子分析。

表 5 – 21　　　　　　　　　　　　KMO 和 Bartlett 检验

KMO 取样适切性量数		0.6358
Bartlett 的球形度检验	上次读取的卡方	141.9666
	自由度	36
	显著性	0.0000

因子分析的总方差解释表如表 5 – 22 所示，旋转后的因素矩阵如表 5 – 23 所示。考察表 5 – 22 和表 5 – 23 可知，所采集到的 9 个因素指标可以聚集析出 3 个综合因子，累积方差贡献率为 83.916%，旋转矩阵分析发现，第一个因子包括教师数量、社区学校、在校学生数和经费投入等指标，可以理解为老年教育资源"人力财力规模"，第二个因子包括老年大学数、党校面积和发表论文数等指标，可以理解为老年教育资源"物力实力规模"，第三个因子包括毕业生人数和电教学员数等指标，可以理解为老年教育资源的"产出规模"。

表 5 - 22　　　　针对山东省 16 地市老年教育资源相关指标的
因子分析总方差解释

因素	初始特征值			提取载荷平方和			旋转载荷平方和		
	总计	方差百分比	累积%	总计	方差百分比	累积%	总计	方差百分比	累积%
1	4.703	52.250	52.250	4.703	52.250	52.250	4.143	46.033	46.033
2	1.731	19.235	71.485	1.731	19.235	71.485	1.843	20.477	66.510
3	1.119	12.431	83.916	1.119	12.431	83.916	1.567	17.406	83.916
4	0.866	9.619	93.535						
5	0.307	3.411	96.946						
6	0.176	1.956	98.902						
7	0.079	0.881	99.783						
8	0.012	0.136	99.919						
9	0.007	0.081	100.000						

提取方法：主成分分析。

表 5 - 23　　　　　　　　　　**旋转后的成分矩阵**[a]

	组件		
	1	2	3
教师数量	0.987	0.061	0.063
社区学校	0.985	- 0.010	0.045
在校学生数	0.973	0.105	0.163
经费投入	0.839	0.196	0.226
党校面积	0.173	0.911	0.053
发表论文数	- 0.102	0.810	0.099
老年人学数	0.429	0.515	0.169
电教学员数	0.027	0.120	0.962
毕业学员数	0.567	0.154	0.719

提取方法：主成分分析。
旋转方法：Kaiser 标准化最大方差法。
注：a. 旋转在 4 次迭代后已收敛。

基于上述因子分析结果，在参阅相关研究的基础上，结合调研获取的信息，我们构建了如表 5-24 所示的山东省地市老年教育资源综合评价分层次指标体系，利用 PLS-SEM 模型对山东省 16 地市的老年教育资源规模进行综合评价。

表 5-24　　　　　老年教育资源配置综合评价指标体系

潜在因子	测量指标	变量名
人力财力规模	教师数量	teach
	社区学校	scho
	经费投入	fund
	在校生数	stu
老年大学实力	老年大学数量	area
	发表论文数	paper
	党校面积	oldU
资源产出规模	毕业生数	grastu
	电教学员	tele_stu

2. 基于 PLS-SEM 的老年教育资源利用综合评价模型的构建

表 5-25 显示的是 3 个潜因子变量的单一维度检验，第一主成分的特征值均大于 1，第二主成分的特征值均小于 1，满足 PLS-SEM 模型构建的要求。

表 5-25　　　　　PLS 路径模型的"单一维度"检验

变量组	第一主成分的特征值	第二主成分的特征值
人力财力规模	3.746	0.217
老年大学实力	1.854	0.881
资源产出规模	1.635	0.365

利用 SmartPls3.2 软件包构建的山东省老年教育资源利用综合评价的 PLS – SEM 模型如图 5 – 16 所示。模型左侧包括老年教育资源利用的"人力财力规模""老年大学实力""资源产出规模"等 3 个潜因子变量；右侧将所有 9 个观测变量聚合成一个综合评价指标。图 5 – 16 模型路径上的数字为 T – 统计量的值。除了"发表论文""电教学员"两个指标不显著外，各路径的 T – 统计量检验值均大于 1.96，表明在 95% 的置信水平下均是显著的。

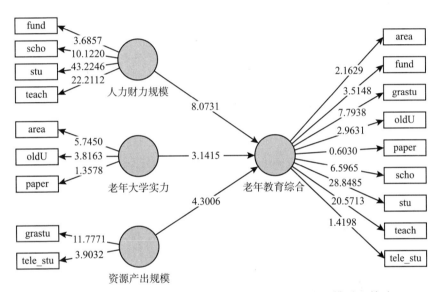

图 5 – 16　山东省老年教育资源综合评价 PLS 结构方程模型 T 检验

113

杨蕙馨和李国锋（2012）总结，构建 PLS – SEM 需要检验指标一般包括信度、效度和平均共同度指数的检测，其标准如表 5 – 26 所示。本研究模型检验指标的测算结果如表 5 – 27 所示。模型各潜在因子的 AVE 值均大于 0.5 的标准要求，合成信度（composite reliablility）值均超过 0.6 的标准要求，Cronbach α 系数值均在 0.7 以上，表明测量指标模型具有良好的效度和信度水平。老年教育综合对 3 个潜因子的回归方程 $R^2 \approx 1$ 说明老年教育资源的"人力财力规模""老年大学实力""资源产出规模"较好地刻画了老年教育综合评价。

表 5 – 26　　　　　　PLS 路径模型估计结果的评价与检验准则

评价内容	评价指标	评价标准
反应式测量模型的信度评价	合成信度（composite reliablility）	≥0.6
	Cronbach α	≥0.7
	指标绝对标准载荷（loading）	≥0.7，删除低于 0.4 的指标
反应式测量模型	交叉载荷（cross-loading）	每个显变量的标准外部负荷应大于其余另外两个潜变量的交叉负荷
	主成分分析（最大特征根）	仅有 1 个最大特征根，>1
	平均共同度指数（communality）	≥0.5
	平均差异萃取量（AVE）	聚合效度，>0.5
结构模型的评价	预测相关性 Q^2，q^2	$Q^2 > 0$，观察值重构较好，模型具有预测相关性；$Q^2 < 0$，模型减少预测相关性。$q^2 \geq 0.35$，较大；$q \geq 0.15$，适中；$q < 0.02$，很小
	内生潜变量决定系数	≥0.67，较好；=0.33，中等；<0.19，较差
	路径效果大小 f^2	$f^2 \geq 0.35$，较大；$f^2 = 0.15$，适中；$f^2 < 0.02$，很小
	路径系数估计显著性	Bootstrapping t 统计量 >1.96（5% 置信水平）

资料来源：杨蕙馨、李国锋：《中国企业自主创新能力提升路径与对策研究》，经济科学出版社 2012 年版，第 107 页。

表 5 – 27　　PLS 路径模型的信度效度、平均共同度指数检验指标

	AVE	composite reliablility	R^2	Cronbach α
人力财力规模	0.937	0.983	—	0.977
老年大学实力	0.590	0.803	—	0.679
资源产出规模	0.523	0.894	—	0.860
老年教育综合	0.799	0.888	0.999	0.777

综上所述，无论是"单一维度检验""T – 统计量检验"，还是信

度、效度和平均共同度指数的检测，都达到了模型构建的标准要求。考虑到"发表论文""电教学员数" 2 个指标的重要性，模型路径系数估计时仍保留在模型中，模型估计结果如图 5 – 17 所示，路径系数全部为正数，较好地显示出各因素指标对老年教育资源利用综合评价的正向的影响作用。

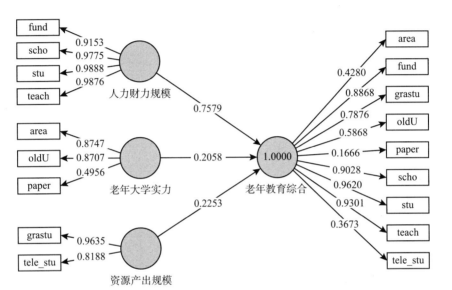

图 5 – 17　山东省老年教育资源综合评价 PLS 结构方程模型 – 路径系数

3. 山东省 16 地市老年教育资源利用综合评价结果分析

基于 PLS – SEM 结构方程模型测算的山东省 16 地市老年教育资源利用综合评价结果如表 5 – 28 所示。本节从老年教育资源利用的"人力财力规模""老年大学实力""资源产出规模"三个分维度层面和"老年教育综合"一个综合层面进行评价分析。

表 5 – 28　山东省 16 地市老年教育资源利用综合评价得分及排名

地市	人力财力社区规模	排序	老年大学实力	排序	资源产出规模	排序	老年教育综合评价	排序
青岛市	3.6801	1	0.8628	4	1.2798	3	3.2551	1
济南市	0.6369	2	1.0254	3	2.1978	1	1.1890	2

地市	人力财力社区规模	排序	老年大学实力	排序	资源产出规模	排序	老年教育综合评价	排序
临沂市	−0.0334	3	1.1536	2	1.7824	2	0.6138	3
烟台市	−0.2554	11	2.6063	1	−0.6537	12	0.1956	4
潍坊市	−0.1044	5	0.0921	7	0.7772	4	0.1150	5
淄博市	−0.1501	8	−0.0794	8	0.0732	6	−0.1136	6
泰安市	−0.2364	10	−0.3651	10	0.6193	5	−0.1148	7
东营市	−0.1165	6	0.4108	5	−0.5760	11	−0.1335	8
威海市	−0.0912	4	0.5544	11	−0.1821	7	−0.2242	9
枣庄市	−0.1314	7	−0.3419	9	−1.0429	15	−0.4050	10
济宁市	−0.1811	9	−0.7932	13	−0.7844	13	−0.4772	11
聊城市	−0.6323	16	0.2102	6	−1.0900	16	−0.6816	12
日照市	−0.5853	13	−0.7619	12	−0.3943	8	−0.6893	13
菏泽市	−0.5841	12	−1.2389	15	−0.4808	9	−0.8060	14
滨州市	−0.5864	14	−1.3026	16	−0.5091	10	−0.8272	15
德州市	−0.6292	15	−0.9237	14	−1.0164	14	−0.8960	16

从综合层面看，青岛、济南、临沂、烟台和潍坊市的老年教育利用综合评价得分为正，位列全省前五名。其次是聊城、日照、菏泽、滨州和德州市的老年教育资源利用综合评价水平得分为负，排在全省的后五位。得分排序显示全省老年教育资源利用综合水平存在较大差距。

从人力、财力、在校生数量以及社区学校规模看，全省 16 个地市中，青岛和济南市的评价得分最高，分别为 3.6801 和 0.6369，其他地市评价得分均为负分，得分最低的后三位地市分别为滨州、德州和聊城市。调查聊城市的老年教育资源现状发现，其获取途径有限，主要是政府提供，且教师数量需求量很大，聊城市高校部分退休教师承担了大量的老年大学教育工作，但总体上参与程度不高。

从老年大学数量、党校占地面积以及发表论文方面看，烟台、临沂、济南、青岛和东营市的评价得分位列前五位，现状考察也知，这些城市的老年大学数量位于全省前茅，东营市的老干部党校占地面积位于全省第二名。评价得分位列后三位的城市分别为菏泽、德州和滨州市，现状调研了解到，德州市的老年大学数量位于全省第四位，但老干部党校占地面积较小影响了综合评价得分，这与 DEA 效率评价得知德州市具有规模报酬递增的结论相一致。

从毕业学员数量和电教学员规模看，得分位列全省前五位的分别为济南、临沂、青岛、潍坊和泰安市，一定程度上反映了这些地市对老年教育绩效的长期关注、经济实力支持的现代化教育以及老龄人口规模较大等因素的影响。其中，泰安市在此项指标的排名高于其他各项指标，显示了各地市在相关指标上工作力度的各有所长。排名后三位的城市分别是德州、枣庄和聊城市，现状是德州和聊城市的老年毕业学员不及万人，远程教育参与人数远远低于其他地市。

综合 DEA 相对效率测算结果与 PLS – SEM 综合评价得分看，山东省各地市老年教育资源配置和利用的效率、效能是不均衡的，亟须针对各地市的历史、现状和发展趋势做进一步调查研究和深入剖析。

5.4 我国老年教育资源配置的特征及问题

5.4.1 全国老年教育快速发展，资源配置效率不断提高

自改革开放以来，我国老年教育事业得到了迅猛发展，在机构规模、学院数量、师资队伍以及管理体制等方面都成效显著，典型地区特色优势明显，逐渐成为其他地区学习的典范。尤其是高校、养老机构以及企业等社会多元力量的持续加盟，拓宽了资源筹集渠道，激发了多元主体共同办学的积极性，社会办学、联合办学的案例不断涌现，教育机构数量和学员数量在不断增加，办学规模也在进一步扩大，各种类型的教育机构，如政府举办的老年大学、企业举办的老年大学、远程老年大学、高等学校举办的老年大学、民办老年大学等，都呈现出较为独特的办学特色，管理体制和投资体制不断探索创新，合理科学的制度体系逐渐成熟。随着老年教育教师队伍素质的提升，教学质量也有了显著提高，各地开展的课程教师、讲座教师、社会活动教师等专业化培训，推

动老年教育教师队伍不断向职业化、专业化迈进，课程形式和内容日渐丰富，课堂教学效率稳步提升。一直以来，老年教育科研发展历史要短于实践的历史，自党的十六大提出"构建终身教育体系"以来，老年教育理论研究的学术性和规范性得到加强①。自 2008 年，老年教育学术委员会论证老年教育学学科建构可行性课题以来，共成功积累了 31 条学理创新，老年教育科研进展与实践进展呈螺旋式上升趋势，为构建学习型社会提供了良好的理论与实践环境。

5.4.2　典型地区老年教育特色鲜明，发展成效突出

我国领土幅员辽阔，经济社会发展具有明显的地域特色，老年教育事业也同样如此。本研究遴选了山东省、上海市和四川省作为典型地区进行调查研究，这些地区老年教育特色鲜明，发展成效突出，走出了独具特色的老年教育事业之路，为全国其他地区老年教育事业的发展起到了引领示范的作用。

山东省是全国第一个创办老年教育事业的省份，历史相对悠久，发展经验丰富，目前 16 个地级市均已建立市级老年大学，县级老年教育机构实现基本覆盖，乡镇级、社区（村）级都已建立相应的老年活动室，与企业联合举办的老年大学和养教结合模式的老年机构在养老服务和老年教育等相关领域也取得新的发展，受到更多人青睐，已经形成了统一由组织部门、老干部工作部门主管老年大学的管理体制和面向社会老年人开放办学机制。老年教育经费主要以财政拨款为主，占到总体经费的 70%；从地区分布来看，不同地市老年教育经费投入两极分化比较明显，青岛市、济南市教育经费最高，但财政依赖度也很大，社会资助比例过低。山东省老年教育的师资队伍日益壮大，但因编制问题、年龄结构问题等，整体的师资水平不高，与老年人的教育需求存在较大的供给缺口。

上海市经济发达，文化繁荣，老年教育发展也相对迅速。在几十年的发展历程中，高校、社会、政府相互配合，已经将老年教育发展为"一方牵头、多方参与、分工负责、协调发展"的格局，区县、街道和

---

① 陆剑杰：《中国老年教育 25 年理论研究工作的梳理》，载于《老年教育（老年大学）》2008 年第 12 期，第 15～22 页。

乡镇老年教育三级网络已经建立。与山东省的经费投入相比，上海市的政府拨款比例和社会赞助比例均高于山东省，其中社会资助比例达到了2.5%。当然，从地区分布来看，上海市各区老年教育同样存在发展不够均衡现象，浦东新区在老龄事业发展上居于遥遥领先的地位，为解决偏远地区老年教育服务可及性不足的问题，上海市大力发展远程教育，借助互联网手段努力实现老年教育的全覆盖。上海市老年教育的师资力量略高于山东省，但因教师管理体制不够灵活，同样存在年龄结构、职称结构等不合理问题。

四川省因地形地貌的独特性，在老年教育资源配置上颇具特色。为克服边远地区不能获得较好资源甚至不能获得老年教育资源的困境，四川省积极整合并利用社区教育机构资源，在乡镇、社区基层建立老年教育学习点。同时，大力发展远程教育，依托广播电视大学的平台资源，将课程、讲座等通过远程教育方式覆盖到基层。这些努力显著提高了老年人参与老年教育的意愿，也在一定程度上缓解了教育资源不均带来的压力。目前，全省已基本形成以市、县（区）老年大学为基础，基层老年学校、社区学校（教学点）、基层老年协会、基层老年群众组织为载体的"市、县（区）、乡、村"老年教育网络。这些经验，都值得我国其他地区推广应用。

5.4.3　老年教育资源存在短缺，供需矛盾仍然突出

供需不平衡是当前我国老年教育资源最突出的特点，在发达地区也同样存在，是目前亟须解决的关键问题之一。经过30多年的发展，目前全国范围内在校学员约700万人，应用远程技术学习的老年学生有近1000万人，这两者相加，能够接受教育的老年人口数量达到1700万。虽然总量较大且逐年增加，但相比于我国老年人口总量，老年教育的入学率仍然过低，就现有老年大学招生规模测算，只有大约3%的老年人可以入校接受教育。2015年，广州市超过60岁的城市人口数量已高于130万，而城市的老年大学仅仅有30多所，占需求量的10%。2014年，杭州市共有老年大学41所，在校学员27086人，相比于城市14.0多万的老龄人口，供需悬殊。调查数据显示，目前有兴趣参加老年教育的老年人约占老年总体的25%～30%。老年教育供给数量与需求数量相比

缺口巨大①。此外，从增加速度来看，我国60岁以上老年人口增长速度为8%，远远超过我国的老年教育资源的供给速度，落差相当大②。

老年教育资源供需矛盾不仅体现在数量上，在质量上也不相匹配。教学质量密切关系到老年大学的发展，目前老年学校的课程设置相较于之前已经有了很大进步，但同时老年人的教育需求也在逐渐改变和提高，课程设计的过程缺少对老年学员全面了解，课程时间、课程内容、教学方式的设置都十分粗略。部分老年人认为，老年大学设置的课程比较单一，有些感兴趣的课程没有开设或者即使开设了也很难报上名，还有一些老年人希望学习解决现实生活问题的知识，但是大学课程内容有些过于专业化而难以理解与接受。此外，也有老年人对教师讲课缺乏互动与发表见解的机会、授课方式过于单一、课上时间过于单调乏味等不认可。或者更换教师过于频繁，老年学生难以适应上课的节奏。

5.4.4　老年教育资源分配不均，地区发展仍不平衡

我国老年教育资源在地区发展上呈现不均衡的特点，不同省份之间发展不均衡现象比较突出，同一省份在同一级别不同地市、城乡之间、社区之间发展不均衡现象也普遍存在，教育资源投放力度与地区经济发展呈现显著的正相关关系，如上海市老年教育资源要优于山东省和四川省，成都市的教育资源要优于甘孜藏族自治州。

根据中国老年大学协会在 2010 年的统计显示，全国共有 42911 所老年大学（学校），其中，华东地区共 28465 所，占老年大学（学校）总数的 66.3%，西南地区共 5398 所，占总数的 12.6%；华北地区共 3299 所，占总数的 7.7%；中南地区共 2701 所，占总数的 6.3%；东北地区 2214 所，占总数的 5.2%；西北地区 914 所，占总数的 2.1%③。由此可见，我国老年大学（学校）在空间分布上存在明显的差距，东部地区要优于西部地区，经济较发达地区要优于经济较为薄弱地区。同

① 数据由课题组走访、调研获得。
② 刘昱杉：《我国老年教育供需问题研究》，天津财经大学硕士学位论文，2017 年，第 35 ~ 39 页。
③ 杨德广：《老年教育学》，人民教育出版社 2016 年版，第 58 页。

时也可以发现，西南地区办学数量要多于华北、中南地区，而西南地区经济发展程度不及华北和中南地区，这也同时说明了老年教育发展不均衡与经济发展并非完全正向相关，还与政府重视程度、老年人口的观念等存在联系。

第6章 我国老年教育管理体制的现状及特点

历经多年发展，我国老年教育管理体制在机构设置、职责范围、隶属关系、权责划分、运行机制等方面已逐渐完善，在政策、主体、运行等领域形成了自己的特色，为推动老年教育发展提供了重要的制度保障。但由于主体关系尚未理顺、权责归口尚不明确等原因，导致管理体制存在办学主体种类过多、主责部门变动频繁等问题，成为老年教育工作推进中的制度性障碍。

6.1 我国老年教育管理体制现状分析

老年教育管理体制是教育管理体制在老年教育领域的具体表现。教育管理体制，一般称之为教育行政管理体制或教育行政体制，主要是指一个国家的教育行政组织系统，或国家对教育管理的组织形式与工作制度的总称。教育行政管理体制所要解决的核心问题就是中央政府与地方政府、教育行政管理部门与学校在教育事权方面的权限划分①。它主要涉及教育系统的机构设置、职责范围、隶属关系、权力划分和运行机制等方面，其外延主要包括以教育领导体制、办学体制和投资体制为核心的一系列教育制度。

6.1.1 管理主体

在我国，由于老年人口基数大、区域差异大、民族文化差异明显等原因，导致了我国老年教育管理体制的多元化特征。老年教育的承载主

---

① 赵海侠、郭靖萱：《教育管理学》，电子科技大学出版社 2017 年版，第 62 页。

体老年大学，自建立以来一直未形成自上而下、分工明确的管理体系。中央政府对老年教育管理主体的不断变更，以及各地方适应程度和适应周期的差别，导致了各地的管理体制更是纷繁复杂：有隶属于老干部局的，有归责于老龄委的，有从属教育行政部门的，有从属文化行政部门的，也有成立专门的老年教育工作委员会进行管理的。各企业事业单位自主成立的老年教育管理部门更是五花八门。而由于长时间一直对老年教育的管理定位和管理依据都比较模糊，我国老年教育管理的主体部门也随着老年教育的发展在不断地变迁。最初，由于老年教育面向的主要对象是退休员工，所以老年教育的管理工作便由老干部局负责。同时老年教育也是老龄事业的重要组成部分，所以 1983 年国务院批准了我国老龄问题全国委员会作为解决老龄问题的常设机构，此后又在 1995 年更名为"中国老龄协会"，但是至此为止我国还未设立独立的老龄教育管理部门。此时老年教育的管理部门，只是老龄化问题管理部门的一个分支，只是起到协调和商讨议事作用，并无真正的实权。随着老年教育的持续推进，老年教育面对的受众范围越来越广，我国在 1995 年出台《中华人民共和国教育法》，明确了教育是老年教育的本质属性，决定将老年教育纳入教育部门管辖。但是教育部的管理重点还是仅仅致力于普通学校的教育。而后，随着人民生活水平的提高和对更高层次的精神生活的渴望，对老年教育的定位逐渐突出了其不断开发的文化属性，所以在 1999 年，我国老龄委员会规定由文化部负责全国的老年非学历教育工作。一直以来，由于老年教育的多重属性和对老年教育的定位模糊性，我国始终未能建立老年教育专管部门，而一直是由多部门针对老年教育的相对属性联合管理，这难免导致老年教育管理的低效和混乱。

6.1.2　管理模式

由于老年教育同时兼备教育性与公益性，所以办学主体的多样性决定了老年教育模式的多样性和管理模式的多元性。老年教育的多元办学主体，导致了其多龙治水的管理体制，很难形成统一的行政管理系统。上下级管理部门的职能不匹配，各地区之间的管理机构千差万别，无论是横向还是纵向的各部门沟通都存在很大障碍，而且各机构对老年教育的发展方向确定和规划和支持力度也相差悬殊，这也导致了我国老年教

123

育在各地区之间的发展很不均衡。

20 世纪 80 年代，这一阶段的老年教育管理模式呈现出一个鲜明特征，即由党委政府直接领导。正是因为国家层面对老年教育理念认识不足以及财政收入压力较大，因此这一时期的老年教育载体数量较少，规模不大，整体上呈散点式分布，办学形式主要以省、市、县成立的老年大学（老年学校）为主。

2001 年，中央五部委联合出台《关于做好老年教育工作的通知》，将国家老年教育明确归口文化部。但在实践上来看，文化部在老年教育工作中的作用甚微。在此情况下，各老年大学根据其原有的社会环境和隶属关系分别形成了党委组织部与老干部工作部门主管、民政（老龄委）主管以及教育部门主管三种主要管理模式，由此三者协作管理全国老年教育。

2010 年 10 月，国务院办公厅颁布的《老年教育发展规划（2016～2020 年）》明确表示："老年教育是我国教育事业和老龄事业的重要组成部分。"这一文件的颁布表明了老年教育的管理向教育部门倾斜的趋势。在国家和社会的关注下，上海率先探索出"教委＋老年教育领导小组"的管理模式，并取得了显著的成效，为全国各地的老年教育提供了经验和借鉴。

雷焰中等学者经过研究将我国老年学校教育管理体制分为四大类，即党政主导、财政供给；军队主办，自主管理；部门主办、经费自筹；社会办学、自主管理。但是值得一提的是，尽管各地区的管理体制和管理模式千差万别，但在合乎管理规律上又有一定的内在统一性。即无论何种管理方式，都是由党委和政府主抓和支持建设，老年教育部门相互配合，建立了各自的协调机制。这种统一性在一定程度上弥补了管理部门职责不清带来的不足。

6.1.3　管理机构

具有行政管理职能的老年教育管理机构是我国老年教育进入规范化阶段（21 世纪之后）才产生的。天津、武汉、重庆、上海和景德镇等城市先后成立了这种具有行政管理职能的机构，负责人主要由当地的现任党委政府的主要领导担任。

在不同的省市或地区，这种老年教育管理机构虽然名称各不相同，但是在其管理功能和管理方式上却是大致相似的，即组织、建立适用于本地老年教育的综合、统一的领导机构对该地区老年教育工作进行管理①。这些老年教育领导机构将涉及老年教育的有关党政部门紧密地组织、联系起来。整个领导机构的主要负责人均为党政主要领导，一方面这些领导人员级别较高，权威性较强，能够为老年教育工作提供强有力的权力保障。另一方面，机构内成员广泛，部门众多，职责明确，也为当地老年教育发展提供了强大的组织保障。

比如，上海市的老年教育工作领导小组，由教育局主要领导担任小组办的主任，由老年教育协会、市民政局老龄工作处、终身教育处的主要领导担任副主任。江西景德镇市的老年教育工作委员会则是由市委副书记担任委员会的主任，副主任则是由组织部部长，常务副市长，市老年大学校长担任。

6.1.4　运行机制

我国的老年教育事业伴随着国家经济社会的发展及改革开放的浪潮应运而生。我国老年教育在运行机制上逐步形成党政主导、多部门进行协作、社会力量参与的"多力合一"、多形式共同发展的良好格局②。根据中国老年大学协会 2010 年统计，我国省部级单位主办的老年教育学校有 64 所，地（市）级单位主办的 367 所，县（市）级单位主办的 1530 所，乡镇主办的 8222 所，高等院校和科研单位主办的 129 所，科级单位主办的 15105 所，大中型企业主办的 472 所，其他单位主办的 624 所。这些老年教育机构中公办的占 82.1%，民办的占 2.2%，公办民助占 4.7%，民办公助占 11%③。

目前，我国老年教育的运行机制是由各级政府分别负责本区域内工作，确定牵头负责部门制订总体规划。而我国老年教育发展的基本特点

---

① 周凤娇：《中国老年教育领导管理模式探析》，上海师范大学硕士学位论文，2018 年，第 121 页。

② 马丽华、叶忠海：《中国老年教育的嬗变逻辑与未来走向》，载于《南京社会科学》2018 年第 9 期，第 132 页。

③ 中国老年大学协会课题组：《中国老年教育若干问题研究》，黄河出版传媒集团 2011年版，第 232 页。

和运行优势也在教育部、文化部和民政部等部委的主导下，在党政机关强有力的推动下，在社会对老年教育需求的呼吁下得到充分体现。同时也正是由于老年教育所具有的非营利性、社会福祉性特点，决定了我国老年教育工作亟须政府的鼎力支持。

为激发社会组织活力，当前我国正在进一步建立健全以政府主导为主，老龄部门牵头，民政部门、教育部门、文化部门以及财政部门等部门参与为辅，整合协调多方力量参与建设老年教育活动的工作运行机制。并在此基础上，试图通过由政府购买服务或通过项目合作等多形式、多举措，盘活、整合老年教育资源，从而进一步推动我国老年教育事业的发展。此外，为加大经费投入总量，拓宽经费来源渠道，各地财政部门也出台相关政策，进一步健全政府公共财政投入为主与拓展多渠道投入机制相结合的老年教育投入体制、机制，并积极鼓励社会企事业单位和个人进行捐资或是参与建设基层老年教育专用设施等。

6.2　我国老年教育管理体制的特点

我国在探索发展老年教育的过程中，由于管理体制不畅、归口部门不明等原因，导致老年教育出现办学主体种类过多、主责部门变动频繁等问题。这些问题为老年教育工作增添了许多困难，也使得我国老年教育的管理呈现出如下的特点。

6.2.1　老年教育管理体制的政策特点

老年教育政策是老年教育管理的依据，决定着老年教育管理的主体、职责及关系。从20世纪80年代开始，我国就陆续出台老年教育政策，但政策更多以宏观指导类为主，且区域性明显。

1. 老年教育政策先行

从20世纪80年代老年教育开始发展之后，就出台了关于老年教育的诸多政策文件，这些政策文件中或多或少都提到了关于老年教育的管理体制，包括当时的领导部门、主要管理机构等内容。我国老年教育管理体制从萌芽、初创、发展到完善四个阶段，每个阶段的发展变化都是通过政策文件的颁布来展现的，所以在整个老年教育管理体制的发展过程中显示出了老年教育政策制定时间较早，支持发展力度大，发展过程规范化、法制化的特点。

2. 宏观老龄政策为主

"老年教育"四个字从字面来说应该属于教育的范畴，由教育部门进行管理也应该是比较理想的方式。但纵观我国老年教育的发展过程，从教育范畴来说，有《中华人民共和国义务教育法》《中华人民共和国教育法》《中华人民共和国职业教育法》等一系列的法律政策，却没有诸如"老年教育法"一类明确的关于老年教育的教育法，这在一定程度上反映了关于老年教育的组织和管理还不够科学和规范。虽说现在关于老年教育的管理趋势向教育部门倾斜，但老年教育与义务教育、职业教育等相比有一定的特殊性，教育部门对老年教育的管理还存在较大困难。整理发现老年教育的很多规定大部分都是出自老龄事业的政策文件中。例如，《中国老龄工作发展纲要（1994～2000 年）》《关于加强老龄工作的决定》《中国老龄事业发展"十五"计划纲要》等一些政策文件都提到了老年教育的管理内容，并且其中的内容大多是宏观的政策，并没有非常具体的规定。例如 2001 年 6 月，多个部门联合下发《关于做好老年教育工作的通知》中强调了文化行政部门在老年教育中的重要地位和作用：文化行政部门要会同有关部门认真学习和借鉴各单位发展老年教育事业的成功经验，尽快制定老年教育事业发展规划和远景目标，进一步加强领导，科学指导，逐步规划老年教育事业的发展。在通知文件中只是说明要加强领导，科学管理，但具体应该怎样领导，怎样科学指导和管理还是不明确的，并且文化部门并不是教育管理的"行家"，在具体执行过程中还存在很多的困难。总体来说，关于老年教育管理的政策还是非常宏观的政策，且以老龄工作的政策文件为主，关于老年教育的管理与领导政策只是其中的一小部分。

3. 区域性政策作用明显

从整体来看，我国的教育管理体制属于中央统一领导下的分级管理制度，即是一种以中央统一领导为基础，中央管理与地方管理相结合的管理体制。这就赋予了地方可以对本地区的老年教育进行管理的权力。因为各地的经济文化发展程度不同，对老年教育的重视程度不同，在具体的管理中也会存在很大的差异。上海市作为我国经济发达地区，老龄化程度很高，老年教育的发展非常迅速。2003 年 9 月，上海市多个部门联合发布《关于进一步加强本市老年教育工作若干意见的通知》，其中明确指出："要建立全市统一的老年教育管理机制"，"在各级党委领导下，实行政府主管，分级管理，区县为主的老年教育工作管理体制"。2007 年，上海出台了《关于全面推进老年教育工作的若干意见》，该《意见》提出了老年教育管理体制的一些要求，即"坚持城乡联动，重心下移"。上海市关于老年教育的管理与其他地区相比，有一定先进性，为其他地区老年教育的管理提供了典型的借鉴范本。

6.2.2 老年教育管理体制的主体特点

当前我国老年教育管理体制主要包括三种类型：以组织部和老干部局为管理主体、以民政部门及老龄委为管理主体、以教育部门加老年教育工作小组为管理主体，这三种类型由于管理主体的不同，在实践中又表现出不同的特点。

1. 以组织部和老干部局为管理主体的老年教育管理体制特点

以党委组织部和老干部局为管理主体的老年教育管理体制的主要特点是：强调老干部局的作用，把老年教育领导小组办公室设在老干部局①。1982 年 2 月，中共中央作出《关于建立老干部退休制度的决定》，正式废除了领导干部职务终身制，建立了按照年龄退休的制度。老年教育由老干部局来管理和组织有很多的优势。一是老干部局对老年退休干部的需求比较了解，各方面的要求和管理能够更加符合他们的实际需要。二是老干部局作为党委的工作部门，管理更加有权威性，工作也有力度。三是老干部们热心参与老年大学创办工作，能得到有关方面的支持。四是老干部局本来是为老干部服务的，包括满足其文化生活的需

---

① 王克忠：《关于老年教育管理体制模式改革的几个问题》，载于《科学发展》2015 年第 9 期，第 79、80 页。

要，老年教育直接丰富了老干部离退休后的精神文化生活①。山东省的老年教育管理就体现了这一特点。山东省的老年教育目前由省委、省政府主导，"由组织部、老干部局负责管理"，"由老年大学协会协调和指导"，这一特点促使老年教育的管理更加符合实际情况，为老年教育的管理提供了极大的便利。

2. 以民政部门和老龄委为管理主体的老年教育管理体制特点

我国出台了多个政策文件，都表明老年教育是老龄事业的重要组成部分。例如，《中国老龄工作发展纲要（1994～2000年）》《关于加强老龄工作的决定》《中国老龄事业发展"十五"计划纲要》等这些政策文件的内容都能表明老年教育作为老龄事业的重要组成部分，对经济文化的发展产生巨大影响。以民政和老龄部门为主体管理老年教育具有一定的优势。老龄机构作为主管各项老龄事业的部门，积累了一定的关于老龄工作的经验，对于老年教育的管理是得心应手的。同时老龄部门长期以来形成了一套完整的工作机制，在老龄部门主管地区老年教育的情况下，这套工作机制可以很好地保证老年学校的运行②，尤其是确保基层老年教育的发展。当前民政部门及老龄委对地区老年教育的管理方式主要分为三种形式：一是依靠地区老龄委机构网络，实现对地区老年教育的层级管理。二是通过市、县老年大学指导基层老年教育。三是建立具有行政属性的老年教育领导机构。③

3. 以教育部门和老年教育工作小组为管理主体的老年教育管理体制特点

以教育部门和老年教育工作小组为主体管理老年教育，这一模式在上海市运用比较广泛，也被认为是老年教育管理的比较理想的模式。其优势在于：一是能比较准确地把握教育的规律和特点，使老年教育能够收到比较好的预期结果；二是教育部门主管各项教育事务能够更好地提

---

① 王克忠：《关于老年教育管理体制模式改革的几个问题》，载于《科学发展》2015年第9期，第79、80页。

② 周凤娇：《中国老年教育领导管理模式探析》，上海师范大学硕士学位论文，2018年，第121、125页。

③ 周凤娇：《中国老年教育领导管理模式探析》，上海师范大学硕士学位论文，2018年。

供并整合各种教育资源，有利于不断建设和完善老年教育网络，并不断完善各级老年教育管理体系。2011 年，《上海市老年教育"十二五"发展规划》颁布，其中明确指出"上海市老年教育的行政管理职能归口于上海市教育委员会"，突出了教育部门在老年教育中的管理和协调组织作用。目前，上海市的老年教育管理构成以上海市教育委员会为领导，下设专门的上海市老年教育工作小组，领导和管理各区（县）、街道老年大学。

6.2.3 老年教育管理体制的运行特点

老年教育管理体制的运行是推动老年教育顺利实施的保证。当前老年教育管理运行中表现出办学主体多元化、办学资源丰富化及管理人员多样化的特征。

1. 办学主体多元化

根据我国老年大学协会提供的数据，在学校办学机构中公办单位占82.1%，民办公助占11%，公办民助占4.7%，民办单位占2.2%[1]。从数据中我们可以看出，办学的性质呈现多元化的特点，因此在办学主体和管理主体上也呈现多元化的特点。从办学主体上看，我国老年教育形式可以分为四类十种[2]。第一类是应用最广泛的一种办学和管理模式：主要是党政部门的领导和管理，又可以分为党委主管和政府主管两类。党委主办主要就是上文中提到的由老干部局来领导和管理。政府主办和管理又可以分为三种形式，一是政府直接管理，如江西景德镇老年大学；二是政府起主导作用，由具体的政府部门管理，如广州文苑老年大学由广州市文化局党委主管；三是以政府为主，充分发挥社会的办学优势，由企业投入办学和管理。第二类由军队自行办学和管理。这类老年大学主要依托部队干休所办学，实行"校所结合"。如广州军区老干部大学和广东省军区老干部大学。第三类是部门主办，经费自筹的形

---

① 中国老年大学协会课题组：《中国老年教育若干问题研究》，黄河出版传媒集团 2011 年版，第 232 页。

② 雷焰中、岳秋玲、李洁：《关于老年大学管理体制的研究与思考》，https：//wenku. baidu. com/view/4542dce44afe04a1b071de12. html？from＝search，2008 年 7 月，第 56 页。

式。其特点是学校建成后，多数由办学主体自行管理。如广东省妇联主办的康怡老人大学；由市老龄委、民政局主办的广州市老年大学；广州市文广新闻局文化广电新闻出版工作者离退休协会主办的文苑老年大学；广州市政协提供场地，岭海颐老会资助的岭海老人大学。第四类是国有大型企业主办和管理的老年大学，如上海的宝钢老年大学。此外还有社会办学、自主管理的模式。近年来又呈现出新的办学主体，即在专业养老机构中，举办内容丰富的老年大学，实施老年教育，如威海盛泉养老服务股份有限公司。

2. 办学资源丰富化

与国外相比，我国的老年教育事业发展相对滞后。自20世纪80年代开始，随着干部退休制度的改革，我国老年教育才开始逐渐发展起来。随后的30多年，在各级党委政府的关心、支持和有关部门的领导下，我国的老年教育发展开始迈向新征程。各级各类老年大学层出不穷，各级政府部门纷纷响应办学号召，除了有省部级政府部门、市（县）级政府部门创办的老年大学，还有老干部局举办的老干部大学、教育主管部门举办的老年大学等。目前老年大学和老年学校依然是实施我国老年教育的主要教学机构和重要载体。但是，由于现如今我国老年教育仍然面临供需不平衡问题，因此老年大学也主要面向文化素养较高的老年人进行招生，国家对老年教育考察的方式也主要是以老年大学和老年学校为主要对象。除了政府开办的老年大学和老年学校以外，部分企业以离退休职工为主体组建了企业老年大学，既关注离退休职工的物质养老，又关心精神文化养老，促进企业职工社区和谐发展。此外，我国还存在着一些其他的非正式的老年教育形式①，如针对老年人需求所举办的各种专题讲座，讲座内容主要以保健、养生为主题或以活动小组的形式开展的教育活动（如唱歌、跳舞等），这种形式的活动主要由老年人自发组织，活动的时间和地点都由老年人自己决定，具有随意性。随着经济和科技的发展，为了丰富老年人的生活以及照顾出行不便但有受教育意向的老人，远程老年教育应运而生。远程老年教育主要是指利用现代信息化传媒技术，通过远距离的课程教学，促使老年人身心得到

131

---

① 侯志春：《中国老年教育的多元化发展途径探析》，载于《成人教育》2016年第11期，第35页。

健康发展，不断提高生活质量的一种教育形式。远程老年教育主要包括老年广播教育、老年网络教育、老年电视教育等，凭借其消费低廉、上课时间灵活自由、不设入学考试等优势吸引了越来越多的老年人通过网络或者电视等途径接受教育，远程教育也因此成为一种新的老年教育的途径，并且逐渐被老年人认可。

3. 管理人员多样化

当前老年教育的办学主体呈现多元化的趋向，办学主体的多元化也就造成了管理人员的多样化，管理老年教育的人员来自不同的阶层，有不同的背景。但就其主要构成而言，一般可以分成三种形式：一是公办老年教育学校全部为在职在编人员，按公务员或参照公务员管理；二是企事业单位主办的老年教育机构中在职人员享受企事业单位正式职工待遇，外聘的一部分老同志参与管理，一般根据单位效益视情况而定；三是民办学校以外聘人员为主。[①] 不同的管理人员构成可以使不同阶层、不同背景的人员更好地发挥各自的作用，他们构成了强大的管理团体。团体队伍庞大，管理人员之间职责明确，能够不断提升和改善老年教育的管理。

---

① 杨晨、李学书：《多元办学形势下老年教育微观管理发展与创新研究》，载于《职教论坛》2016 年第 18 期，第 56 页。

第 7 章　我国老年教育存在的问题及原因

我国老年教育事业是在国家和地方政府的重视下，伴随对老年教育属性认识的变换和深化以及改革开放的伟大进程而逐步发展起来的。在一些经济相对发达地区初步形成了省、市、县、乡、村的多层次老年教育及其管理网络，基本形成了以政府为主导、多主体共同参与的协同发展格局。但是，在教育资源配置、老年教育治理体系等方面仍存在诸多问题，这些成为制约老年教育发展的瓶颈。导致这些问题的原因，包括发展理念认识不到位、顶层制度设计缺乏、社会力量参与不足、评估依据模糊不完善等。

7.1　我国老年教育资源配置中存在的问题

回顾我国老年教育 30 多年的发展历程，虽然有可喜的成绩，但在资源供需方面矛盾依然突出。老年教育供给不能满足社会日益增长的教育需求，在我国将会持续相当长的一段时间。我国现阶段老年教育资源配置的不均衡具有过渡性的特征，既反映经济发展成熟程度的特点，又反映由计划经济向社会主义市场经济转轨过程的特点，突出地表现为既有总量性短缺，又有财政性、体制性和结构性短缺。总量性短缺是基本的、长期起作用的因素，取决于经济发展是否能够为教育发展提供充足的财政资源。而财政性、体制性和结构性短缺，则是在经济体制转轨过程中的暂时现象，可以通过有效的市场调节和政府的政策调控得以缓解。因此，从政策研究与战略研究的角度，要把重点放在解决财政性、体制性和结构性短缺上。

7.1.1 总量性短缺

随着老年人物质生活水平和受教育程度的提高、教育观念的更新，以及空巢家庭的增加，可以预见未来我国老年教育的需求量将快速增长。然而，与老年人不断增长的多样化学习需求相比，我国老年教育依然存在资源供给不足的问题，老年教育资源总体供给与老年人需求不相匹配，供给小于需求。老年教育资源供给的总量性短缺，是我国教育供求关系基本矛盾的反映。

面对基数庞大的老年群体和日益增长的老年学习需求，老年教育总量性短缺主要是供给与需求脱节，资源短缺严重。在经济社会发展的不同时期，总量性短缺呈现不同的阶段性特征。一般而言，开始主要表现为满足基本教育机会的资源供给短缺；之后主要是扩大和增加教育机会的资源供给短缺；再后则是接受高水平、高质量教育机会的资源供给短缺。通过调研发现，我国目前老年教育的办学规模大，资源投入多，数量增加迅速，但老年人基数更大，面对庞大的需求群体，老年大学的供给资源可谓杯水车薪，老年大学"一座难求"的局面普遍存在，老年教育的参与率比较低下。所以，在我国大多数地区，老年教育资源总量性短缺尚处于第一个阶段，总量投入的严重不足，成为后续发展的制约瓶颈。

7.1.2 财政性短缺

作为一项公共产品，老年教育应是由国家财政投入为主、社会资源共同参与的资源供给格局。因此，从根本原因来看，老年教育资源供给不足与政府对老年教育财政经费投入不足有极大关系，也就是所谓的老年教育供给的财政性短缺问题。同初等教育、中等教育及高等教育的大量财政投入相比，国家对继续教育的投入一直相对较少。而在继续教育体系中，老年教育也没有受到应有的重视，很多地方甚至根本没有将老年教育纳入到继续教育体系中来。同时，由于管理体制、营利模式不明确等问题，社会力量对投资老年教育的积极性也一直不高。

由于政府在老年教育投入上的力不从心，多年来，我国老年教育在实践中一直采取了多元主体共同承担的模式。无论是老年教育的资金提供主体还是实际运营主体，都包括政府、市场和社会三方面的力量。作为实际运营主体，政府力量具体包括各级政府或是民政、老龄、教育、老干部局等政府部门；市场力量主要是指企业或个人；社会力量主要包括基金会、社会组织、民办非企业、高校等。对于某个具体的老年教育机构而言，其资金提供主体和实际运营主体可能一致，也可能不一致。由政府实际运营的老年教育机构，其资金主要由政府财政经费供给，例如各地由政府主办、被纳入财政预算的老年大学。另外也有很多由政府部门运营的老年大学或学校由于未被纳入财政预算而缺乏稳定的资金来源，但其面临资金不足时仍是通过向政府申请财政资金来解决。由企业或个人实际运营的老年教育机构，其资金主要通过市场机制获得。例如一些由大型企业、个人创办的老年大学，在有些省（市），由企业或个人实际运营的老年教育机构能够获得政府给予的一些补贴。由基金会、社会组织或高校运营的老年教育机构，其主要资金来源一般是政府购买服务、企业捐助、个人捐助等。此外，根据教学成本适当收取的学费也是其资金来源的一部分。

尽管我国老年教育多元供给模式发展了很多年，但由于社会上对发展老年教育的必要性认识不足，对发展老年教育的管理制度、共治模式等均缺乏深入研究，故市场和社会的积极性还未被充分调动起来。在老年教育资金供给中发挥重要基础性作用的仍然是政府力量。从市场力量和社会力量支持老年教育发展的情况来看，无论是在创办老年教育机构方面，还是在资助政府主办的老年教育机构方面，企业或银行等市场力量以及高校、基金会、社会组织、民办非企业等社会力量都没有表现出很高的积极性，在资金投入上所占份额非常小，所能发挥的作用十分有限。

老年教育的财政性短缺，还表现为缺乏财政资金的长效投入机制。目前老年教育机构虽然大多由政府部门主办，但只有小部分被纳入了财政预算，需要资金时只能临时向政府申请财政资金，而申请的资金是否能够足额拨付往往也并不确定，在很大程度上取决于相关领导的重视程度。缺乏资金使得很多老年教育机构只能尽可能压缩成本。现有的老年学校普遍存在着办学规模不大、办学场地不够、办学条件简陋、硬件设施不完善、师资力量薄弱等问题，其后果必然是教育服务质量的降低。

数据资料显示，目前区县的老年大学，财政每年拨付的办学经费，最少的区县是 1 万元，根本无法满足最基本的日常办学的需求。同时，政府在老年学校建设上的经费投入也明显不足，一些老年大学经费缺乏，只能依靠募集资金以及学员交纳的学费办学勉强支撑，但这无疑是杯水车薪。如四川省广安市广安区老年大学从 1991 年开始，老年学员的学费为 35 元/学期，直到 2018 年才上调学费至 40 元/学期。

7.1.3　体制性短缺

所谓体制性短缺，是指在计划经济体制下形成的办学体制和投资体制，造成单一的办学主体和投资主体（政府），限制了非政府渠道的资源投入。其结果，一方面政府投入越来越不能满足日益增长的教育需求；另一方面非政府的教育资源难以进入教育市场，加剧了教育资源短缺的程度。我国长期以来沿袭与计划经济同步的单一公办教育体制，政府承担了（主要是城市）教育的几乎全部经费（包括高校学生的一部分生活费用），随着教育普及程度的提高和教育规模的扩大，有限的政府教育投入越发难以满足继续教育的需求，更是进一步挤占了老年教育的经费投入。

既然体制性短缺的根源是办学主体和投资主体的过于单一，那么改变体制性短缺的出路就在于深化教育体制改革，尤其是改革单一的政府投资的体制，在政府宏观调控下，加大社会力量的参与程度。具体地说，政府要改变作为教育资源供给的唯一主体的角色，通过财政补贴、税收优惠、制度支持等手段，创造良好的市场主体、社会力量参与的环境，积极吸纳市场、社会力量的进入，充分利用市场机制，调节教育资源供求关系，增加教育资源的市场性、社会性供给，实现教育资源供求的动态均衡。

7.1.4　结构性短缺

我国老年教育的结构性短缺，与我国地区发展不均衡和长期以来的二元经济社会结构有关，主要体现为教育资源地区布局失衡和教育城乡发展失衡两个层面。

1. 地区布局失衡

从地区分布来看，我国东、中、西部地区老年教育发展严重失衡。由于社区老年教育、居家老年教育等老年教育形式过于分散，难以统计，此处仅以老年大学为例。据中国老年大学协会 2010 年统计，老年学校数量最多的华东区占全国老年学校总数的 66.2%，数量最少的西北区仅占 2.1%。下面分别从经济发达地区、中等发达地区、经济欠发达地区来考量我国老年教育发展的地区布局失衡情况，详情见表 7 - 1。

表 7 - 1　　　　　　　　　老年大学的地区布局情况

	经济发达地区	中等发达地区	经济欠发达地区
教学面积（平方米）	4800	5000	7800
学员人数（人）	10072	8500	4148
课程专业（门）	101	87	32
班级数量（个）	305	147	104
专兼职教师总数（人）	118	100	80
远程教学体系是否完善	完善	不完善	不完善

注：表中所列数字，仅展示了当地代表性老年大学，如经济发达地区以上海市老年大学为例，中等发达地区以长春市老年大学为例，经济欠发达地区以贵阳市老年大学为例。

资料来源：根据上海老年大学网站、长春市老年大学网站、贵阳市老年大学网站汇编整理。

首先，在经济发达地区，老年教育资源供给充足，覆盖面较高。以广东省为例，目前全省共有老年教育机构 192 个，其中 2019 年新设立 42 个，同比增长 28%；上海老年大学创建于 1985 年，是上海市教育委员会的直属单位，目前校舍面积达 4800 平方米，其中包括 21 间专用教室和 11 间普通教室供老年人学习。师资方面，上海老年大学师资力量雄厚，拥有大专及以上学历的占教师总数的 85% 以上。课程方面，上海老年大学的课程开设的较多，学校设有书面、外语、钢琴、计算机、文史、保健、家政、文艺、器乐等 9 个系，共计 101 门课程，学员近一万人次。同时，上海老年远程大学是一所"立足于现代信息技术、没有围墙的"新型学校。它整合各类资源，通过网络、电视、广播等各种途径供老人们在家学习，同时聘请专家为老人们网上传授知识，解答疑问，可谓全国首创。上海老年远程大学在各个社区、街道、村镇设立收视点，覆盖面广泛且深入。据统计，截止到 2012 年底，据统计，上海远程老年大学在上海市已有 4957 个学习收视点，覆盖了全市 90.4% 的乡村及社区，注册参加老年远程学习的学员已达 35.3 万人。

其次，在中等发达地区，老年教育资源供给相对充足，基本能够满足老年人的教育需求。以吉林省为例，长春市老年大学是吉林省省会城市老年大学，学校秉承"快乐式教学、民主化管理、亲情式服务、前瞻性科研"的办学原则，通过在学科设置和教学层次等方面不断地创新，现如今已设立了 87 个专业，其中包括很多老年人喜爱的新专业，例如，书法、声乐、舞蹈、数码钢琴、烹饪、计算机等，拥有 147 个班级，专兼职教师近百人，配套设施完善。学校经常邀请省市知名专家来校指导，为老年人答疑解惑。长春市老年大学有自己的校报、校刊供学员阅读，成立书画研究会、诗社等各类学员社团，并设有老干部党校和大学艺术团。现在校学员 8500 多人，先后有 2 万多名学员学成毕业。截至 2017 年，吉林省各级老年大学共有 325 所，其中省级老年大学 2 所，市地级老年大学 8 所，县级老年大学 46 所，街道社区和乡镇村屯学校 259 所①。在农村老年活动室内包括阅览室，内有各类老年杂志、报纸，方便老年人阅读，学习知识，接受教育。但是，开放性远程教育的建设还相对落后，目前仅吉林省老干部大学网站开设了网上课堂，仅有一些文章供老年人自主查询与学习，没有音频和视频这些比较便利的学习资料，学校也没有统一的远程教育的管理。

再次，在经济欠发达地区，老年教育资源供给相对匮乏，难以满足老年人的教育需求。以贵州省为例，贵州省目前共建各级各类老年大学（学校）1197 所，其中乡镇老年学校四百余所，学员达到 11 万余人，仅约占全省老年人口总数的 2.1%。贵阳市老年大学是贵州省省会城市老年大学，课程设置丰富，虽然参与人数较多，但覆盖面仍十分有限。学校开设有古典文学、英语、书法、中医推拿、舞蹈、声乐等 29 门学科，拥有 100 多个班级，4000 多位学员，专兼职教师 50 多名，教学面积 7800 平方米。学校秉承"增长知识、丰富生活、陶冶情操、促进健康、服务社会"的办学宗旨，服务于老年群体，学校编印了新版《贵

---

① 朱宝生、刘爽：《吉林省老年教育现状及发展建议》，载于《现代教育科学》2019 年第 2 期，第 18 页。

阳市老年大学教学大纲》（试行）和《贵阳市老年大学教学计划》，供各学科教师使用，为老年教育走向规范化、正规化提供了保障。贵阳市老年大学从 2009 年开始，编印面向全国进行交流的刊物《老年教育》，供老年人阅读和学习。在农村地区，虽设有 400 余所老年学校，但一般没有自己的场地，办学经费较少，学校往往力不从心。目前，贵州省在大力建设开放性远程农村教育网站和其他内容，但没有直接面对老年学校或老年教育的网站，辐射功能有限。

2. 城乡发展失衡

在我国经济社会城乡二元结构的作用下，城乡老年教育也面临二元结构发展问题，老年教育城乡发展严重失衡。首先，从经费投入来看，对于城市老年学校，由政府财政拨款加学生学费基本可以满足学校的正常运转，而在农村老年学校，经费及学费却较为短缺，教学基础设施也十分薄弱。其次，从师资水平来看，农村老年学校教师学历不高，城市老年学校的教师教育水平要远高于农村老年学校。因此，城市老年大学一般都有可靠的经济来源，由政府拨款，配有健全的领导班子，水平较高的教师队伍，必要的硬件设施，比如有适合学习的教室、各类教学器材、教具和多媒体教学设备等；而社区和街道老年学校资金有限，一般都是利用现有条件，勤俭办学，存在资源严重不足的状况；受农村经济、文化的限制，农村的一些老年学校举步维艰，现有的农村老年学校的体系在一定程度上难以满足老年学员的受教育需求，农村老年人的入学机会仍远低于城市老年人。因此要解决全国老年教育问题，城乡差异是不可忽视的一部分。

7.2　我国老年教育管理制度中存在的问题

历经多年发展，我国老年教育管理制度获得了长足发展，已从早期的社会福利服务体系逐渐演进到现代的终身教育管理体系，覆盖广泛、灵活多样、特色鲜明、规范有序的老年教育新格局基本形成。但是，我国老年教育管理制度还存在诸多问题，主要体现在协同治理领域，包括协同治理要素问题、协同治理制度体系问题和政策执行过程中存在的问题。

7.2.1　协同治理的要素问题

协同治理四要素包括治理目标、治理主体、治理机制与治理评估。老年教育管理制度问题的核心就是四要素本身存在问题。

1. 治理目标不明确

国际社会对老年群体的认识，大致经历了一个从将其视为弱势的、被救济的社会边缘群体逐渐转向被认为是自由的、睿智的、具有独特作用与潜在功能的社会活跃群体的过程。国外学者一般用"积极老龄化""生产老龄化""成功老龄化"理念进行相关研究，强调老年教育的积极介入。

与西方发达国家的老年教育相比，我国对老年教育的认识还停留在传统阶段，即将老年教育看作是消费型、娱乐型、福利型或被服务型的"消极"层面，忽略了老年人作为人力资源所积累的丰富知识和经验。这一理念反映在制度层面的"消极"性思维，难以应对日益严峻的老龄化问题。如何从协同治理的视角出发，通过转换思路及构建和完善适应老龄社会的教育制度体系，同时通过发挥教育多元主体因素的作用，把"消极"转成"积极"、把"老化"提升为"优化"，无疑已经成为一个重要的社会命题。不同的思维视角会产生不同的结果，如果从老年人的"脆弱性"角度来看，结论就是消极的，而如果从它的"潜在性"层面去观察，就可能得出积极的判断。比如，日本政府把老年人安置在最适合他们工作的场所，把福利与教育紧密地结合在一起，由此开创了一个"积极老龄化"的先河。①

我国目前相关政策缺乏明确、统一的"积极性"老年教育发展理念。比如，1999 年教育部门发布相关政策，将老年教育纳入到终身教育体系中，强调把提高人的素质作为老年教育的重要目标和宗旨。同年，老龄委发布的政策又将文化部确定为老年教育的指导和管理部门，把老年教育发展定位于丰富老年人的文化生活。2016 年《老年教育发展规划（2016～2020 年)》（以下简称《规划》）更加重视城乡老年教育均等化。2019 年印发的《教育现代化 2035》把构建服务全民的终身

---

① 吴遵民、邓璐、黄家乐：《从"老化"到"优化"——新时代老年教育的新思考与新路径》，载于《现代远距离教育》2019 年第 4 期，第 5 页。

学习体系作为教育现代化的十大战略任务之一。由此可见，老年教育的发展理念和目标不够明确，老年教育发展定位不够清晰。

2. 治理主体缺乏协同

我国目前由多个部门共同发展老年教育，缺乏有力的统筹，还没有形成多部门协同治理的格局。具体问题表现在以下方面。

（1）部门职责不清晰，资源浪费严重。

从政策制定主体来看，我国老年教育政策相关发布机关主要有中共中央、国务院、全国老龄委、教育部、民政部、文化部，以及多部门联合发文等。中共中央、国务院主要从国家层面对老龄事业进行宏观部署；全国老龄工作委员会主要负责老龄工作相关部门的协调与沟通；教育部、民政部、文化部等分别从教育、社会保障、文化发展等方面保障和推动老年教育。可以看到，从宏观战略到具体规划，层级分明，对老年教育的发展起到了很大的推进作用。但是，由于规定部门较多，缺乏统一规范的顶层设计，相关资源也很难整合，一定程度上造成了部门职责不清、相互推诿、资源浪费的现象。

（2）政府定位不准确，教育缺乏活力。

在我国老年教育的发展过程中，政府"缺位"与"越位"现象并存。政府定位不准确，政府做得不够，就会使老年教育缺乏动力；做得过多，就会使老年教育缺乏活力。

参照老年教育发展较为迅速的天津市专门制定的《天津市老年人教育条例》，我们就可发现老年教育的组织实施特点[①]：

一是各级政府负责老年教育规划。第四条"各级人民政府负责本行政区老年人教育工作"。老年人教育工作应当纳入本行政区社会和教育发展计划。各级人民政府组织有关部门做好本行政区老年人教育的统一规划、监督指导和协调等工作。各级人民政府应当统筹本行政区的教育、文化、体育等资源，积极发展老年人学校。市和区、县人民政府应当办好示范性的老年人学校。

二是教育部门规范和管理老年学校，老龄委负责协调文化、体育、民政、卫生等部门按照各自职责开展工作。第五条"文化、体育等部门应当

---

① 王英：《中国社区老年教育研究》，南开大学博士学位论文，2009 年，第 82 页。

把开展老年人文化、体育等教育活动纳入工作计划，负责规范和管理各种形式的老年人文化、体育等教育活动"。教育部门应当把老年人学校教育纳入终身教育体系，依照有关法律、法规的规定，规范和管理各级各类老年人学校教育。老龄工作委员会办公室负责老年人教育的协调服务工作。民政、卫生、财政、物价等部门，按照各自的职责，做好老年人教育工作。

三是各街道、乡、镇及居民委员会、村民委员会设立老年学校，开展老年教育活动。第六条"老年人教育工作的重点在社区、在基层"。各级有条件的居民委员会、村民委员会应当有老年人学校。各街道、乡、镇及居民委员会、村民委员会应当举办各种形式的老年人文化、体育等教育活动。

四是其他社会性机构和个人是老年教育的重要参与者。第七条"老年人教育是全社会的事业"。各级国家机关，社会团体、企业事业组织、公民个人都应当关心、支持老年人教育事业。广播，电视、互联网等单位应当充分利用现代传媒设施，积极开展多种形式的老年人教育。鼓励非政府组织和个人举办各类老年人学校或者其他形式的老年人教育活动。

由以上内容可见，老年教育的组织实施是"政府部门规划—教育部门管理—基层社区具体执行"的体制，这种层级制的运行凸现出行政主导的特点。尽管自上而下的行政推进有助于老年教育的快速发展，但也使得老年教育缺少自治、自主和自助的活力，老年人的教育需求容易与供给脱节，目标难以有效实现。另外，各种社会组织、机构和个人也缺少参与老年教育的渠道和途径，教育资源缺乏整合，多元参与机制不能有效建立，从而影响了老年教育的长效发展。

3. 治理机制不完善

从调研的老年教育主管部门的情况来看，我国各省市老年大学的主管部门不统一，呈现归口较多的状态，即使同一省市，各地市的做法也不尽相同。比如，四川省市一级老年大学主要归口管理单位为市委老干部局、民政局以及组织部。绵阳、泸州、广元、遂宁、资阳、雅安、达州、内江、广安、凉山州等大部分市级老年大学由市民政局管理；成都、宜宾、自贡等老年大学由市委老干部局主管；甘孜藏族自治州老年大学由州委老干部局管理；南充市老年大学由南充市组织部管理。同时，各市内各区县老年大学的主要管理部门也存在复杂属性，如达州开江县老年大学主管部门为县民政局，而达州万源市老年大学主管部门则是万源市老干部局。

除此之外，由教育部门主管，依托广播电视大学挂牌的社区大学（学院）、社区学习点也承担了大量的老年教育工作。同时，还有老干部局、民政、体育、社会福利等部门主管的各类老年人活动中心，以及老年人自发组织形成的老年教育协会，都是老年教育机构的组成部门。

各个部门、各类组织参与到老年教育机构中，对于老年教育事业的发展必将起到积极的作用，但管理机构过多，部门和部门之间缺乏沟通衔接，容易导致职能界定不清、管理呈现无序的状态。

"多龙治水"的管理体制，造成了行政管理不统一，主管部门各自为政，不同地区之间、同一地区的上下级之间管理体制和机制差别很大，管理方向不明，制度安排存在缺陷，权责不清，界定不准等问题。

4. 治理评价机制缺失

老年教育治理评价机制的构建在宏观层面涉及国家、省市、区县的多部委、多部门、多系统，主要从外部通过相关法律法规、方针政策、战略决策、发展规划、质量标准、督导评估、财政投入，对老年教育办学质量产生直接或间接的影响和制约。宏观层面的老年教育质量管理，从系统的、整体的、全局的角度把握老年教育的办学质量，优化老年教育发展的社会环境，优化老年教育质量的整体提升，优化老年教育效益的基本保证，呈现老年教育价值和体现老龄群体福祉。我国目前关于老年教育的评价制度由《老年大学教学质量监控与评价信息化实施方案》《老年大学课程标准框架》《老年大学办学质量评价标准》《老年大学自我评价实施方案》等组成。但是，我国目前老年教育治理评价仅仅限定在政府主办的老年大学教学质量这个维度，而缺失资金投入、土地使用、评价主体、评价内容和其他非老年大学等老年教育机构等的宏观评价标准，老年教育协同治理的评价机制缺失。

7.2.2　协同治理的制度体系问题

老年教育协同治理制度体系问题是协同治理的核心问题，影响老年教育治理体系与治理能力现代化发展。下面从土地制度、融资制度和人力资本制度三个方面来阐释老年教育协同制度体系的缺陷与障碍。

1. 老年教育用地制度不完善

当前我国老年教育用地究竟是分属于教育用地还是养老服务用地，归属仍不明确。如果属于养老服务用地，我国房地产市场在近些年发展迅猛，地价和房价上涨的幅度较大，目前营利性商业养老项目用地基本都是国有出让土地，因为城市中并没有"养老服务用地"或"老年教育用地"这一土地用途，如果把"老年教育用地"放在"养老服务用地"中，获得的方式主要是通过招拍挂取得，导致用地成本非常高，极大增加了老年教育企业的负担，因此老年教育产业用地制度亟待创新与重构。

2. 资金长效保障机制未建立

老年教育的运作经费采取了政府、社会、个人多渠道的筹集方式。一是基层政府的资金拨付；二是非政府、社会组织和个人的捐资办学、助学；三是老年人自己缴纳学费。虽然经费来源的渠道多元化，但并未形成长效的投入保障机制，老年教育资金投入缺乏可持续性和长效性。

（1）财政划拨制度问题。

财政划拨是指政府将资金无偿给具有特定性质的企业使用，特定性质一般指企业从事社会公共事业。目前，我国对老龄产业的财政投入主要集中在养老服务项目上，而忽视了老年教育。比如近年来中央政府从财政收入以及福利彩票收入中抽调了大量资金投入到社会养老试点建设项目之中。2008 年民政部和发改委分别投入 2 亿元支持社区养老服务发展；2011 年国务院颁布《社会养老服务体系规划》，要求民政部将每年彩票收入的一半投入到养老服务体系的建设中；2012 年国家投入 31 亿元用于养老服务体系的试点项目建设；2013 年中央决定自 2013 年开始每年安排 30 亿元连续三年着力支持养老服务体系建设。在政府直接投入之外，各个地方政府对于养老服务产业同样有相应的补贴和优惠措施，比如天津、上海、四川对非营利性养老服务机构在水、电、气的使用上采取了补贴措施。2019 年，山东省将不低于 55% 的彩票公益基金用于发展养老服务。[①]

---

① 许琳、向斌、何红：《提升品质：推动老龄事业全面协调可持续发展——基于对四川省老年教育发展现状的调研》，载于《天津电大学报》2019 年第 3 期，第 41 页。

政府在老年教育的资金支持上扮演着最重要的角色，既承担了老年教育建设成本，同时还为老年人提供基本教育服务。但是，对老年教育的财政拨付制度却不甚明了。地方经济发展水平、政府领导的重视程度、非政府组织或社会机构的发展状况、个人的收入水平、老年人的教育支付能力都是影响和制约社区老年教育发展的因素。

在对教育服务产业支持的中央预算和地方预算并没有一个明确的分担比例，区域性的差别支持政策也未出台，对于农村地区与城市地区、发达地区与欠发达地区的支持力度是否不同以及应如何安排，相关部门还没有详细的政策。实地调查发现，相当一部分老年大学资金缺乏，运作经费缺乏有效的保障。一是政府投资主要用于老年学校建设，对于老年人自发性的学习兴趣小组等多元教学模式的培育与激励，教学调研与规划、师资培训等教育环境的改善均没有明确的资金支持。二是针对非政府组织、社会机构和个人办学、助学没有相应的激励措施。

（2）民间融资制度问题。

融资难问题不仅存在于老年教育行业，也普遍存在于老年产业相关的许多其他行业。民政部在 2012 年发布了《关于鼓励和引导民间资本进入养老服务领域的实施意见》，发改委于 2014 年出台了《关于开展政府和社会资本合作的指导意见》，商务部 2014 年发布的《关于外商投资设立营利性养老机构有关事项的公告》，民政部等部门于 2015 年联合发布《鼓励民间资本参与养老服务业发展政策意见》。以上这些政策和措施为我国养老服务产业创新融资模式和融资制度指明了方向，但是对于具体操作程序、社会资本的进入和退出机制还缺乏相应的规范。其实我国相关金融机构并不缺乏资金，缺乏的是健全的资金管理机制，成熟的资本市场和有效的融资制度以及对于资金流向的合理指导。因此，目前我国老年教育产业融资制度需要结合融资模式的创新进行重构。

3. 老年教育人力资本制度不健全

教育部于 2014 年发布了《关于加快推进养老服务业人才培养的意见》，目标是建立有效的人才培育机制和人才激励机制，通过不断吸引人才、留住人才并发挥人才的巨大作用。但是，我国老年教育人力资本制度仍存在较大缺陷。

第一，人力资本培养制度不符合社会需求。随着我国人口老龄化的进程加快，新一批中年人逐步进入老年群体，具有新知识、有文化、具备经济实力的"新"中年人今后对于老年教育从业者沟通能力和精神慰藉方面将会提出更高的要求，养教服务市场处于不断变化中。从社会培养上看，主管部门没有真正认识到社会的需求，并据此设置相对应的培养制度，对于人才需求的变化也并未考虑。人才培养支持政策评价体系还未形成。专门的老年教育人才职称评价体系还未建立，老年教育从业人员职业化发展道路也未确立。这些不足对于老年教育的人力资本建设阻碍作用巨大。

第二，老年教育人才流动制度不完善。老年教育人才流动包括产业内部不同企业之间的人才流动、老年教育产业与其他相关产业的人才流动和人才跨区域流动。缺乏有效的老年教育人才流动制度主要表现为：人才市场主体主观能动性难以充分发挥。我国老年教育有一部分属于事业编制，受到计划编制约束，不容易利用人才市场吸引人才，因此出现老年教育企业和老年教育事业单位的人才不能够很好的流动，很多在老年教育企业中经验丰富的人才因为体制原因进入不了老年教育机构。

7.2.3　老年教育政策执行问题

政策执行是通过一定的方法，综合运用各种手段，为了实现政策目标而采取特定行为模式的过程，是将一种观念形态的政策方案付诸实施的一系列政策活动。这些行为包括两方面内容：一是将决策转化为可以操作的过程；二是按照决策所确定的目标而进行的努力[①]。在以政府为主导的管理模式下，老年教育政策执行过程的成败，决定了最终供给的质量。当前，我国老年教育政策执行存在着政策执行资源不足、政策执行效率不高、政策执行贯彻不到位、政策执行落实不平衡等问题。

1. 政策执行资源不足

（1）政策的合理性问题。

政策是否完善直接影响后期政策的执行成效。应该对现阶段老年教育的发展情况进行仔细调查研究，再科学审慎地根据老年人的需求、

---

① 陆雄文：《管理学大辞典》，上海辞书出版社 2013 年版，第 23 页。

老年教育的发展规律来合理制定政策目标。需要及时根据老年教育发展的新形势、新问题对老年教育政策做出调整。比如曾有学者以江西省南昌市办学经费的标准举例，学者在研究中发现，按照以师资费用、人员经费、教学设备维护、教学场地运行、教学成果展示等费用合计总金额，除以招生人数计算生均费用的方式，计算得出的各级老年大学办学每年生均成本达 400～550 元。而这个标准与之前创评"省级示范校"提出的市级"省级示范校"生均 200 元的标准，县（区）级"省级示范校"生均 150 元的标准之间差距较大①。如果按照之前制定的市、县（区）老年大学办学生均标准，已经不能够满足老年大学的办学需要。

（2）政策的具体性问题。

政策内容的明确程度、精准程度就是政策具体性的表现，直接影响政策执行的结果。政策的具体程度不同，会导致不同的执行效果。某些地区出台的意见，内容较为宽泛、宏观，缺乏精细化的量化要求和操作细则，使政策具有较大的自由性和模糊性。在具体的执行过程中缺乏一个准绳，给基层的政策执行者带来了困难，很难把握自由裁量的度，政策的执行完全靠执政者的主观意识。有些地方可能不重视老年教育工作，不对政策的内容进行仔细研究，只片面性地对政策进行选择执行，结果会带来政策执行过程中的诸多弊端。

（3）政策的可行性问题。

政策的可行性也是一个问题。调查发现，基层的老年学校或支持老年教育建设的社会力量参与政策制定的机会比较匮乏。这种决策主体的单一性，容易造成在政策执行过程中产生价值冲突，削弱政策实施的效果。

2. 政策执行效率不高

（1）无人管理与管理过多的现象并存。

老年教育包括两层含义，即"老年"和"教育"，因而在老年教育管理权责方面就出现两种情况。一种是把重点放在"老年"上，把老年教育纳入老龄工作，由老龄委、老干部部门或民政部门管理，如西

---

① 薛晓：《中国养老服务产业制度变迁、缺陷与重构》，西南财经大学博士学位论文，2009 年，第 34 页。

安、北京的社区老年教育由各个单位的老干部局负责；另一种是把重点放在"教育"上，由教育部门或者文化部门管理，比如上海的老年教育就由教委负责；此外，有的街道还与社区内企业、学校、医院联合办学，通过共建学校开展老年教育。尽管上述部门对于老年教育的发展发挥了重要作用，但由于没有统一归口，缺乏统筹协调，造成目前我国老年教育管理政出多门、交叉管理、权责混乱、相互推诿等诸多问题。从各部门的实际管理情况看，由老龄委组织实施社区老年教育最大的制约在于缺乏完备的资金保障；由教育部门组织实施社区老年教育的突出弊端在于专注正规教育和义务教育的发展，对非正规教育和老年教育的支持不足；由区行政领导负责组织管理尽管能够实现社区老年教育的快速发展，但由于专业性不足，制约了老年人和准老年人多样性教育需求的满足和赋权增能目标的实现。此外，在基层，老年教育往往分属于若干个部门或科室同时管理。比如在调查的甘肃省兰州市安宁西路街道与老年教育有关的部门有三个：负责老龄工作的民政居民科、负责对辖区内退休人员社会化管理的社会保障事务所和负责社区教育工作的社区管理工作办公室。各个居委会的老年事务管理工作基本上也仿照街道的形式开展。由几个职能不同的科室同时管理容易导致各部门分头开展老年教育，整个过程缺乏整合和协调，无人管理与管理过多的现象同时并存。

（2）体系内部资源分散。

当前不同主体的老年教育发展如火如荼，老干部系统、文化系统、教育系统、国家开放大学系统、养老地产、大型养老机构等系统都开办老年教育。不同老年教育办学主体管理部门不同且各有优势，但是在教育设施与设备、师资力量等软硬件资源上，缺少统筹和共享利用，资源分散，难以形成合力，降低了资源使用效率。

（3）政策的权威性和强制性不足。

由于缺乏统一的顶层法律规定，老年教育政策在实践中权威性和强制性不足的缺点突出。老年教育的管理体制本就纷繁复杂，作为管理主体的老干部局、老龄委或是专门成立的老年教育工作委员会作为现阶段的政策执行领导机构，普遍缺乏权威性。其在推进老年教育发展过程中也存在效率低、强制性不足的情况，导致老年教育执行中效率不高。

3. 政策贯彻不到位

执行机构在政策执行中发挥着重要作用，执行者的主观意识对推动或阻碍政策执行有决定作用。执行者对政策的态度、对政策精神的领悟程度、执行的方法等都影响着政策执行的效果。以聊城市为例，在聊城市老年教育的政策执行过程中，执行机构影响执行效果表现为：

一是执行机构受利益因素影响。老年教育工作是一项公益性事业，并不能马上产生实际的效应成为形象工程。在政策执行过程中，下级机构往往是根据对自身的损益情况作出执行反应。根据现行的考核标准，经济的考核占比较大，政府领导更愿意将资源投入到有利于考核结果的能够促进经济提高的产业上去。由于老年教育事业周期性很长，投入很多，所以地方政府在考虑发展规划时未给予高度重视。在解决制约老年教育发展的供给上，行动力不足，导致老年教育的政策执行很难得到高效率的落实。

二是执行机构缺乏执行力。各级老年大学政策的执行往往是在各级老干部局的指导下开展工作的。但是由于老干部局的工作职能范围有限，并不能很好地解决老年教育资源发展的问题。现在各级政府都建立了老年教育工作委员会，由各级老年大学作为办公室承担委员会沟通协调的责任。但在实际的政策执行过程中，老年大学作为一个教育机构，在协调老年教育政策执行过程中缺乏应有的权威性。如果承担协调沟通工作的机构具有较大的权威性，就能有效降低沟通成本、并有监督约束的作用。

三是执行机构间沟通不够。各机构、组织需要通过沟通对执行目标达成一致的认识和理解。老年教育作为一个涉及范围广的民生工作，既属于教育事业，也属于老龄事业。在具体的贯彻实施中会涉及到众多机构的分工合作，在沟通不畅的情况下难免会产生职责不清或其他的工作矛盾。如果缺乏有效的沟通，就会使老年教育政策无法顺利地贯彻执行。

政策执行贯彻不到位，导致政策实施效果与政策制定目标之间存在很大差距。以聊城市为例，差距主要体现在以下几个方面：

首先，财政投入不足，不能满足老年教育的发展需求。目前政府每年在经费投入上不断增长，但仅能保障市级及大部分县（区）级老年

149

大学的办学运转。大部分县（区）的街道、乡镇并没有落实街道、乡镇老年学校的所需经费，单纯靠低廉的学费难以承担老年教育机构的办学成本。

其次，教师队伍不稳定。举办老年教育需要有稳定的教师队伍，现在老年教育的专职教师少之又少，大部分为兼职。由于缺乏稳定的教师队伍，导致教学及活动难以持续开展。尤其是基层老年教育，分别由志愿者队伍和聘请兼职教师来开展社区老年教育活动。没有专职老师，缺乏专业的师资队伍帮助和支持社区老年居民的学习，满足不了社区老年居民多样化的需求。

最后，参与支持的公共资源不足。尽管国务院和省政府出台的文件都强调了要发动社会力量、实现资源共享，但目前还仅是流于表面，还未落到实处。目前更多的是党委、政府利用社区基层党建的活动场所、社区活动场地、农村的祠堂、乡镇中心小学开展基层办学。但是，有能力有条件的企事业单位，初、高中、大中专院校等宝贵资源在周末、公共假日、寒暑假等期间大量闲置，应把相关资源充分利用，相关部门进行协调匹配。但目前这方面的资源并没有充分利用，对社会资源的利用还是不够充分。

4. 政策执行落实不平衡

政策执行资源不足、政策执行效率低下、政策贯彻难以到位等，最终会体现在政策执行的落实层面。上述问题，导致了我国老年教育政策落实存在城乡不平衡、区域不平衡和内部层级发展不均衡等后果。

（1）城乡不平衡。

制度分析理论提出，好的社会形态能够很好地协调个人和社会之间的利益关系。如果一种社会形态能够在达成个人利益的同时有益于社会公共利益，这种社会形态将能够长久存在。但是，我国老年教育存在巨大的城乡差异，落后的农村老年教育建设，忽视了农村老年人的教育需求，既无法满足农村老年人口日益增长的个体教育需求，又进一步降低了社会整体公共利益的满足程度。

现实中，一方面我国老年人中农村人口居多，对老年教育知之甚少，参与老年教育活动的积极性不高。另一方面，我国城市老年教育却存在着部分老年人对老年教育产品的过度消耗，导致一定程度上的资源浪费及学位资源竞争激烈的情况。老年教育是准公共物品，对老年人的收费很低，有的老年人因为不在意学费费用，盲目报班，挤占了其他老年人的学习机会。但由于学习是自由宽松的，在学习过程中，由于个人原因往往无法保证出勤率。所以现实中出现许多老人入不了学，入了学的老人又浪费资源的情况。农村老年教育的严重不足和城市老年教育的局部过度消耗并存，最终损耗的是社会整体的公共利益。

（2）区域不平衡。

从老年教育政策发展的经验来看，经济投入与老年教育的发展成正相关。老年教育的经费投入不足一直制约着老年教育的发展。尽管在政策中提出了要将基层老年教育经费列入乡镇（街道）预算，但是实际执行效果不佳。老年教育办学经费主要还是来源于地方财政的投入，落后的地区经济发展缓慢，给予老年教育的经费更加有限，经费短缺的矛盾更加突出。

政策发展受传播路径的影响，传播路径的不畅，会进一步加剧政策落实的区域不均衡。从自下而上传播路径来看，由于老年教育政策的宣传及覆盖面都有限，目前社会对老年教育政策的了解渠道较窄，社会对老年教育政策的关注度有限，尤其是目标群体的诉求反应渠道有限，使政策没法及时灵活地进行修改，不利于建构良好的老年教育政策执行的社会舆论氛围。从自上而下传播路径来看，以山东省聊城市为例，老年教育政策由上级制定并向下级传达，宣传方式是自上而下进行。由于政府层级链条过长，有可能在政策传达到执行中的利益各方时已经信息失真或走形，背离了政策的初始目标。

（3）内部层级发展不均衡。

老年教育行政管理部门众多，地方政府、教育、民政、文化、老龄部门多头管理，不同部门责权利不明确，管理协调难。虽然《规划》确定了"党委领导、政府统筹、多部门配合"的管理体制，但在老年教育实践中很多地区没有完全理顺和落实这一管理体制，老年教育的发展多依靠"面子"得到支持。导致高层次老年教育发展充分，低层次如社区、农村居委会老年教育发展缓慢，政策执行效率低下。[①]

[①]　张少芳：《老年教育体系构建的原则、影响因素及路径选择》，载于《成人教育》2019年第8期，第41页。

7.3 我国老年教育存在问题的原因分析

我国老年教育存在的诸多问题，与文化传统、法制环境、市场环境、制度支持等有极大关系，而这些又都是与经济社会发展阶段有密切关联。因此，要想快速推动老年教育的发展，提高老年群体的福祉，首要的任务是大力发展生产力，促进经济社会的高质量发展，在此基础之上，更新社会理念、完善法制环境、规范市场秩序、完善体制机制。

7.3.1 对老年教育认识不到位

理念决定方向，原则决定行为。我国老年教育发展滞后，首要原因在于发展理念的落后，当前政府对老年教育重要性的认知不足，发展老年教育的原则也相对模糊。

1. 政府对老年教育的重要性认识不足

不可否认，老年教育事业发展顺利与否与政府重视程度有着直接关系。我国正处于经济社会发展和人口结构转型期的关键时期，老年教育已经到了必须要在政策法规建立、体制机制确立、教育资源投入等方面进行全面推进的关键时期。只有政府重视，才能建立老年教育投入和管理长效保障机制，调动社会力量参与的积极性，有效引导公共资源和社会资源向这一领域的投入，确保在全社会形成理解、重视、支持、参与老年教育的有利环境氛围。

但是在实际工作中，相当一部分参与老年教育工作的政府部门及其领导和工作人员对老年教育事业一直存在着思想上的误区：认为老年人从工作岗位上退下来对经济发展已经失去了效用，对社会发展是一个拖累；办老年大学还要从财力、物力、人力等方面投入，是社会发展的"累赘"；认为在我国基层，特别是农村经济尚未高度发达、教育资源还比较紧缺、基础教育和职业教育还很薄弱的情况下，不宜大力发展老年教育。这些错误思想折射到行政行为上，就会出现各种各样的行政不作为。例如，相关法律法规建设滞后、老年教育中长期规划空白、对社会办学力量缺乏鼓励引导、财政投入保障机制未建立、科学高效的行政管理体系尚未建立，部门间相互推诿扯皮现象十分严重等，从而直接或间接制约了我国老年教育的健康持续发展。

2. 发展老年教育的原则模糊

以什么样的原则发展老年教育也就是回答如何配置老年教育资源的问题。如果仅从经济的角度看资源配置问题，需要考虑利润最大化或者利益最大化原则，但这一原则显然不能适用老年教育。老年教育处于一个非常复杂的交叉领域，具有多元的资源配置原则。

不同的发展原则对老年教育的资源配置过程会产生不同的影响。权利原则要求老年教育的实施必须有较为完善的法律制度环境；福利原则要求政府对老年教育进行公共支出；终身教育原则要求教育体系的平等和开放；社会参与原则强调整个社会资源对于老年人的支持；自我完善原则表明老年人本身资源的开发和利用。这些原则的主旨仍然只是把老年人作为社会被照顾对象，忽视了老年人所具有的能动性和创造性。老年人不仅是社会发展的受益者，更是社会发展的参与者。正如国际老龄问题联合会的海伦·海默琳（Helen Hamlin）所总结的："很多学校提供的课程并非仅仅是为老年人消遣时光，专业培训的目标是帮助老年人找到第二或第三份工作。人们对工作的需求不仅是为了满足物质的需要，也是精神的需要。工作环境使老人们有归属感，能够确定自己在社会中的位置，这对他们的精神健康至关重要"（联合国，2002）。当把老年教育和老年产出联系起来以后，老年教育不仅为个人，也为整个社会带来效益。因此老年教育所培养的能力，可以帮助老年人实现就业和提高生活质量，而这些教育支出主要由社会或国家负责，以实现国民获得平等发展的机会，且不分年龄、种族、身体是否残疾等，均可共享公共教育资源。

7.3.2 资源配置缺乏顶层制度设计

前文提到，老年教育资源配置存在的问题之一是财政性短缺。在政府主导的发展模式下，财政投入的不足，成为关键性制约因素。导致这一问题的原因与财政支出方向不合理、财政投入效率低下密不可分。

1. 财政支出方向不合理

政府发展老年教育的根本目的，就是要为更广大范围的老年群众提供方便优质的教育服务，于是这些服务由谁来提供就成了问题。目前，我国老年教育机构主要有两种类型：一种是公办性质，公办性质机构收费不高，因此需求旺盛，往往是一座难求。第二种是社会资本经营老年教育机构。这类机构一般是既有营利性又有非营利性，经营对象主要是收入水平较高的老年群体，由于初期投资大，后期经营风险不确定性强，盈利者不多。实践证明，完全由政府兴办的公立机构不管是在运营效率还是在提供服务能力上，都无法完全满足社会需求，而社会资本兴建的老年教育机构通过价格、利润等社会因素进行自然淘汰，只能满足一部分老年人需求。政府财政补贴的资金主要流向了公办非营利性组织和民办非营利性组织，对于营利性机构的补贴很少或几乎没有。这种不均衡的财政投入结构，导致了较为严重的市场后果：营造了一个缺乏公平的市场竞争环境，营利性机构得不到补贴，自然降低了其市场竞争力，阻碍了其后续的发展，而公办机构因为能够获得补贴，自然在自觉创新程度上有所下降。

2. 财政投入效率低下，不足以支撑老年教育的快速发展

长期以来，在老年教育服务提供体系中，政府采取传统的统包统筹模式，承担了主要的资金来源，这必然会造成效率的低下和资源的浪费，最终导致服务质量不高。首先，从老年教育服务产品属性来看，养老服务本身是具有准公共物品性质的产品，降低老年教育服务生产成本的最好途径是引入竞争激励机制和采用社会化生产的方式。因此政府投入加大的目的不是增强政府生产老年教育服务的能力，而是增强政府提供老年教育服务的能力。为提升政府提供老年教育服务的能力，引入民间资本进入老年教育服务行业是最为有效的做法。其次，政府投资人为设置的不公平竞争环境是民间资本被挤出的最关键原因。民营老年教育机构相对于政府公办老年教育机构来说，因为后者享受政府补贴自然在成本方面竞争力强，矛盾现象便产生了：一方面单靠政府的力量无法完全通过资金的投入来满足市场需求；另一方面政府若要依靠市场的力量来解决老年教育问题，那么在财政补贴和财政优惠制度上对于民间资本

就必须有明确的措施和路径。资金使用效率的高低既关乎老年教育的均衡发展，更关乎政府的公信力。但是，就整体而言，财政政策补贴方式少、创新形式不多，效率不高，同时良好的监督机制和使用审批机制也尚未建立。

政府统包统揽的管理模式，不仅未能给公办老年大学提供充足的经费，承担着大量老年教育工作的社区大学（学院）、社区学习点的财政经费一样得不到保障。大部分开展社区教育的地方，均没有将社区教育经费纳入政府财政预算。例如，依托电大挂牌成立的社区教育机构，只能靠电大办学收益来开展社区教育和老年教育相关工作。

经费投入的不足，保障机制的不健全，导致老年教育多级办学格局迟迟不能建立，有些经济条件较差的农村地区，老年人根本无学可上。同时，办学激励机制也尚未形成，无论是外部力量，还是办学主体，都缺乏足够的积极性和主动性，制约了老年教育事业持久、深入、全面的开展。[①]

7.3.3　引导社会力量参与的力度不足

老年教育作为一项准公共产品，仅仅依靠政府的力量远远不够，必须引导社会力量参与，形成多元共治、共建、共享的局面。当前我国社会力量参与老年教育十分不足，这与制度引导能力匮乏有很大关系，具体表现在人才培养缺失制度性规划、税收优惠政策存在障碍、社会组织积极性不高等几个方面。

1. 人才培养缺失制度性规制

在老年教育人才培养的专业建设、培养方案系统性设计等方面，我国均缺失制度性规划。仅仅依靠高校自觉远远不能满足人才培养的需要，更无法满足市场的需求。

首先，从学历教育方面来看。我国高校虽然为改变人才需求与供给衔接不足的问题，在 1999 年进行了学科专业化调整，但基本的结构在相对长时间内未做任何变化，仍然局限于传统结构的框架之下。虽然我

---

① 许琳、向斌、何红：《提升品质：推动老龄事业全面协调可持续发展——基于对四川省老年教育发展现状的调研》，载于《天津电大学报》2019 年第 3 期，第 43 页。

国老年教育需求蓬勃发展，但高校专业并未做相应调整，目前开设有养老服务专业的学校数量少，且多集中在高职院校，目前国内仅有几所高校设置了养老产业、养老服务产业的硕士和博士研究生学位教育。2003年中国人民大学设立了老年学专业，培养老年学硕士和博士研究生，是我国首家培养养老高层次人才的高校。因此，养老服务人才培养质量不高、层次单一、师资队伍建设落后，人才数量与质量均不能满足新时期需求。人才供求结构不合理的局面在我国目前产业转型升级的关键时期暴露出更多的问题。若不进行及时改革，将会进一步激化老年教育人才供需不均衡的矛盾。其次，缺乏对多层次人才培养方案的系统性设计，在当前的培养方案体系中，专门的老年教育专业尚未被纳入到本科教学培养课程目录中，既没有重视高层次老年教育人才的培养，又忽视了一般性学位学历教育和职业教育培养。

2. 税收优惠政策障碍

一是有关税收优惠政策制定较早，针对性不强，没有及时根据老年教育发展的新情况进行调整更新。我国涉及到养教结合的税收政策优惠主要是针对养老服务机构和老年人个人的优惠两个方面。从税收优惠政策的受益面来看，主要的优惠政策都集中于养老机构之上，专门针对老年教育的优惠政策十分匮乏。有学者提出我国应该针对养教结合制定专门的税收优惠措施，但本研究认为并不可取，因为目前我国在税收政策和产业政策领域的衔接并不完善，若制定专门针对某一产业的税收优惠政策，很可能会影响到税收政策的完整性进而扭曲税收政策的效用。我国当前养教服务产业税收政策落后主要原因还是因为养教服务产业中市场参与程度较低，局限于较少的市场行为，相应的市场诉求就不多，对于政策制定者的影响力也就不够大。

二是对营利性与非营利性养教机构存在税收优惠政策"双轨制"，同时税收政策没有区分企业类型。目前我国养教服务市场尚处于培育阶段，民营机构的运营压力较高，包括了固定资产投入、人力资本成本、能源费用等各种运营成本。但是，相对于非营利性养教机构的减免税优惠措施，营利性养教机构的税收优惠措施力度远远不够。尤其对于小微养教服务企业，税收优惠政策则基本没有涉及，也没有专门对应的政策。这种优惠政策的"双轨制"严重影响了民营资本进入养教服务产业的积极性。

三是税收优惠政策方式单一。目前养教服务产业相关的税收优惠政策，主要是相关税收的直接减免，其他针对税率、税基、税种等方面的指向性的税收优惠方式不多，而财政补贴更是少之又少，因此激励作用十分有限。

3. 社会组织层面的原因

（1）农村集体组织参与不足。

受制于农村财政压力，农村地区的老年教育发展迟缓，而集体组织参与不足更是让农村的老年教育事业举步维艰。老年教育事业在我国广大城区的发展建设虽有不足，但也颇具规模和社会影响力。但是在大部分农村，尤其是老年教育方面的公共财政扶持和行政指导无法覆盖到村屯，这一领域的办学一直处于空白状态。如果等待市区经济社会和老年教育事业发展到足够发达程度，再辐射、带动农村地区的相关领域发展，农村地区这一重要社会事业的发展会滞后更长的时间。有些地区的农村集体组织在主观上没有意识到老年教育的重要作用和意义，也缺乏举办老年教育的热情和创新精神；在客观上没有得到本地教育主管部门、老年大学协会和市级老年大学及县级分校的必要扶持和指导。从全国其他地区来看，农村集体组织参与办学不足是较为普遍的现象①，是影响老年教育事业全面、均衡发展的重要原因。

（2）老年大学协会未发挥应有作用。

作为非营利组织，老年大学协会在老年教育发展中起到举足轻重的作用。但是由于管理体制不顺畅、权力有限，我国大多数地区的协会组织并未扮演好这一角色。以哈尔滨市为例，哈尔滨市老年大学协会原名哈尔滨市老年教育学会，于 1985 年成立，是全国第一家老年教育协会，2014 年正式更名为哈尔滨市老年大学协会，截至 2016 年末共有会员单位 13 个②。老年大学协会在省市老年教育界具有很高的权威和巨大的影响力，尤其在有些省市老年行政主管部门暂时缺位的情况下，协会的作用和影响力更近似于准政府组织。而老年大学协会也确实为老年教育事

157

① 卢林：《困境与突破：开放大学实施农村老年教育的策略研究》，载于《成人教育》2020 年第 1 期，第 45 页。

② 哈尔滨老年大学协会官网，https：//www.loxue.com/siteinfo/10965.html。

业的发展做出了巨大贡献。多年来，协会利用自身影响力推动各级各类老年教育机构的创办，并积极奔走为其争取持续、稳定的教学经费；协调各教育机构交流共享以师资为主的教育资源；组织各教育机构开展相关领域研究工作和学术论文撰写；推动规范化示范校活动在本地区的推广。但是，老年大学协会权力有限，在推动本地区老年教育立法建制、拓宽办学主体的范围、建立和拓展远程教育模式、研究和调配老年教育内容、积极配合政府部门管理等方面力不从心，甚至存在部分重要职能缺失的不利状况。

7.3.4　老年教育质量评估依据模糊

老年教育服务质量的好坏，直接关系到老年群体福祉水平的改善与否，也决定了资源配置效率的高低。老年教育质量有赖于质量的监控保障体系，有效的质量评估活动就是保障体系的主要组成部分。通过评估，可以及时发现问题，消除质量环节上所有阶段引起不合格或不满意效果的因素，确保服务质量满足老年人的需求。但是，目前老年教育质量评估制度还存在很大缺陷，包括评估的法律依据模糊，宏观评价指标缺失，微观评价标准缺乏制度化、科学性，以及质量评价规范落实不到位。

1. 评估的法律依据模糊

老年教育管理政策和法律是开展管理工作的重要依据，但我国老年教育政策和法律对老年教育属性的规定存在模糊和不一致现象，这样必然导致管理主体和责任的混乱。1995 年《中华人民共和国教育法》规定要建立"终身教育体系"，老年教育是教育的一个子系统。1996 年公布实施的《中华人民共和国老年人权益保障法》中明确规定老年人有继续受教育权利，该法同时规定："国家发展老年教育，鼓励社会办好各类老年学校"。这一规定说明了老年教育是老龄工作的一部分，并强调社会参与的合法性。2007 年国家公布的《国家老龄事业发展"十一五"规划》等政策文件，将老年教育定性为丰富老年人的文化生活，老年教育因此成为文化事业的一部分。2010 年国务院发布的《国家中长期教育改革和发展规划纲要（2010～2020 年）》（以下简称《规划纲要》）就将老年教育归入我国教育体系，成为"继续教育"的组成部分。这些政策和法律的规定既是对老年教育本质属性不同认识的产物，也是对老年教育多重属性认识的强化。[①] 立法与政策领域对老年教育属性认知的不统一，成为协同治理评价机制缺失的主要原因。

2. 宏观评价指标缺失

老年教育质量监控和保障体系的构建，在宏观层面涉及国家、省市、区县的多部委、多部门、多系统。宏观层面的老年教育质量管理，需要从系统的、整体的、全局的角度评估老年教育的办学质量，优化老年教育发展的社会环境，促进老年教育质量的整体提升，呈现老年教育价值和体现老龄群体福祉。但是，我国目前尚缺乏有效的老年教育宏观评价规划机制，教育质量的宏观评价指标亦不健全。

我国《老年大学教学质量监控与评价信息化实施方案》《老年大学课程标准框架》《老年大学办学质量评价标准》和《老年大学自我评价实施方案》等文件的相继出台，体现了老年教育质量治理的绩效评估。但评价仅仅限定在老年大学，缺失资金投入、土地使用、评价主体和评价内容等方面的宏观评价标准。同时，评估主体、评估对象、评估要素和标准，以及评估范围等问题，既不具体也不明确，难以贯彻实施。

3. 微观评价标准缺乏制度化、科学性

老年教育因其"非学历"和以"休闲文化"为主的教育属性，难以或不宜规定统一的、适用面广泛的老年教育质量评价标准。所以至今还没有哪一个国家出台全国通行的相关老年教育的质量评价标准。

标准是衡量事物的准则，而质量评价可确定这些要求是否得到满足。没有确切的质量标准，教育质量的管理、改进和评估也就没有确切的参照。虽然老年教育外适性相关质量标准并未出现，但老年大学作为组织要实现办学质量目标和追求办学绩效卓越，在质量管理方面必不可少地应制定内适性相关质量标准，如课程标准、办学质量评价标准等。更进一步地还可推出能够对组织业绩进行评价，并能适用于组织的全部活动和所有相关方的卓越模式，即出台能够与其他同类办学组织进行业

159

绩比较的卓越模式评价准则。但是,《老年大学办学质量评价标准》中的老年大学课程标准和办学质量评价标准,是否合适,这是一个值得探讨的问题,也是一个需要进一步论证的问题。[1]

4. 老年教育质量评价规范落实不到位

教育督导是教育质量外部监控与保障的重要方式。同类教育领域的办学督导和标准校、示范校、直至整体性办学绩效的督导评估,针对性、指导性和效用性较强,它由政府部门组织实施或由教育部门委托第三方评估机构实施,对学校发展和办学质量提高具有重要的促进作用。但是,老年教育质量外部监控和保障中的督导环节相对薄弱,质量评价的规范性并没有落实到位。[2]

7.3.5 老年教育法律制度不完善

我国老年教育法律制度建设一直相对落后,至今没有出台专门针对老年教育事业的法律法规,地方政策法规也不完善,老年教育发展缺乏必要的法律保障和政策指引,缺少专门的国家层面法律。

纵观国际老年教育的发展,众多老年教育发展较好的国家都制定了关于老年教育的法律法规。以美国为例,美国政府为了保障老年人的学习权利不仅出台了《终身教育法》《职业教育法》《成人教育法》,同时还专门制定了《美国老年人法》和《禁止歧视老年人法》等法律,明确了老年教育在管理体制、实施机构和资金来源等方面的规定,力求为老年人提供多样化和多元化的教育服务。日本、韩国等东亚国家也都通过老年福利保障立法及终身教育立法来推动老年学习的不断深化,韩国颁布了《高龄者雇佣促进法》,日本颁布了《高龄社会对策基本法》和

160

---

① 国内的义务教育各学科课程标准(2011年版)涵盖小学到初中的所有学科的课程标准,学科包括语文、数学、物理、外语、品德与社会、音乐、美术、体育等;国外的美国艺术教育国家标准,分别对舞蹈、音乐、戏剧和视觉艺术4门艺术课程提出学科标准。再如,高等教育从实践探索中科学总结出"五个度"(培养目标的达成度、社会需求的适应度、师资和条件的支撑度、质量保障运行的有效度、学生和用户的满意度)的质量评价标准,具有完全"国际实质等效"。

② 毕虎、李惟民:《老年教育质量监控和保障体系构建》,载于《当代继续教育》2017年第12期,第22页。

《老龄者雇佣安定法》来实现老年人的生产性与发展性目标，同时推动老年教育的改革。为此我国若要推进老年社会从"老化"向"优化"的转变，就必须进行制度层面的规划，通过立法对老年教育的地位性质、管理体制、发展规划、资金来源、评估监督等予以明确的规定。目前，我国在老年教育立法方面，还存在以下问题：

一是没有出台专门针对老年教育产业的法律法规。目前与我国老年教育相关的主要法律还是 1996 年制定的《中华人民共和国老年人权益保障法》，该法律对于保障我国老年人权利起到了重要作用，但其并不是专门针对老年教育发展的法律法规。民政部于 2013 年颁布了《养老机构设立许可办法》和《养老机构管理办法》，仅仅只针对养老产业中的某一方面，不是针对老年教育的。我国目前没有出台专门针对老年教育的法律法规。

二是法律对于老年教育的监管还很欠缺，很多领域还是空白。比如目前部分老年教育机构注册弄虚作假、服务质量差等现象依然存在，但还没有专门的老年教育法律监管制度，虽然 2015 年 1 月国家发改委和民政部联合发布《关于规范养老机构服务收费管理促进养老服务业健康发展的指导意见》，但其作为部门规章法律效力还不够强，还需要有专门的法律制度来对老年教育进行相应监管。

第8章　老年教育的国际比较研究

随着我国人口老龄化程度进一步加深，老年教育作为应对人口老龄化的重要手段，受到社会各界的广泛关注。在这一大背景下，近些年学者对老年教育的关注度不断增强，出现了一系列较为丰富的研究成果。通过对相关文献的梳理，发现不少国内学者在关注国际老年教育的动态，并主要沿着以下几个维度进行：

首先，对特定国家老年教育发展历程、教育模式等问题进行了研究。比如韩树杰分析了美国老年教育的制度保障以及教育模式的现状及特征，总结了美国老年教育的成功经验。[①] 陈思彤在研究中将日本老年教育按所属行政部门以及覆盖地域划分为四类，并进行介绍。[②] 刘静研究了韩国老年教育的发展概况、特征及教育模式。[③] 俞可研究了德国老年教育的发展历程及教育模式。[④] 叶忠海对国外老年教育进行系统整理，总结了国外老年教育的特征、模式以及发展趋势。[⑤] 通过上述研究，可以进一步了解国外老年教育模式、特征等，为我国老年教育发展提供宝贵经验。

其次，对我国老年教育模式、管理体制存在问题及对策进行了研究。在我国老年教育模式方面，王英、谭琳在研究中指出老年大学以外

① 韩树杰：《美国老年教育的成功经验及其启示》，载于《湖北大学成人教育学院学报》2006 年第 1 期，第 52～55 页。

② 陈思彤：《日本老年大学探析》，东北师范大学硕士学位论文，2009 年，第 4～15 页。

③ 刘静：《韩国老年教育的特点及其对中国的启示》，载于《成人教育》2015 年第 1 期，第 84～87 页。

④ 俞可：《德国老年教育：从缺失到多元》，载于《世界教育信息》2017 年第 4 期，第 42～49 页。

⑤ 叶忠海：《国际老年教育发展的特点、模式和未来取向》，载于《当代继续教育》2017 年第 5 期，第 45～49 页。

的"非正规"教育模式可以更好地契合我国老年人口的特点，满足老年人的教育需求。① 潘澜在研究中指出中国在发展老年教育过程中的问题，并就如何推动老年教育社区化发展提出合理的建议。② 张娜通过对中国老年教育的现状的分析，指出我国老年教育在教育模式方面课程内容偏向娱乐，缺乏具有专业性与提升性的学习课程。③ 许丽英、汪娟、吴卫炜通过分析上海市教养结合的过程，提出了推进教养结合的社区式老年教育模式。④ 闫立娜、杨丽波提出我国应参照对国外的老龄人群教育赋权的做法落实老年人教育赋权的问题。⑤ 张瑾、韩崇虎对比国外老年教育论理论体系，分析我国目前呈现以康复理论为主导，以康乐教育为主的教育模式特点。⑥ 在管理体制方面，杨晨、李学书分析了我国的老年教育在办学主体多元化的形势下管理体制现状，并指出目前存在管理部门效率低下、经费紧张等问题。⑦ 张瑾、韩崇虎认为我国的老年教育作为教育并没有被很好地认同，具体表现为老年学校由文化部门和老龄部门主管，而非教育行政部门直接管辖。老年教育管理体制下的管理理念人本化，管理人员缺少对老年人的关怀与沟通。⑧ 周凤娇分析了我国老年教育管理模式的现状及存在的问题，在此基础上提出政策建议。⑨ 潘澜在研究中指出我国在发展老年教育过程中的问题，并就如何

---

①　王英、谭琳：《"非正规"老年教育与老年人社会参与》，载于《人口学刊》2009 年第 4 期，第 41～46 页。

②　潘澜：《我国老年教育社区推动的理论与实践研究》，上海师范大学硕士学位论文，2010 年，第 11～63 页。

③　张娜：《中国老年大学的现状及反思》，载于《高等函授学报（哲学社会科学版）》2011 年第 11 期，第 78～80 页。

④　许丽英、汪娟、吴卫炜：《养教结合的城市社区老年教育模式研究》，载于《当代继续教育》2018 年第 3 期，第 26～30 页。

⑤　闫立娜、杨丽波：《教育赋权诉求下我国老年教育的社会调适研究》，载于《终身教育研究》2018 年第 6 期，第 36～42 页。

⑥　张瑾、韩崇虎：《中外老年教育政策的比较与反思》，载于《成人教育》2019 年第 6 期，第 49～55 页。

⑦　杨晨、李学书：《多元办学形势下老年教育微观管理发展与创新研究》，载于《职教论坛》2016 年第 18 期，第 57～62 页。

⑧　张瑾、韩崇虎：《多属性视域下我国老年教育管理发展和创新研究》，载于《职教论坛》2019 年第 1 期，第 92～97 页。

⑨　周凤娇：《我国老年教育领导管理模式探析》，上海师范大学硕士学位论文，2018 年，第 1～51 页。

推动老年教育社区化发展提出合理的建议。①

　　上述研究对推动老年教育理论和实践的发展具有重要的指导意义。但是大部分研究将主要精力放在了现状、问题和政策建议上，缺乏分析形成现状和问题背后的根源。本章不仅对美国、芬兰、德国、日本、韩国等代表性国家进行了梳理、分析和比对，而且着重分析了形成这些现状和问题背后的经济、社会、人文等深层次原因。希望能从这一分析视角，为完善中国老年教育提供学理依据和针对性的政策建议。

8.1　国外老年教育的现状研究

　　本节选取老年教育发展程度较高且代表性较强的样本国家进行分析，主要包括美国、芬兰、德国、日本、韩国。梳理了样本国家老年教育的发展历程、教育模式，并深入剖析形成该现象背后的原因，思考造成国外老年教育差异性的根源。

8.1.1　美国

　　美国作为当今世界发达国家的代表，其老年教育经过多年的发展形成了自己独特的模式和特点，其依托高校的社区型老年教育模式在充分利用高校资源、协同合作方面形成了自己的特色，从世界范围内看都是老年教育发展的成功典范。

1. 美国老年教育发展历程

　　美国老年教育的发展经历了三个阶段，才逐渐形成今天比较成熟和先进的老年教育模式。20 世纪 50 年代美国老年教育进入萌芽时期，当时美国的老年人口并不多，对学习的需求也没有那么迫切。而且由于社会的主流思想认为当下的任务应该以培养在职人力资本为主，把资源投入到老年教育是一种资源浪费，因此老年教育一直被边缘化。到了 20 世纪 60 年代，随着美国经济发展和老年人口增加，维护老年人权益的

---

　　① 潘澜：《我国老年教育社区推动的理论与实践研究》，上海师范大学硕士学位论文，2010 年，第 11 ~ 65 页。

呼声日渐高涨，美国政府虽然适应形势提高了老年人的福利水平，但对美国老年人教育需求的满足还仅仅只是作为一种福利待遇的衍生品，并未形成独立的体系。这一现象一直到 1962 年美国成立退休学会才得以改观，该学会的建立首次把老年教育独立出来，极大地推动了老年教育的发展。

1965 年美国联邦政府出台了《高等教育法》和《美国老年人法》，法律规定了美国老人有权参加公立学校社区学院的学习，图书馆要对老年人开放，这些政策和法案的实施推动着老年教育进入了兴起阶段。以上措施的实施让美国老年人的学习热情大涨，政府为了满足老年人日益增加的学习需求，开始在全国普遍创办老年教育机构，并开始着手建设面向老年人的教育课程。但后来过高的社会福利水平对美国经济增长产生了一定的负面影响，因此为了节约开支，联邦将老年教育的一部分责任分配给了州政府来承担，同时成立了老龄委员会，专门负责协调老年教育。

随着 1971 年美国第二次老年会议的召开，其老年教育进入了发展阶段，这次会议强调了美国老年人的独立性，将老年人视为重要的人力资源，将受教育作为老人的一项基本权利，并把终身教育理念贯穿于老年教育之中。而且政府对老年教育的作用也发生了认识上的转变：受教育能帮助老年人更好地实现自我价值，并成为社会发展的推动力而不是社会的负担。由于认识上的升华，美国的老年教育模式变得更加丰富，其中政府补助的社区学院、大学课堂开始对老年人开放，老年寄宿学校也逐渐兴起。

1981 年，美国第三次老年会议创新性地提出了更加全面、完善的老年教育模式，美国老年教育进入了全面推广阶段。之后老年人服务与咨询中心以及相关网站蓬勃发展，各类文娱单位也纷纷成立了各自的老年教育机构，老年教育进入了全面推广阶段。图 8-1 反映了美国老年教育的发展历程。

2. 美国老年教育模式

美国的老年教育在政府的大力支持和社会各界的积极响应下，最终形成了依托高校的社区型模式。美国社区型老年教育模式是以大学作为教育支撑、各大学辐射社区、社区作为教育基本单位，形成的社会老年

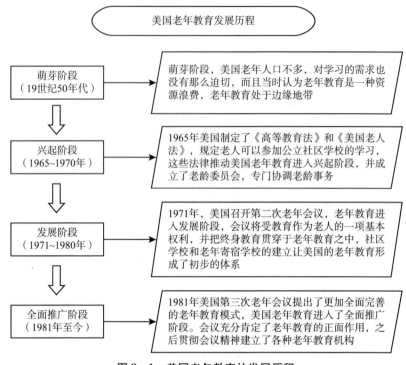

图 8 –1　美国老年教育的发展历程

资料来源：笔者整理。

教育网络。老年人在社区学校只需支付少量资料费用，其他费用均来自社会捐款。同时美国各地还依托大学建立了各种老年寄宿学校，让老年人能够像普通大学生一样享受各种正规教育，有的大学甚至开设了老年课程班和老年暑期班，从而形成了正规化、非正规化、非正式化三位一体的老年教育形式。这种安排增加了老年教育的系统性，减少了老年教育的盲目性，提高了老年教育的效率。而且为了让老年人更好地去了解死亡的本质和真谛，更加坦然地面对死亡而不是情绪化地面对死亡，一些教育机构还对老年人进行专门的死亡教育，这在其他国家较为少见。

　　为了减轻老年人对家庭和政府的依赖性，让他们生活的更有尊严，提高老年人的社会认同度，美国在 1951 年设立了联邦老人局作为美国老龄化问题的最高决策机构，该机构旨在研究针对老龄化问题的各项措施以及老年教育的课程规划。在该机构的影响下，社会各界也纷纷开始兴办各种形式的老年教育机构，这充分弥补了高校依托型社区教育覆盖面小的缺漏，使老年教育的可受范围变得更加的广泛，基本保障了每个老年人的受教育需求，美国的老年教育愈发地全民化。除了这些自发兴办的教育机构，美国企业也会对公司内即将退休的老人进行退休前的心理疏导和生活指导，去帮助他们更合理地规划自己的老年生活。美国还成立了退休学会，让老年人按照自己的兴趣选择学习方向，高校负责为他们提供图书馆和教室等学习场地，让他们的退休生活更加多姿多彩。

3. 美国老年教育模式的成因

图 8 - 2 展示了促成美国社区型老年教育模式的四点原因。

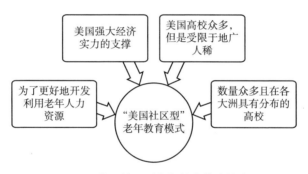

图 8 - 2　美国社区型老年教育模式的成因

资料来源：笔者整理。

首先，美国这种覆盖范围广、受众人群多的社区型老年教育模式是以美国强大的经济实力做支撑的。美国自第二次世界大战后迅速崛起，很快便成为世界第一大经济体，随着其福利制度的不断完善，老年人渴望更有意义的老年生活，对学习的欲望日渐高涨，所以原先作为福利衍生品的老年教育被独立出来。美国丰厚的资金支持，使得美国能够实行点线面辐射性扩散的社区型老年教育模式。

其次，美国高校众多，但受限于地广人稀，所以必须选择教育基点进行扩散，社区的居民聚集性无疑让其成为最好的选择。随着老年人口规模的不断扩大，为了确保老年教育的普遍惠及，就必须确立一种将机构和单位作为教育基点的教育网络，社区无疑是最理想的选择，而且社区的居民集聚性与教育网络基点的功能完美契合。

167

再次，教育作为培育和开发老年人力资源的重要手段，得到了美国政府的大力支持。随着美国经济社会的不断发展，美国愈发注重老年人力资源的培育与开发，同时社会各界越来越多的人认为让老年人无论是继续从事之前的职业，还是转入其他职业，在同样的资源投入下可能会比年轻人干得更好。因为老年人社会阅历更为丰富，也有大量知识和技能的积累，甚至很多老年人的工作热情比年轻人都高。

最后，数量众多且在各大洲均有分布的高等院校支撑着美国能实行这种以高校为依托的社区型老年教育模式。美国是世界上高校数量最多的国家之一，每个州都有高校分布，而且人群密集区与高校密集区基本重合，使得美国的高校完全有能力承担老年教育辐射点的重任。

8.1.2　芬兰

芬兰作为北欧发达国家的代表，具有高税收、高福利等福利国家的特征。芬兰受老龄化问题的影响，加上其独特的国情，老年教育形成了自己的独特模式，成为很多国家学习的样板。

1. 芬兰老年教育的发展历程

极高的老龄化率给芬兰带来了极大的困扰。从当下来看，发展老年教育是缓解老龄化问题的必要举措。所以，与其他国家相比，芬兰的管理者和教育者较早地意识到要对退休老人进行再教育，这也是第三龄大学模式的思想雏形。芬兰的第三龄大学吸收了英法两国的经验，但又在形式上有所创新，以第三龄大学为载体对老年人口进行拓展性教育。20世纪80年代，芬兰的于韦斯屈莱大学创建了一种新型的以"文化融合"为特色的第三龄大学教育模式，不久后此学校创立的第一个第三龄大学正式投入实践。此后该模式在全国各大高校推广开来，相继建立了9所以高校为依托的第三龄大学，各第三龄大学的相关事务和活动由国家顾问委员会协调和管理。

2. 芬兰老年教育模式

芬兰作为北欧的发达国家，受欧洲普遍的生育观念影响，生育率很低，导致目前芬兰的老龄化率已经高达17%。而且芬兰作为一个典型的福利国家，高税收维持的高福利是芬兰的典型特征。基于上述情况，芬兰在吸收英法两国的老年教育模式的基础上，创办了独具本国特色的新型教育模式。该模式的创立为世界很多高福利国家老年教育的发展提供了参考模板，推动了世界老年教育的发展。

芬兰的第三龄大学在教学方面上安排了三种形式，分别为讲座、研究小组和讨论小组。讲座每学期根据情况会安排 6 ~ 8 期，讲座的内容不尽相同，会根据老年人的选择进行内容安排。因为讲座授课的方式可以同时覆盖到更多的人，而且授课内容丰富、方式灵活，老年人也可以根据自己的兴趣对讲座进行选择，所以讲座成为芬兰老年教育最主要的形式。讨论小组是一种分组形式的研讨会，既保证了研讨会的自主性和开放性，让组员能够充分发散自己的思维，进行深度探讨，同时又能保证学员的困惑能得到及时且专业的指导。研究型讨论小组另外一种新模式，主要与研究项目紧密关联，研究主题范围广泛且紧密联系实际。一方面能让学员在研究中更好地去审视自身存在的问题，提高解决问题的能力；另一方面有助于第三龄大学教育模式的完善。

3. 芬兰老年教育模式成因

图 8 - 3 表明四种因素促使着芬兰最终形成了以第三龄大学为特征的老年教育模式。

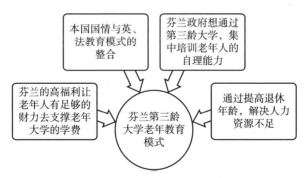

图 8 - 3　芬兰第三龄大学教育模式的成因

资料来源：笔者整理。

芬兰是一个经济高度发达的资本主义国家，据世界银行数据显示，2018 年芬兰人均收入 4.96 万美元，远高于欧盟的平均水准 3.65 万美元。这也就使得芬兰的老年人有经济能力去支付第三龄大学的学费。而且第三龄大学作为公办大学，经费来自国家教育预算中对大学的拨款，学费极低。此外，由于芬兰国民从出生起就被国家福利制度所惠及，所以他们也不用担心子女的问题，这也给了老年人更多时间和精力去参加学习。

芬兰老年教育模式是本国国情和英法模式糅合的结果。受欧洲老年教育先行国英国和法国的影响，在很大程度上借鉴了英法两国的老年教育模式，又进一步结合本国的福利政策和实际国情，最终确立了具有芬兰特色的第三龄大学老年教育模式。法国第三龄大学主要是以讲座和教授的形式呈现，英国则强调学生组成小组讨论的形式，芬兰对英法教学模式进行了融合，形成了讲座、讨论小组和研究型小组的综合模式。

芬兰政府决定提高退休年龄，鼓励企业保留老员工、雇佣有工作能力的老年员工，来解决由人口老龄化带来的人力资源不足问题。另外，芬兰新的养老政策致力于从细微处改善老年人的生活条件，为老年人提供独立的工作环境，保障他们能享有平等的权利和参加学习的机会。

随着医疗水平的不断进步和生活水平的不断提高，芬兰的老年人口比例高达17%，这就造成了老年护理相对短缺，为了保证老年人晚年生活的正常进行，必须对老年人进行教育和指导，提高他们退休生活的独立性和自主性，降低对他人和社会的依赖性。而通过老年教育，一方面可以丰富老年人的晚年生活，通过学习可以让他们保持思考能力，可以有效地预防老年痴呆；另一方面又可以从中学习到一些晚年生活的技能和技巧，对晚年生活有合理的规划。

8.1.3 德国

德国的老年教育主要是在联邦德国建立后（1949 年 5 月）蓬勃发展起来的，经历了孕育阶段、起始阶段和发展阶段三个阶段，最终形成了老年或长者学院、高校对老年人开放所形成的老年大学以及其他老年教育组织形式所构成的多元化老年教育模式。

1. 德国老年教育发展历程

德国作为欧洲老龄化最严重的国家之一，在德国生育观的影响下，德国的人口增长缓慢，据世界银行数据显示，2017 年，德国的出生率为 9.5‰，死亡率为 11.3‰，人口自然增长率为负数，想要通过增加新生人口缓解老龄化难度较大。所以德国只能从老年群体本身出发寻找解决方案，最终决定发展老年教育，以此来培育老年人力资源，让老年人不再仅仅作为国家福利对象，而是让他们在接受教育后能更好地规划自己的退休和老年生活，更充分的实现自身价值，进而创造一定的社会价值来缓解老龄化加剧给经济和社会带来的负担。

德国的老年教育诞生于 20 世纪 50 年代的末期，真正的崛起是在联邦德国建立之后。联邦德国确立了国家福利制度并出台了一系列社会保障的法律和规定。此后德国经济飞速发展并跻身于世界经济强国行列，德国的老年教育有了更加坚实的经济基础，但是当时德国的老年教育还只是作为社会救济的一个衍生品，并没有受到足够的重视。直到 1976 年德国的老年教育第十届年会，德国的老年教育才成为一个独立工程。如图 8 - 4 所示，德国老年教育的发展分为三个阶段：孕育阶段、起始阶段、发展阶段。

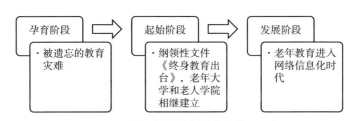

图 8 - 4　德国老年教育模式的发展历程

（1）孕育阶段。

20 世纪 70 年代，德国发生了影响极大的草根运动，对全社会的意识形态进行了激进的文化批判，其中就包括针对老年社会决定论的批判，他们宣扬老年人应该享有平等的机会和权利。在当时有很多人认为，老年人晚年的教育贫困是早年教育贫困的延续，很多老年人不能认识到自己的潜力和学习能力。这也就引发了 20 世纪 70 年代针对老年教育的全面教育改革，开始加强成年教育，但这仍远远不够。当时的老年教育因此也被称为"被遗忘的教育灾难"。

（2）起始阶段。

随着终身教育观念在全社会范围的支持和认可，德国在 1972 年出台了老年教育的纲领性文件《终身教育》，并于1974年建立了德国第一所老年学院。但在当时老年学院只是为老年人创办的教育机构或者是老年人自发组织的学习平台，并没有德国高校为其提供师资和其他教育资源。德国老年学院的真正兴起是在国际老年教育运动的蓬勃时期，当时关于老年教育的支持者纷纷强调受教育是老年人的基本权利，德国在这种氛围的影响下也充分认识到了老年教育对老年人提升发展空间和社会适应能力的重要性，最终决定了各大高校必须对老年人开放，并且承担教育责任。

（3）发展阶段。

为了应对互联网信息时代的挑战，欧洲各地的18个老年教育机构共同推进建立了老年教育欧洲网络信息化平台，自此老年人的国际交流变得更加的广泛和便利。随着德国社会学习氛围的愈发浓厚，老年教育的模式更加多元化，此时高校联合实施的"长者教育"更凸显出了其学术性和适用性。并与老年大学一起构成了德国的多元化教育模式。但是多元化的教育模式，难免会分割资源，使得教育缺乏了整体性和系统性。

2. 德国老年教育模式

经过多年的探索，德国老年教育最终形成了以老年大学、老人学院为主以及其他老年教育组织参与的多元化模式。其中老年大学分三种教学形式：正规学习、旁听学习和长者学习。与正规学习不同，老年大学会对旁听的老年学生收取一定的旁听费，而且费用的多少与听课的数量直接挂钩。其中的长者学习相较旁听学习增加了高校专业机构的服务和指导，并附加高校为长者学习的学员单独设计的课程，所以长者学习其实是一种升级版的旁听学习。老人学院又分为商业机构注册和社团组织注册两种形式，后者由于具有公益属性可以获得更多补贴和经费资助。老人学院除了与高校合作外还和教会、社会福利组织等其他社会机构合作，这在很大程度上解决了偏远地区没有高校作为合作对象的难题。所以老人学院的存在很大程度上保证了德国老年教育的全员覆盖。

老年大学和老人学院对入学的老人都没有学历的门槛限制，但即便如此，老年大学的平均学历还是高于老人学院，所以对大多数老年人来说老人学院是更合适的选择。在课程设置上，无论是老年大学还是老人学院都旨在丰富老年人的晚年生活和提高他们的生活水平。老年大学的课程设置分为来自大学的正规教育课程和"长者系列课程"。其课程注重对老人的专业化培养，授课范围同时涵盖了老年心理学、老年医学、老年职业技能培训等领域，而且会根据学生的选择意愿和学习需求的变化，对课程设置进行灵活性调整。与老年大学相比，老人学院以普及文化为主，注重课程设置的实用性，目的是让老人掌握更多的生活技能，并让老年生活更加便利和充实。

虽然老年大学和老人学院在很大程度上推进了德国老年教育的发展，但从目前的状况来看，仍然不够完善。比如老年大学让很多高校产生了"老年恐慌"，有的高校开始不断减少面向老年人开放的课程，有的高校开始提高收费标准；老人学院则缺少系统科学的教学方法，更像一个老人的聚会，成员全部都是老年人，难免有点让老年人孤立于社会。所以德国的老年教育模式还需要进一步探索，去寻找一个真正适应德国老龄化和德国民情的新模式。

3. 德国老年教育模式的成因

德国老年大学和老人学院并存的多元化老年教育模式成因如图 8－5 所示。

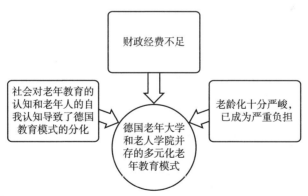

图 8－5 德国老年教育模式的成因

资料来源：笔者整理。

德国严重的老龄化给社会发展造成了极大困扰。据世界银行数据显示，2018 年德国的老龄化程度已经达到了 21.5%（65 岁以上）[①]，老年人口数量将近与青年人口数量持平，庞大的老龄人口给德国的老年教育带来了很大的负担，德国很难只通过政府的力量去制定出一个能满足全部老龄人口的教育方案，而且德国高校也无力承担越来越多的老年学员的加入。所以这也就导致了社会各界为了获利或者是基于公益而创办的各类的老人机构，最终形成了德国多元化的老年教育模式。

财政经费不足，仅靠政府建立的老年教育机构难以满足需求。在德国老龄化相关问题的研究项目中，老年教育的经费比例很少，一定程度上制约了相关研究的开展。所以这也为私人老年机构的创立提供了空间，并形成了多元化的教育模式。

社会对老年教育的认知和老年人的自我认知也导致了德国教育模式的分化。一部分人认为老年人进入高校后，会在很大程度上挤压青年学员的教育资源，而且部分老年人素质不高、求学动机不足，所以他们会借助社会媒体宣扬老年人在高校的不端行为，这严重阻碍了高校提供老年教育。而且老年学员与青年学员的代际冲突时有发生，这种认知在一定程度上掣肘了高校对老年教育资源的提供。此外，作为老年人，他们在高校也很少有归属感，大部分老年人把自己当作大学的参观者或旁听者，这种心理严重影响了他们的学习效率和学习体验。所以很多的老年人更愿意去选择老人学院接受教育，尽管这里的教学不如高校系统和专业，但轻松的氛围让他们更易于吸收知识和交流学问。

8.1.4　日本

日本既是发达国家的代表，又是亚洲邻国，老年教育在"二战"后伴随着经济的腾飞也得到快速发展。作为世界上老龄化最严重的国家之一，日本的老年教育面临着重大机遇和挑战，日本推行终身教育，老年教育主要依赖政府投资，福利特征明显。作为亚洲邻国，日本老年教育的很多做法值得我们学习。

---

①　据世界银行数据显示，2018 年其他国家人口老龄化水平如下：美国 15.8%、芬兰 21.7%、朝鲜 9.3%、日本 2.6%。

1. 日本老年教育发展历程

日本老年教育的发展历程可分为三个部分（见图 8 - 6）。20 世纪 50 ~ 60 年代是日本老年教育发展的初期。第二次世界大战后，日本意识到老年教育的重要性，开始发展老年教育事业。1951 年，日本开设早期老年教育机构以负责开发老年服务项目，老年俱乐部是最早的老年教育形式之一。1954 年，老年教育问题日渐受到重视，社会也参与其中，由民间开办的乐生学院成为老年教育的重要模式。① 到了 60 年代，随着人口老龄化趋势加剧，老年人口比例上升，为解决老年人的社会适应问题，日本政府在加快老年人社会福利机制建设的同时，大力推进老年教育建设，加大财政支持并拓宽教育模式。

随着人口老龄化不断加剧，1970 年日本正式进入老龄化社会，老年人的问题日渐受到重视，终身学习方向确立，日本老年教育进入发展期。日本政府开始开放老年教育设施，教育内容主要涉及日常生活方面。② 1977 年，世田谷老年大学成立，作为日本近代意义上的第一所老年大学，形成了"世田谷式"的老年教育模式。1978 年，日本启动老年人人才活用计划，促进老年人的人力资源的开发，并为老年人提供学习条件，来培养老年人的社会参与能力。

1988 年日本文部省设立了世界上第一个致力于终身学习体系的专门行政管理机构——终身学习局，终身教育从观念开始进入操作阶段，日本老年教育进入成熟期。1990 年，终身学习法的确立推动了老年教育活动的发展，2006 年日本把终身教育的理念首次加入教育基本法。③ 发展历程大体如图 8 - 6 所示。

175

---

① 杨琨、孙佳：《近现代日本老年教育的历史发展进程初探》，载于《重庆文理学院学报（社会科学版）》2016 年第 1 期，第 154 ~ 156 页。

② 陈璐：《日本老年教育发展及启示》，载于《成人教育》2015 年第 2 期，第 89 ~ 91 页。

③ 李清：《国际视野下老年教育的特点与走向探析》，载于《中国轻工教育》2010 年第 5 期，第 5 ~ 8 页。

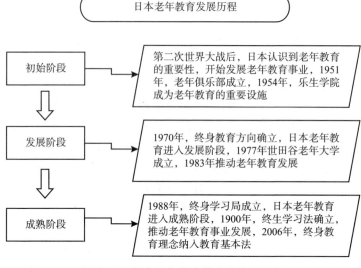

图 8 − 6　日本老年教育模式的发展历程

资料来源：笔者整理。

2. 日本老年教育模式

　　日本实施的是政府投资型的老年教育模式。在日本，老年教育多是由政府投资开办，老年学校的各项开支都列入政府预算。形成了以政府为主导，社会多方参与办学，政府福利机构和行政教育机构共同负责的模式。日本的老年教育依据行政关系与地域范围大体可分为以下四类：

　　一是福祉行政广域型老年教育。该教育类型的老年大学与厚生省福祉科有着密切联系，招生范围一般在都道府县或大都市等地区，招生对象是当地市民。这种类型的老年大学往往是由大财团出资建设并负责运营，有专门设计的课程体系，授课内容涉及老年人的人际沟通和生存意义以及社会话题，同时也注重老年人的能力培养。除了正规课程外，学员们也可以参加社团活动，以及其他形式的组织活动。

　　二是福祉行政密集型老年教育。该教育类型的老年大学的招收范围多在市町村或区级，对授课对象没有要求，大多是一般市民，并以各地区的老年人福祉会馆等公共场所为授课地点。其中，以"世田谷方式"为典型代表，在该教育模式下，由专任导师负责学员的学习内容以及相关活动，经过两年的培养，促进形成社区式的老年团体，并在团体活动中，以培训团体领导者的课程为主，注重促进老年人在毕业后继续进行学习以及参与社会的积极性。

三是教育行政广域型老年教育。此种教育类型的老年大学招生范围主要在都道府县，授课对象主要是当地住民。该教育模式的典型是日本的长寿学园，长寿学园是以图书馆、博物馆等基础设施为授课地点，多由相关的教育机构组织，有着系统化、专业化的教育，学员可根据不同的学习目的接受不同的培养方案，并通过听讲座等形式，感受到学术氛围，接受更专业的训练。

四是教育行政地域密集型老年教育。此种教育模式主要以地区性的公民馆等作为教育依托和硬件设施。公民馆是日本最常见的社区教育设施，教授内容多与个人兴趣相关，注重老年人的生活娱乐。同时，它也为更多老年人提供了相互了解、相互沟通的渠道和平台。[①]

除了上述模式，日本还有自治自助型老年教育，这种老年教育由民间发起，以自行组织为特征，典型的是北广岛学习园。北广岛学习园是民间团体投资，由老年人自助经营的老年教育机构。教育活动内容由老年人自主安排与设计，培养老年人的组织能力与参与能力，保持老年人的积极性，同时，也在一定程度上缓解了政府的财政压力。此外，还有类似仙台老年人网站俱乐部的非营利性组织，为老年人提供电脑等设备并进行网络教学，由同龄人担任教师，以便更有效地进行授课。

3. 日本老年教育模式的成因

日本经济的发展促进了老年教育的发展与创新。日本是当今第三经济大国，经济高度发达。随着经济的发展，服务业比重不断上升，同时带动了教育事业的发展。随着老年教育关注度不断提升，老年教育的关注度也受到社会各界重视。日本注重教育领域的创新，不断为老年教育多元化发展提供动力，形成各具特色的老年教育体系。

日本政府为应对人口老龄化，大力发展老年教育，通过政府投资参办，形成了完善的老年教育体系。随着老龄化现象的逐渐加剧，日本越来越重视老年教育，并将老年教育加入终身教育体系，不仅敦促福利部门与教育部门积极参与老年教育，而且给予大量财政资金用于促进老年

---

① 陈思彤：《日本老年大学探析——以 MHRB 老年大学为例》，东北师范大学硕士学位论文，2009 年，第 4～15 页。

教育事业的发展。当然，由于日本老龄化较为严重，由政府单一投资建设的老年教育设施比如公民馆、长寿园等教育设施辐射区域有限，光靠政府设立教育机构无法满足老年人对老年教育的需求。因此社会团体、社区机构、企业、个人也成为老年教育的办学主体，形成了多元化的老年教育模式。

日本民众对老年教育需求不断增加，促进老年教育的发展。一方面，随着日本不断推进完善终身教育体系，民众在这个过程中也受终身教育理念的影响，对终生学习的认识渐渐加深，老年人接受老年教育积极性较高。另一方面，日本作为福利国家，福利制度完善，公民在老年生活上有可靠保障，老年人在生活方式上有了更多的选择，形成了对老年教育多样化的需求。

8.1.5 韩国

和日本一样，韩国同样是中国的邻国，老龄化问题十分突出，在老年教育方面也走出了一条颇具特色之路。当前韩国老年人的再就业率高居世界前列，老年教育在其中发挥了重要作用。

1. 韩国老年教育发展历程

韩国的老年教育制度起始于 20 世纪 60 年代的社会保障制度建设，以首尔终身教育院首次开设老年人学习课程为标志，于 1972 年 10 月正式启动。1978 年，成立老年福利会馆等福利设施作为老年大学的办公场所。在 80 年代中期，保健福祉部代替教育部负责管理老年教育。1991 年韩国推出了鼓励老年人的就业政策，并在 1997 年继续推进社会福利政策。此时的老年教育更多地被视为一种社会福利。到了 90 年代后期，韩国老年教育进入终身教育阶段。1996 年韩国教育部直属的社会国际教育局改编为终身教育局，设立专门负责老年教育的行政部门。1999 年 8 月，韩国出台《终身教育法》，鼓励每个人都应以终生学习为理念，为韩国终身教育活动提供制度保障。

2. 韩国老年教育模式

韩国老年教育的办学主体以政府为主导，多方参与为特征。政府相关部门包括保健福祉部和教育部，老年组织包括韩国成人教育协会、红十字会、大韩老人会等，以及社会志愿团体、宗教团体等。办学机构包括老年大学、社会福祉馆、终身学习馆、老年大学、大学附属终身教育院等，其中老年大学数量最多。[①] 韩国老年大学一般由老年组织、社会志愿团体、宗教团体创办，不同的团体往往注重不同的教育目的。老年组织创办的老年大学是为了让更多老年人有接受再教育的机会，丰富老年人的文化生活。例如由大韩老人会创办的老年大学，旨在提高老年人适应现代生活的能力，帮助解决代沟、文化滞后的问题，教授老年人资金管理、健康管理的相关知识，帮助老年人过上幸福的晚年生活。由韩国红十字会创办的老年大学则更注重老年人对当代人际关系以及对时代发展的适应，同时提高老年人的社会地位，消除社会对老年人的偏见。该类大学主要为了让社会改善对老年人的观点，认识到老年人发展的可能性，重塑老年人在家庭和社会中的重要角色。社会志愿团体创办的老年大学是为了增强老年人的社会适应能力，以及解决老年人边缘化的问题。这类学校多以传播孝道为主，帮助与安慰被疏离和孤独的老年人，激发他们的学习兴趣，使他们更好地追求幸福的晚年生活。宗教团体创办的老年大学是为了让老年人获得社会尊重以及相关宗教理念的传播。老年福祉馆和社会福祉馆归属于保健福祉部，其教育目的主要是丰富老年人的娱乐生活以及专业技能学习，终身学习馆归属于教育部，有专门针对老年人开设的课程。大学附属终身教育院提供的老年教育不仅包括对老年人的文化类修养、职业培训以及学位获取还包括老年教育指导人员的培养课程。

　　韩国老年教育课程多样，在生活方面，包括健康知识的学习，金钱管理的学习，兴趣爱好的培养；在心理方面，包括克服孤独的引导，适应退休生活的引导，积极面对老年生活；在生理方面，关注老年人的身体状况，培养引导老年人健康的生活习惯，如适当的运动、合理的健康饮食、规律的生活作息等；在学习方面，包括技能的培训、专业知识的传授等。除此之外，退休准备教育、死亡准备教育和代际融合教育等也包含在韩国的老年教育中。韩国老年教育还专注于老年人的职业教育，包括心理辅导、知识传授、能力培训等。其中，心理辅导是帮助老年人

---

　　① 刘静：《韩国老年教育的特点及其对中国的启示》，载于《成人教育》2015 年第 1 期，第 84 ~ 87 页。

以积极的心态对待工作，正确处理好职场上的人际关系；知识传授是教给老年人社会经济相关的基础知识，以及收入与资产的管理方法；能力培训是让老年人具备岗位工作的专业技能。韩国负责老年人职业教育机构包括劳动部的地区雇佣援助中心、老龄人才银行等政府机构，大韩贸易投资振兴公社、韩国国际协力团等民间机构。[1]

3. 韩国老年教育模式的成因

老龄化日渐严重促使韩国发展职业老年教育。韩国在 2000 年已步入老龄社会，到 2018 年进入高龄社会，目前人口老龄化的趋势还在不断加剧，劳动年龄人口的比例减少加重了年轻一代的负担，而且不利于社会经济的发展。为了应对老龄化，韩国将老年人力开发作为重要战略，在老年教育中加强老年人的职业教育，使老年人也作为人力资源的一部分助推社会发展。

韩国是亚洲地区经济发达的国家，但由于 60 年代实行的"先增长后分配"政策，韩国经济虽然已经持续了 20 多年的高速增长，但当时社会保障制度并没有跟上经济增长的步伐。随着后来社会保障制度的建立，老年教育也得到政府重视，韩国有关部门开始资助老年教育机构的建设，同时给予相关政策支持。

办学制度的开放性促成了韩国老年教育多样化。在韩国，政府没有对老年教育的设立施加限制，任何组织或个人都可在满足相关政策以及要求的条件下开办老年教育机构。宽松的开办条件使得社会上涌现了大量的老年大学，老年大学也因开办主体的差异而呈现出不同特点。

为了缓解老年人退休后的生活压力，韩国的老年教育更加注重老年人的再就业培训。由于韩国社会保障制度起步晚，关于老年人的养老金、福利制度不够完善，导致部分老年人在退休后没有足够的经济来源，只能继续工作维持生计。韩国政府通过推行老年人的再就业政策缓解这一现象，在老年教育中通过再就业教育提高老年人退休后重新就业的能力。

---

[1] 刘静：《韩国老年教育的特点及其对中国的启示》，载于《成人教育》2015 年第 1 期，第 84~87 页。

8.2　中外老年教育的比较研究

本节从老年教育的管理体制、制度支持、教育模式、供给模式等四大方面对中外老年教育进行对比，挖掘我国与国外典型国家的差异性，并在此基础上指出我国老年教育存在的问题。

8.2.1　中外老年教育管理体制的比较研究

1. 国外老年教育管理体制

相较于中国多元化的管理体制和过于分散化的管理机构，国外的老年教育管理体制和管理教育具有更高的统一性和系统性。而且国外对老年教育的定位是终生教育的一部分，老年教育的主管部门比较明确，所以老年教育发展的方向比较明晰。

在美国，老年教育的管理机构比比皆是，但是美国早在 1965 年就成立了老年教育的最高决策机构——老龄管理局，统筹和协调相关老年教育的各项问题。而且美国社区型的老年教育模式是依托当地的高等院校，将社区作为教育的基本单位，这种点线面的辐射性教育模式，也更方便了美国对各种老年教育机构进行网络化管理。虽然美国的老年教育管理机构众多，但是美国相应的建立了很多针对老龄教育的法律法规，完善的法律系统也间接地成为一种独特的管理模式，而且这种管理更具强制力和规范力。

德国是一个老年教育模式多元化的国家，但是德国的老年教育机构主要是老年大学和长者学院，管理的目标相对较少且针对性强，所以管理机构并未出现过多的管理紊乱。而且德国的老年教育管理分工也很明确，老年大学的管理主要由大学继续教育中心负责，并为此制定了《大学法》来约束老年大学的运行机制；长者学院主要有两种形式：一种是出于公益目的社会团体，一种是为了获取商业利润的普通学校。针对后者德国特意出台了《成人教育法》对其进行约束。而且在 20 世纪 70 年代，德国的每一个州几乎都建立了推进终身教育的法律保障机构，终身教育职责保障的任务由多个机构同时承担：联邦政府负责专业法律法规的制定和出台，各联邦州的文化和教育署负责其他的管理事务。德国相对集中地教育机构和明确的分工很好地避免了教育模式多元化带来的管理模式的混乱。

日本实行的是政府主导的，中央权力与地方权力相结合的老年教育管理体制，各地方的老年教育管理部门每年都要向国会递交《老龄社会白皮书》，汇报当地的老龄化事业的发展状态，这使得中央政府能充分监督地方政府，而且可以充分了解各地区的老年教育的发展状态，从而做出更科学合理的决策，合理配置资源协调各地区间的发展。早在1978年日本在文部省建立了终身学习局，全权负责日本老年教育事业的管理，并于1978年为老年教育事业编列专款预算。由此看来日本的老年教育管理体系也是相对完善和系统的。

2. 我国老年教育管理体制

根据2013年全国老年大学协会的统计数据，截至2012年底，我国老年大学（老年学校）的入学率为3.49%，而老年人口增长率为8%。① 造成这种现象的原因一方面是受中国国情的制约，很多老年人对老年教育不接受甚至认为没有必要。其次，中国地域辽阔，老年人口的分布有很大的分散性，一些偏远地区在目前还很难覆盖到。另一方面，中国老年教育的覆盖率低很大程度受制于中国多元化的老年教育管理体制，这种体制导致了我国的老年教育没有自上而下的职责统一的管理部门，而是分散于管理权限和管理性质不同的部门进行管理，这难免导致了很多政策的实施很难达到上下贯通。

在我国由于老年人口基数大而且地区与地区之间民族与民族之间存在很大差异，老年教育的模式呈现多样性，主体涉及了较多的管理部门。由于长时间一直对老年教育的管理定位和管理依据都比较模糊，中国老年教育管理的主体部门也随着老年教育的发展在不断地变迁。一开始，由于老年教育的对象以退休的老员工为主，所以老年教育的管理工作便由老干部局负责。老年教育作为老龄事业的重要分支，1983年国务院任命中国老龄问题全国委员会为处理中国老年教育问题的常设机

① 张瑾、韩崇虎：《多属性视域下我国老年教育管理发展和创新研究》，载于《职教论坛》2019年第1期，第92~97页。

构。随着老年教育的持续推进，老年教育面对的受众范围越来越广，所以中国在 1995 年出台了《中华人民共和国教育法》，明确了教育是老年教育的本质属性，决定将老年教育纳入教育部管辖，但是教育部的管理重点还是仅仅致力于学历性教育工作。而后随着人民生活水平的提高和对更好精神生活的渴望，国家对老年教育的定位逐渐突出了其不断开发的文化属性。所以在 1999 年，中国老龄委员会规定文化部全权负责全国老年教育中的非学历性教育工作。由于老年教育的多重属性和对老年教育的定位不够明确，我国始终未能建立老年教育专管部门，而是由多部门针对老年教育的对口属性联合管理，这难免导致了老年教育管理的低效和混乱。

中国老年教育在具备教育属性的同时还兼备公益性，办学主体来源相对广泛。据中国老年大学协会课题组在 2011 年的调查统计显示，我国的老年教育学校共计 26513 所，乡镇和科级单位占据了绝大部分比重，分别为 31% 和 57%，省部级、地市级、县市级、高等院校和科研机构、大中型企业以及其他单位仅占 10%。从这可以看出基层政府单位是兴办老年教育机构的主力军。按所有制来看这些老年教育机构中公办的占 82.1%，民办的占 2.2%，公办民助占 4.7%，民办公助占 11%。[①] 公办的教育机构占据了极大的比例，所以在此后的发展中，在保证政府和公有单位要持续做出贡献的同时，充分挖掘私有单位和民办单位的办学潜力。老年教育多样化的办学主体，导致了其多龙戏水的管理体制，很难形成统一的成体系的行政管理系统。上下级管理部门的职能不匹配，各地区之间的管理机构千差万别，老年教育管理机构之间的沟通无论是横向还是纵向都存在很大的障碍，各机构对老年教育的发展方向和支持力度也相差悬殊，这也导致了中国的老年教育在各地区之间是极其不均衡的。

作为老年教育的承载主体老年大学，自建立以来一直未形成自上而下、分工明确的管理体系。中央对老年教育管理主体的不断变更，各地方适应程度和适应周期的差别，导致了各地方的管理体制更是纷繁复杂。只面向退休员工的，归老干部局管理，将其划入老龄事业的归老龄委的，突出其教育属性的归教育部门管理，突出其文化属性的由文化部

183

---

① 中国老年大学协会课题组：《中国老年教育若干问题研究》，黄河出版传媒集团 2011 年版，第 343～346 页。

门管理，也有专门为其成立的老年教育工作委员会，各企业事业单位内自建的老年教育管理部门更是五花八门。错综复杂的管理机构和主责部门各异的管理体制让中国的老年教育很难建立一个最高决策部门去统筹协调和规划决策老年教育的走向。

3. 我国老年教育管理体制存在的问题

对老年教育的属性定位模糊且经常发生改变，导致了老年教育主责部门也频繁变动，未形成统一的管理模式，多种管理模式的交叉和分工不明严重影响了老年教育管理的效率。

老年教育的办学主体种类过多，不同办学主体之间缺乏沟通合作，而且又缺少对它们进行统筹协调的管理部门，各办学主体之间的相互独立让中国的老年教育很难找到统一的发展方向，严重拖累了老年教育的发展速度。

中国老年教育管理机构的上下级之间和平级之间由于部门职能的不匹配，信息和各种政策都难以准确传达，从而难以在短时间内形成促进老年教育发展的合力。中国的老年教育缺少一个最高的决策机构去引导建立自上而下的管理体系，分散化的发展很难保证持续性，而且极容易导致教育资源在各地区之间的不合理配置，阻碍老年教育的均衡发展。

8.2.2 中外老年教育制度支持的比较研究

1. 国外老年教育的制度支持

老年教育发达的国家往往也是相关立法最为完备的国家。例如美国是世界上成人教育立法数量最多、最完善的国家。通过完备的法律法规，美国建立了较为成熟的终身教育制度。美国早在1965年就制定了《高等教育法》和《美国老年人法》，法律规定图书馆等文化场所要面向老年人开放，而后美国又在1976年制定出台了世界首部《终身教育法》。日本的老年教育虽然没有直接的法律文件，但是有关老年教育的问题在各类老年法中都有所体现。2006年，日本62年来对教育基本法做出了修改，把终身教育纳入教育基本法，将日本的老年教育提高到了与基本教育并驾齐驱的地位，充分地支持和保障了日本老年教育的发展。1970 年是联合国国际教育年，对老年教育的发展问题展开了激烈的讨论，德国受此氛围的熏陶成立了大学成人教育联邦工作组负责老年教育的保障工作，之后随着老年教育工作的进一步展开，1972 年德国颁布了纲领性文件《终身教育》，把老年教育纳入终身教育范畴，并于1974 年成立了第一所老年大学。随着老年大学的起步，德国纷纷出台《高等教育法》与《德国高等教育总纲法》，明确规定了高等学校必须对国民承担继续教育的使命，循序递进的法律法规保障了德国老年教育的可持续性推进。

　　以美、日、德为代表的发达国家经费资助来源同样广泛，均以国家政府拨款作为主要支撑。在美国，政府拨款和社会各界的捐款是老年教育经费的主要来源，而且政府拨款是定额拨款，每年都要求联邦和地方政府按比例出资。来自社会各界的捐助更是数不胜数，老年基金会、社会慈善组织都积极为老年教育提供捐助。德国的两大主要教育机构都有稳定的资金来源。德国老年大学的资金来源除正常的学费收取外，还有来自联邦政府的"置办工作岗位措施"基金、各地劳动局给失业人员再培训的预算经费、社会各界的捐款、欧盟赞助以及联邦政府和各联邦政府的科研和老年项目经费。[1] 出于公益目的以社会团体注册的长者学院除收取学费外还可以获得额外财政补贴和税务减免，为了获得商业利益以普通学校注册的长者学院主要靠收取学费。除德国政府本身的资金扶持外，还有来自欧盟的资助，如欧洲共同体和德国联邦政府的"家庭老人妇女青少年部"共同资助建立了欧洲的老年教育信息网络，推进了老年教育的信息化进程。日本在 1973 年正式为老年教育编列预算，并于 1978 年鼓励各地区为"高龄者人才活用事业"编列专款预算[2]。据经济合作与发展组织数据显示，截至目前日本社会保障资金的 69% 都用于老年的医疗和福利，充分的资金支持让日本的老年教育发展迅速，让日本成为了人口老龄化程度最高，但是老年生活幸福指数非常高的国家。

　　① 俞可：《德国老年教育：从缺失到多元》，载于《世界教育信息》2017 年第 4 期，第42～49 页。

　　② 饶冠俊：《日本老年教育发展及启示》，载于《中国成人教育》2019 年第 14 期，第70～72 页。

2. 我国老年教育的制度支持

在老年教育的制度支持方面，我国的支持力度相对不足。缺乏完善的法律保障体系，我国针对老年教育的法律文件无论从数量还是针对性上都尚待完善。我国针对老年教育的法律保障文件如图8-7所示。

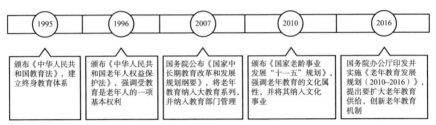

图8-7 有关中国老年教育法律保障的文件发展历程

资料来源：笔者整理。

从我国老年教育法律法规的发展历程来看，我国的老年教育法律体系起步较晚，而且颁布的法律法规大多都是为了明确老年教育的属性进而确定老年教育的管理部门。直到2016年才颁布了直接针对老年教育的发展规划，所以我国对老年教育的法律支持力度是存在滞后的。

在政府以及社会资金和政策支持方面，中国作为一个发展中国家，相对其他早已步入发达国家的差距就更大了。由于中国的人口基数庞大，老年人口众多，要想达到老年教育的全覆盖，必定需要大量的资金投入和政策倾斜，这注定是一个长期的过程。从目前来看，中国对老年教育的资金支持力度远远不够，大多依靠各地方政府对老年教育事业进行财政补贴，但这也导致了各地区之间支持力度的极度不均衡。据中国老年大学协会2010年统计，从老年学校的数量来看经济发达的华东地区老年大学有28465所，占全国老年大学总数的66.2%；而经济相对落后的西北地区老年大学仅有914所，占全国高校总数的比例为2.1%；从入学率来看，入学率最高福建省比例是13.42%；内蒙古最低仅有0.37%。① 这种巨大的差距，固然有地区间经济实力有所差距的原因，但更多受制于地区领导对老年教育的重视程度。另外在多元化的办学体

---

① 张瑾、韩崇虎：《多属性视域下我国老年教育管理发展和创新研究》，载于《职教论坛》，2019年第1期，第92~97页。

系下，办学经费的渠道多样，包括企事业单位自筹和营业外支出、政府财政预算和定额补贴、办学单位收取学费、社会捐款等，虽然经费的来源广泛，但是在数额上却远远不足。很多地区政府并未把老年教育机构的办学经费列入财政预算，一些经济不发达的地方政府对老年教育的财政拨款缺乏长久而稳定的投入。中国对老年教育的资助从中央到地方都是严重不足的。

3. 我国老年教育制度支持存在的问题

我国目前对老年教育的支持力度远远跟不上中国老龄化的发展速度，而且在支持的方式和方法上也存在着较大的缺陷，这造成了中国老年教育的发展动力不足，推进受阻，覆盖难以展开。现将中国老年教育制度支持方面存在的问题列举如下：

政府对老年教育的支持力度不够，教育资源的配置也不够合理、地区间老年教育的发展差距过大。

老年教育法律法规的保障体系不完善，缺少完善的法律体系作为强有力的保障和支撑，导致了老年教育的发展缺乏稳定性和计划性。

社会参与度不够，由于中国老年教育的社会关注度还不够高，也未充分意识到老年人力资源开发的重要意义，导致了社会团体和私人对支持建设老年教育的积极性不高，社会兴办的老年教育机构数量偏少。

公办机构经费补贴不足，私办机构造血能力不足。受制于各地政府对老年教育的重视程度有限，导致各地区内的公办老年教育机构得到的经费补贴不足，只能提供有限的老年教育服务，教育成果不理想；私办的机构，由于无法对老年人收取高学费，又得不到政府的办学补贴，所以很难保证对现有服务的升级和拓展。

8.2.3　中外老年教育典型模式的比较研究

1. 国外老年教育的典型模式

国外不同国家的老年教育形式各具特色，主要包括社区式的老年教育形式、普通高校中的老年教育形式以及老年学校。社区式的老年教育形式在发达国家应用广泛，以美国为典型代表，美国把当地的大学作为教育设施，为周围社区中的老年人提供老年教育，与之相似的日本的公民馆，是最常见的用于老年教育的设施。普通高校中的老年教育是依托高校中的硬件设施以及师资资源向周围老年人提供老年教育，例如芬兰的第三龄大学、老年大学，其中的开放大学是远程教育的一种，美国、英国等国家都设有开放大学。

国外的老年教育课程形式多样、内容丰富。许多老年机构为了满足老年人的精神文化需求，开设了多种不同形式的老年课程，形成多元化的课程体系，主要包括高校老年教育、第三龄大学、旅游教育、社会实践教育等。高校老年教育是由专门从事老年教育的机构管理，主旨是提高老年人的生活质量，同时注重老年人专业水平的培养。高校老年教育有完善的课程体系以及学分制度。第三龄大学多以高校为依托，向老年人提供学习的场所，一般没有学历要求，不授予学位。除了一般的学习形式外，还开设休闲旅游教育，该教育是组织老年人游览国内外的名胜古迹，或野外郊游活动，通过旅游的形式保持老年人愉快的心情，开阔眼界，领略不同的风土人情。社会实践教育形式又可分室内实践活动和社区实践活动教育，室内实践如护理、瑜伽、烹饪、应急治疗，以及生活技能教育。社区实践教育主要包括公共表演、社区服务、运动教育，以及老人自助与互助等活动形式。[①] 国外的老年教育课程内容普遍包括退休前的准备教育、最后的死亡教育，使老年人以正确的态度面对退休后的生活。其他课程内容多是为了丰富老年人的生活，满足老年人的需求。国外的老年教育课程同样注重老年人的社会参与，一些教育机构会向学员提供培训团体领导者的课程，负责老年活动团体的组织与管理，典型的是日本的"世田谷方式"的老年大学。一些国家的教育机构也会为老年人提供职业培训，帮助老年人再就业，例如韩国的大学附属终身教育院。

2. 我国老年教育的典型模式

我国的老年教育主要形式是老年大学。目前，全国各省市都设有老年大学，同时面向所有老年人。社区老年教育发展也已初具规模，我国在社区老年教育基础上推行远程老年教育，社区老年人利用政府提供公

---

① 李学书：《中外老年教育发展和研究的反思与借鉴》，载于《比较教育研究》2014 年第 11 期，第 54～59 页。

共设施进行活动，社区、居委会负责组织老年活动的开展与管理。老年远程教育多是在社区层面或老年人自行发起的，老年人通过社区组织参与远程教育课程，例如，江苏省的"夕阳红江苏老年学习网"为当地老年人提供新的更方便的学习平台，老年人可以根据自己的需要与爱好选择课程。同时，老年人也可以根据地理、文化、社会、民俗等方面差异，自发组织不同内容的活动，具有很强的开放性。

我国的老年教育课程以休闲娱乐为主，课程内容包括瑜伽、健身操、太极拳、舞剑等休闲保健类，以及书法、绘画、合唱、舞蹈等兴趣培养类。在形式上多是组织老年人晨练、公益性质的文艺汇演、思想政治教育等。通过网络进行学习的形式也不断在社区老年教育中得到广泛推广，老年人有更多的自由选择课程类型与时间。

8.2.4 中外老年教育供给模式的比较研究

1. 国外老年教育的供给模式

国外老年教育的办学主体多样，包括政府、社会组织以及私人团体。政府投资参办的老年教育，典型的是日本。日本的老年教育是以政府投资为主，包括福祉行政部与教育行政部参办的老年大学，不同办学主体的老年大学的主要功能也有所不同，前者注重老年人的能力培养，后者注重老年人的生活娱乐。与之相似的还有韩国，韩国的保健福祉部负责运营老年福祉馆和社会福祉馆，教育部负责运营终身学习馆归属于教育部。社会组织主要包括高校、大学等单位创办的老年大学，包括专业教育机构、非营利机构、志愿者团体、宗教等，这部分老年教育多以自助自治的方式进行运营。韩国是办学主体多元化的国家，老年组织、社会志愿团体、宗教团体等都参与老年教育的创办。私人团体还包括由老年人自发组织的老年教育，如美国的社区老年大学、日本的长寿学院。

国外发达国家重视老年教育具有广泛覆盖性。例如，美国重视地区老年的均衡发展，社区式的老年教育覆盖广泛，同时，开设不同形式的老年教育机构，弥补了高校依托型社区教育覆盖不全面的缺点，使老年教育的覆盖范围变得更加的广泛。日本的老年教育针对不同的地区，开设不同服务范围的老年教育，密集型老年教育主要是针对都道府县或大都市等地区当地市民，广域型老年教育主要针对在市町村或区级及周边地区的一般市民。

2. 我国老年教育的供给模式

我国的老年教育是以政府为主导，多方参与。从数据可以看出，我国大部分老年大学都由政府参办。其他参办主体还包括高等院校和科研院所、国有企业、社会组织等。目前，我国的各个省份都设有老年大学，由政府提供资金与政策支持。一些经济发展较快的城市都已建立起中心城市区、县乡镇、居委会、村的四级网络，形成广泛的覆盖领域。地方政府通过以社区为单位向老年人提供老年教育设施，组织老年人活动。同时，政府也在加快农村老年教育的推进，逐步增加农村老年大学的数量，利用网络、电视等工具进行远程老年教育，扩大老年教育的辐射范围。同时，政府不断加快老年开放大学的建设，推进远程老年教育的普及。

3. 我国老年教育模式存在的问题

我国的老年教育理论是借鉴西方的理论体系实践与发展出来的，相比西方的理论体系，我国的理论体系并不完善。虽然研究者一直在推广西方的老年教育理论，例如权利理论、终生学习理论、社会参与理论，但在老年教育方面并没有得到很好的落实，老年教育的取向一直保持在丰富老年人生活这个方向上。

我国老年教育形式单一，以课堂授课为主，缺乏实践性课程。课程体系仍不完备，缺少相关理论基础，很少有死亡教育方面的内容。老年教育的课程主要是健身活动与兴趣培养课，内容多是健身娱乐，有关专业知识课程只占很少一部分，老年人力资源开发等内容和形式被忽略。老年教育也没有正视教育对老年人的社会环境应对能力提升和潜能开发价值，社会对老年群体的价值认同程度不高，老年人对自我价值认识不到位，使教育功能被狭义化。老年人参与社会活动的频率不断减少，老年人的自我社会价值难以真正实现。

第9章 我国老年教育资源协同 发展的对策建议

"老年教育是以老年人为对象，为老年人学习需要的满足、老年人素质的提高、老年人对社会发展要求的适应而开展的终身教育活动。"①老年教育既事关老年人个人的教育权利和生存发展能力，又与社会的和谐发展、终身教育型社会的构建有密不可分的关系。在整个教育系统中，老年教育在发展理念、资源配置、管理体制等领域都表现出较强的特殊性，而在这些实践领域，我国的老年教育均存在着不同程度的短板。通过分析发现，老年教育事业的建设与发展，需要多方协同、合力发展，这是解决当前困境的战略性选择。因此，本书基于老年教育的理论基础，全面梳理老年教育发展现状、深刻剖析存在的问题和原因、借鉴国外先进经验，从确立协同治理目标和发展原则、推进老年教育多元化供给改革、完善老年教育管理体制以及构建高校协同的综合长效机制等方面，提出实现老年教育协同发展的战略思路和对策建议，以期实现老年教育事业高质量发展和积极老龄化的最终目标。

9.1 确立协同治理目标，遵循协同发展原则

党的十九大提出"打造共建共治共享的社会治理格局"。随着社会对老年教育认识的深化，老年教育的本质属性逐步明确。老年教育既是现代社会应提供的一种准公共品，也是老年人的一种权利。对此，老年教育发展应确立起协同治理的目标，包括政府要树立正确的老年教育行

---

① 陆剑杰：《老年教育学》，河海大学出版社 2019 年版，第 7 页。

政观、社会要树立新时期的老年教育观、高校树立高等教育与老年教育的协同发展观，且在协同治理中应遵循"公益普惠、覆盖城乡、协同治理、法治保障"的原则。

9.1.1 重塑老年教育发展理念，确立协同治理目标

老年教育的本质属性是教育，是终身教育体系的一部分。为此，其发展应坚持政府主导、社会参与，通过政府、社会及高校等多主体协同，来满足老年人的教育需要。

1. 明晰老年教育本质属性与定位

老年教育因其教育对象、教育目的、教育模式等方面的特殊性，使老年教育必然带有多重属性和多维度的意义。对老年教育本质属性的正确理解和把握是构建我国老年教育管理和教学体系的基础，同时也是形成党委领导、政府负责、社会协同、公众参与、法治保障的社会管理体制的前提。目前在老年教育研究领域中，对老年教育的本质属性的界定仍存在争议，主要存在两种不同倾向，一种是强调老年教育的"教育"属性，一种是偏向老年教育的"公益"属性。鉴于老年教育属性的确定需要服从和服务于老年教育的实践，为此应从老年教育实践的决策方和主导方，即国家层面来解读老年教育的属性与定位。

通过对 2000 年以来国家老龄事业部门和教育部门发布的老年教育相关政策法规进行梳理，发现国家层面对老年教育的认知是有所转变的，由最初把老年教育作为老年服务业的从属性活动，到后来将其视为独立存在的终身教育体系中继续教育不可或缺的一环。伴随认知上的转向，老年教育的目标逐渐变得更为全面、清晰，除了满足老年人获取知识和技能等浅层次的智能需求，还包括提高生命和生活质量的深层次精神需求。基于这一认知，老年人受教育的权利被提出并得到法律的保障。从老年人教育权利层面来思考老年教育的属性和定位，老年教育便与我国教育系统中的学前教育、义务教育和高等教育等子系统同属一个大系统。作为国民教育体系中的一环，老年教育的本质属性必然是教育。

对老年教育本质属性的确认，要求秉持终身教育的原则，把老年教

育纳入继续教育体系，从而完善国家终身教育体系。在这一指导和要求下，老年教育将不再以传统的学校教育为唯一模式，不被固有的教育年限所制约，而是把所有关于提高老年人的生命质量和思想文化水平的教育教学活动都视为终身教育的有机组成部分。

2. 政府树立正确的老年教育行政观

老年教育行政指国家通过教育行政主管机关、老龄事务主管机关以及政府的其他职能部门对老年教育事业的领导和管理，包括中央、省、市、县各级政府的职能部门对老年教育事业的领导和管理。树立正确的老年教育行政观是政府积极推动老年教育事业发展的重要基础和前提。

首先，各级政府应明确老年教育行政的公共性。基于对老年教育属性及性质的认识，老年教育作为准公共品，其教育行政应体现出公共性：一是老年教育行政应确保老年教育的公平性。根据不同省份及地区实际情况，公平、科学、合理地进行老年教育制度和政策的设计，致力于所有老年人教育权利的实现。二是老年教育行政应推动跨区域、跨层级的合作。老年教育行政机构应该适时转变其职能，强调老年教育分权化，赋予地方政府特别是省级以下政府更大的权限和责任，以推动各级政府各相关职能部门之间的协调、合作。三是在老年教育决策、执行的行政实践中，要建立起政府和其他老年教育利益相关者参与对话的机制，扩大其他利益相关者的广泛参与。

其次，各级政府应明确老年教育行政的独立性。虽然老年教育和普通教育都是培养人才的社会实践活动，但由于老年教育对象及培养目标的专属性，应该有自己专属的教育行政。政府相关部门对老年教育应深入了解其背景起源、性质地位、作用意义、发展历程、机制体制、存在问题、发展方向和国际先进经验做法等详细情况，提高老年教育行政的独立性。

3. 社会树立新时期的老年教育观

观念影响着实践的走向和实施的路径，老年教育若要促进老龄群体从"老化"到"优化"的转变，同样离不开观念的转变。大量研究资料显示，对老年人的传统刻板印象会影响一个社会对待老年人的看法，同时也会影响老年人对自己的定位。如老年人会降低自我形象，甚至甘愿被社会边缘化。在传统社会，老年人作为经验的象征在家庭和家族中似乎仍然处于中心地位，但社会舆论一般认为老年人已经处于人生的最后阶段，他们的主要任务就是养老，并尽可能地享受生活。因此基于这种观念形成的老年观就主张以颐养天年为要旨，而老年教育的内容也大多以休闲娱乐型活动为主，所谓老年教育就是"福利＋娱乐＋保健"。持这种观念的人把老年人视为被动适应社会的个体，而非积极主动创造价值的群体，故而其老年教育观亦同样呈现出"消极"的倾向。

近年来，随着终身学习理念的普及和学习型社会建设的推进，人人皆学、处处可学及保障每一个个体学习权的思想深入人心，教育的核心理念亦从"教育"转向"学习"，其中老年人不应成为被动的教育接受者而应成为主动学习者的观念更是受到社会关注。换言之，老年人同样具有个体发展需求，同样需要化被动为主动，需要通过不断学习、终身学习去提升自身的生命价值，他们的学习权利同样需要得到切实的保障。尤其进入新时代，为了提升老年人的生活质量和生命价值，需要改变对老年人的陈旧偏见。只有把他们继续看作是社会发展的重要力量，并由此促进老年人通过教育途径去达成自娱、自乐、自学、自养的目标，同时鼓励有条件、有兴趣的老年人参与"夕阳红"的再培训与再就业计划，才能使其在学习和劳动的过程中找到自己的价值所在，从而实现老有所学、老有所为、老有所乐、老有所用的目标。

4. 高校树立高等教育与老年教育协同发展观

现代高等学校的职能一般认为有三种：培养人才、发展科学知识和社会服务。其中社会服务的职能指高校利用其教育资源满足社会现实的需求。这一职能的规定源于"威斯康星"理念，即美国威斯康星大学范海思提出的："大学要走出围墙，把大学的知识和技术优势推向社会，传播于社会，让大学中的专家、学生直接参与当地的农业生产，实现大学与社区、社会的一体化"。由此可见，高校服务社会的职能，是高校的教学和科研的成果转化后向社会开放、走向社会的结果。

我们国家一直以来都把高校的社会服务职能放在重要位置，不断鼓励高校开展形式多样的社会服务。在《国家中长期教育改革和发展规划纲要》中就强调了要增强高校的社会服务能力："高校要牢固树立主动为社会服务的意识，全方位开展服务。推进产学研用结合，加快科技成果转化；开展科学普及工作，提高公众科学素质和人文素质，积极推进文化传播，弘扬优秀传统文化，发展先进文化；积极参与决策咨询，充分发挥智囊团、思想库作用。鼓励师生开展志愿服务。"老年教育作为应对人口老龄化问题，响应"老有所养、老有所依、老有所教、老有所学、老有所为、老有所乐"的老龄工作方针，实现"健康老龄化""积极老龄化"，在其发展中整合高校力量成为现实的选择。高等学校依托现有的办学条件和资源优势，协同社会各方力量，推动老年教育的发展也成为其义不容辞的社会职责和应具备的社会服务能力。

　　另外，普通高等学校还担负着继续教育的社会工作。以往高等院校的继续教育大都等同于成人学历教育，是全日制教育的补充，是实现高等教育大众化的一种途径。但是随着终身教育理论的提出，终身学习的学习型社会的建设，继续教育被纳入到终身教育体系中。1998 年在法国巴黎召开的首届世界高等教育大会上通过的宣传和行动计划中提到："高等教育要根据终身教育、终身学习社会的要求，为学习者提供最大的入学选择自由和进出这一体系的灵活性。"继续教育的对象也由之前的工程技术人员扩展到各行业、各领域、各年龄段的在职从业人员和离退休人员。在这一过程中，老年人受教育的权利也逐步得到重视："老年人有继续受教育的权利。国家发展老年教育，鼓励社会办好各类老年学校。"① "各级政府要继续加大对老年教育的投入，同时动员社会力量，因地制宜办好老年教育。"② "老年教育作为终身教育体系的重要组成部分，是终身教育思想与实践的终极体现，而老年学习是终身学习思想与实践的终极表征，老年学习与学习型老年群体的形成又必定是学习型社会最完美的体现。"在 2013 年修订后的《老年人权益保障法》中明确提出"老年教育属于国家终身教育体系"。至此，高等教育与老年教育协同发展具备了法律依据。

　　由此，充分依托高校的资源优势，由高校主办老年大学或参与老年教育，必将使老年教育在教育质量、层次以及教育覆盖面上得到极大提升。

195

---

① 1996 年 10 月 1 日施行的《中华人民共和国老年人权益保障法》第三十一条。
② 《中国老龄事业发展"十一五"规划纲要（2006～2010）》。

9.1.2　遵循老年教育协同发展基本原则

老年教育作为准公共品，在协同治理目标下，应遵循"公益普惠、覆盖城乡、主动参与、多元一体"原则，以更好地满足积极老龄化的终极追求。

1. 公益普惠原则

"公平教育奠定着公平化社会的根基"，使全体社会成员能享受平等、公平、公正的接受教育的机会。新公共服务理论主张"政府服务的动机并非满足自我的需要，而应为人民提供公共服务""不论是决策或方案本身，还是制定决策与方案的过程，都与民主规范中的正义、公平与平等紧密相连"。就公共服务分类而言，老年教育是具有非竞争性和非排他性的纯公共服务产品，这意味着政府在推进老年教育公共服务体系构建进程中，要主动承担"公平与正义"的基本责任，展现社会公共价值和共同利益，缓解老年教育公共服务领域的不平衡，逐步完善政府的老年教育公共服务职能。另外，老年教育应强调老年教育产品的"普惠性""全民共享"性。当前老年教育中"一座难求"的现状反映出老年教育公共服务能力弱化和供给不足的问题。在这样一种供给失衡的背景下，我国老年教育制度的建构应遵循"明确与保障老年人的终身学习权利这一基本政策底线"，基于社会"基础性"需要、底线满足之上提供公益普惠的多样化老年学习公共服务，保障和维护老年人的终身学习权益，推进普惠公益老年教育发展，使全体老年人"全面、自由、个性地发展"。

2. 覆盖城乡原则

党的十八届三中全会作出"推进基本公共服务均等化"的决定。《国家中长期教育改革和发展规划纲要（2010～2020年）》提出，"到2020年要形成惠及全民的公平教育，建成覆盖城乡的基本公共教育服务体系，逐步实现基本公共教育服务均等化"战略目标。"政府越来越重要的角色趋向于协助公民表达并实现共享的公共利益"，达成"城乡基本公共服务均等化，提高公共资源的配置效率，缩小城乡间的发展差距"，提供均等化基本公共服务是政府服务主体职责的集中体现。遵循普惠公益的原则，实现城乡教育均衡发展始终是我国老年教育事业发展的主线，为此构建老年教育要更加践行公平与效率并重的政策原则，注重缩小城乡、群体间的主观差异，达成城乡一体化。当前我国老年教育"供给不足、总量不足、水平低下"等问题突出，这些现象背后存在着源于机制体制、政策供给等造成老年教育发展不平衡的深层次原因。为此，老年教育的发展须重点化解区域、城乡因"政策偏见"造成的历史遗留问题。即要积极扩大老年教育公共服务的覆盖面，促进老年教育公共服务在区域间、城乡间的均等化自由流通，进而实现城乡居民享受同质老年教育公共服务。同时，积极实现老年教育福利最大化，大力推动老年教育公共服务向贫困地区、弱势群体倾斜，注重保障老年教育全民普惠、城乡均衡发展，这是落实老年教育公共服务体系"普惠公益"目标的政策追求。

3. 主动参与原则

终身教育、人力资本的理论均强调教育的终身化、全民化。老年教育是全民教育的重要组成部分，是终身教育的最后环节，是提高老年生活质量的途径，也是构筑共融、共建、共享社会的重要条件。在当前老龄社会形态凸显、老龄化形势比较严峻的大背景下，老年人应积极转变观念，走出赡养负担的定位，发现自我价值并主动参与到老年教育中。老年人要充分发挥自身的智力优势、经验优势、技能优势，在文化传承、技艺传授、科学普及、社区治理、治安维稳以及引导青少年培育和践行社会主义核心价值观等方面发挥作用；要充分调动自身参与学习的积极性和主动性，要将学习风尚融入老年人生活，使老年教育成为增进老年人福祉的重要内容；要积极参与有利于增强老年人适应及参与社会能力的相关课程，以充分挖掘和利用老年人力资源；还可以参加退休教育和再就业教育课程，提高老年人的再就业能力。

4. 多元一体原则

老年教育质的协同发展是一项系统工作，其发展要求坚持多元一体原则。宏观层面的顶层设计和运行由老龄委系统、教育行政系统、文化建设系统和民政工作系统构成，要求强调整体与部分的统一、全局与局部的统一，内部与外部的统一、分系统与子系统的统一，以系统观、全局观和科学发展观指导工作，促进老年教育事业的高质量发展。微观层面的具体设计和实施由老年大学多部门、多岗位、多环节构成，包括落实全方位管理、落实全过程管理、落实全员管理等。总之，要按照"努力办好老年人满意的教育"的要求、按照体现时代精神的要求，按照符合老年教育发展规律的要求，对老年教育进行协同管理，使老年教育质量获得社会普遍认可和最佳社会效益。

9.2 推进老年教育供给侧改革，实现资源均衡配置

当前我国老年教育发展中面临总量性短缺、财政性短缺、体制性短缺和结构性短缺问题，总体看老年教育供给明显不足。对此要积极推进老年教育供给侧改革，包括建立权责清晰的管理体制、建立资金投入多元化机制、进行教育体制改革、促进区域及城乡均衡配置等，最终实现老年教育资源的均衡配置。

9.2.1 建立权责清晰的管理模式，解决老年教育资源的总量性短缺

老年教育资源供给的总量性短缺，是我国教育供求关系基本矛盾的反映。这种总量性短缺最主要原因在于还未建起一套权责清晰的管理模式。三十多年来，我国老年教育一直以"摸着石头过河"的方式进行探索，逐步形成了当前多元化的领导管理模式——以组织部和老干部局为主的管理模式、以老年教育领导小组加教委为主的管理模式、以办学主体为主的多元化管理模式。但随着领导管理模式的多元化发展，深层次问题逐渐暴露出来。以上海市为例，2003 年 2 月上海市教委、市政府就老年教育管理体制改革的几个问题开展了市老年教育工作会议，为了充分贯彻会议精神，市教委、市民政局、市老龄委办公室、市财政局、市文广影视局等单位联合签署《关于进一步加强本市老年教育工作的若干意见》，明确规定"一方牵头，各方参与，分工负责，协调发

展"的老年教育管理原则和管理体制。然而实践中，"各方参与、分工负责、协调发展"会带来各主体责任分工不明，缺少统筹协调能力等问题，实施效果差强人意。由此，加强顶层设计，建立权责界限清晰的管理模式成为解决老年教育总量性短缺的首选策略。

9.2.2　倡导资金投入的多元化，缓解老年教育资源的财政性短缺

经费投入是老年教育发展的重要保障。经费是老年教育的重要资源，为老年教育的健康有序发展提供重要的保证。因此我国应进一步加大对老年教育的财政支持力度，一方面保证能建立更多的老年教育机构，提高教育覆盖率；另一方面保证各教育机构能提高服务质量，丰富教育内容，不断创新开发更高效的教育方法。同时还能通过财政投入优化老年教育资源在各地区之间的配置，缩小各地区之间的发展差距。

作为我国开展的一项公益性事业，政府的财政支持对老年教育的发展起着重要的作用。政府应构建以人为本、以社区为基础、覆盖面广、成本低廉的老年教育。各级政府部门应将有关老年教育事业的发展经费列入年度政府预算，给老年教育事业持续稳定的财政支持，并根据实际情况逐年增强拨款力度。地方政府可明确将老年教育经费纳入财政预算，设立老年教育发展专项资金。政府还可以通过设置社区老年教育基地、改善基层社区老年教育机构设施设备等方式为老年教育提供物质支持。

老年教育需求资金较大。面对此现状，我们不仅要倡导办学主体的多元化，更要倡导资金投入渠道的多元化。英国的第三年龄大学，专门成立"信托基金"，接受企事业单位、个人、民间团体的捐赠，维持其整个国家第三年龄大学机构的运行。在拒绝接受政府资金投入的情况下，英国的第三年龄大学将民间力量发挥到极致。我国很多省市也在不断做出尝试，以拓宽老年教育经费来源渠道。例如黑龙江省，将福彩、基金用于发展老年教育。因此要鼓励社会力量的参与投资，拓宽投资渠道。在民间，可通过建立老人寄宿所、老年人服务与咨询中心等组织，为老年教育在全国各个地点提供场地与经费，支持老年教育发展。此外，还应鼓励更多社会人士捐资助学，发展老龄事业，继而促进老年学校及老年教育的发展。

9.2.3 深化教育体制改革，摆脱老年教育资源的体制性短缺

改变体制性短缺的关键在于深化教育体制改革，积极创建老年教育发展新格局。根据《国家积极应对人口老龄化中长期规划》的指导思想，全面贯彻党的十八大及十九大的会议精神，坚持"党委领导、政府主导、社会参与、全民行动"的老龄工作方针，以扩大老年教育供给为重点，创新教育体制机制为关键，提高老年人的生命和生活质量为目的，整合社会资源、激发社会活力，提升老年教育现代化水平，让老年人共享改革发展成果，进一步实现老有所教、老有所学、老有所为、老有所乐，努力形成具有中国特色的老年教育发展新格局。

深化老年教育体制改革，就要落实老年教育发展规划，扩大老年教育资源供给，拓展老年教育发展路径，加强老年教育支持服务，创新老年教育发展机制，促进老年教育可持续发展，优先发展城乡社区老年教育，促进各级各类学校开展老年教育，部门、行业企业、高校举办的老年大学要进一步提高面向社会办学的开放度，支持鼓励各类社会力量举办或参与老年教育。

9.2.4 促进区域、城乡均衡发展，破除老年教育资源的结构性短缺

老年教育资源的结构性短缺是供需矛盾长期积累的结果，当前应采取措施促进区域、城乡均衡发展，破除老年教育资源的结构性短缺。

一是各地方政府应重视老年教育，加大地方政府投入。各地方政府应树立积极老龄化理念，学习老年教育先进地区的优秀经验，进一步加大对老年教育机构的支持，强化地方政府的责任意识，使其在发展老年教育、办好老年大学中有所作为，为老年教育事业的持续健康发展、老年大学的自身建设创造良好条件。另外，各地政府应当积极配合国家教育指导工作，加大投入，以达到充分缩小地区间老年教育差异、实现均衡发展的目的。各地区要对老年教育资源进行合理规划和分配，并协助社会机构、组织和部门对教育资源进行区域内适度调配，满足该地区对

老年教育资源的需求。

二是统筹城乡发展，促进城乡老年教育均衡配置。我国多年以来的城乡二元结构使得老年教育的发展亦呈现出双轨制特征。与城市相比，农村的老年教育资源更为短缺。为此，政府在政策制定上应适度向农村倾斜，缩小城乡差距，在教育经费投入方面应当遵从城乡均衡、农村适度优先的原则。目前的新型城镇化为增加农村老年教育资源提供了契机，可以借由新型城镇化过程整合辖区内，尤其是各大城市现拥有的公共教育资源和基础设施，为农村老年教育提供服务。通过协调城乡资源的方式来解决当下农村、偏远地区老年教育资源短缺问题，充分利用和发挥城市闲置教育资源和各类设施的功能，在城乡统筹中让农村老年人口从中真正享受到新时代发展所带来的红利。

9.3　完善老年教育管理体制，实现共建共治共享

由于我国老年人口基数大，地区与地区之间、民族与民族之间存在很大差异，使得老年教育的模式呈现多重性，这也就导致了我国老年教育管理体制的多元化，使得老年教育管理工作分散于不同管理权限和管理性质的部门。对此，应加强顶层设计，完善老年教育制度体系；界定主体职能，实现多元主体协同合作；完善立法，实现老年教育政策法制化。通过以上几方面的努力，最终实现老年教育共建共治共享。

9.3.1　加强顶层设计，完善老年教育制度体系

老年教育管理体制的变革最主要表现在老年教育制度体系的完善。为此，应加强顶层设计，从完善立法、建立多元资金投入保障机制、创新投融资制度、创新税收制度、创新老年教育人才培养及管理、打造"互联网＋"老年教育技术手段等方面来构建及完善老年教育制度体系。

1. 完善立法，实现老年教育政策法制化

法律政策是教育推行的重要保障。当前我国在老年教育法制建设方

面还较为落后。虽然党和政府的工作报告多次提出要加强成人教育、终身教育、老年教育工作，但是老年教育法制建设问题一直未得到解决。完善的老年教育法令与政策是发展老年教育的重要依据。但是专门的老年教育法规政策尚属空白，法制化程度还有待提高。

（1）制定《老年教育法》。

纵观国际老年教育的发展，众多老年教育发展较好的国家都制定了关于老年教育的法律法规。以美国为例，美国政府为了保障老年人的学习权利不仅出台了《终身教育法》《职业教育法》《成人教育法》，同时还专门制定了《老年人法》和《禁止歧视老年人法》等法律，明确了老年教育在管理体制、实施机构和资金来源等方面的规定，力求为老年人提供多样化和多元化的教育服务。日本、韩国等东亚国家也都通过老年福利保障立法及终身教育立法来推动老年学习的不断深化，韩国颁布了《高龄者雇佣促进法》、日本颁布了《高龄社会对策基本法》和《老龄者雇佣安定法》来实现老年人的生产性与发展性目标，同时推动老年教育的改革。为此我国若要推进老年社会从"老化"向"优化"的转变，就必须进行制度层面的规划，通过立法对老年教育的地位性质、管理体制、发展规划、资金来源、评估监督等予以明确的规定。

我国教育立法的起点是1984年10月全国人大教育科学和文化卫生委员会主持召开的第一次全国教育立法座谈会。迄今为止，我国已颁布《中华人民共和国义务教育法》（1986年）、《中华人民共和国教师法》（1993年）、《中华人民共和国职业教育法》（1996年）、《中华人民共和国高等教育法》（1999年）等一系列教育法律法规，但尚未出台一部独立的《老年教育法》。尽管我国先后出台的《中华人民共和国老年人权益保障法》和老龄工作等相关政策，涵盖了老年人养老、医疗、生活和照料服务、权益维护、精神文化生活等方面的内容，但与人口老龄化的发展形势以及老年人对教育的需求相比仍存在很大的差距。若不加快老年教育单独立法的步伐，通过法律的形式及在法律的基础上对老年人的各种教育关系进行调整和规范，老年教育的发展将会受到制约。

因此，我国立法机关应将《老年教育法》的制定尽快提上议事日程。立足我国老年教育的发展现状，借鉴发达国家老年教育法制建设经验，以《宪法》为依据，结合《中华人民共和国老年人权益保障法》，制定一部独立的、统筹各门类的、在全国范围内实行的《老年教育法》。其内容应包括以下方面：明确包括准老年人在内的老年教育对象；赋权增能的老年教育发展理念；老年教育管理机制；经费保障、学费减免和教育救助；老年协会和组织；老年教育规划与执行；政府对老年教育发展的引导、支持、协调、监督；非政府组织和社会公益机构及个人对老年教育的参与；经济落后地区老年教育的发展；高龄老人等弱势老年人和准老年人的教育救助；老年教育的成果评价等。

（2）完善地方立法。

各省市应尽快出台相关老年教育条例。依照各地区经济社会发展的客观情况和老年教育的发展状况，尽快制定和实施《老年教育条例》，作为各省市范围内老年教育体系架构、办学方式、教育模式、投入保障、管理机制、发展方向等事项的法律依据。同时应明确规定教育职能部门的机构设置和权限职责；老年教育机构行政管理人员和授课教师的任职资格和编制待遇；对教育机构不达标者的辅助办法与惩罚措施；合理界定对各级各类老年教育机构的教学内容、教学质量监督的评价标准，保障各级各类老年教育机构能够在一定水平基础上开展老年教育活动。可以借鉴天津市、福建省的经验，天津市制定了《天津市老年人教育条例》，福建省制定了《终身教育促进条例》，这两部地方老年教育专项法规在促进当地老年教育发展方面起到了关键性的推动作用。

总之，构建我国老年教育体系需要全面性赋权的法律制度和政策制度体系，其不仅应包括赋权增能理念、公平平等原则的法律规定，而且必须在老年人就学、资金、规划、管理、实施、权利救济等方面制定具体的、可操作的法律制度和政策制度，以保障老年人和准老年人受教育权利的真正实现。

2. 建立多元化资金投入的保障机制

要逐步形成公共财政投入为主、社会资金投入为辅、个人成本分担的经费保障机制。按照惯例，教育投入一般按照"谁受益谁投入"的原则，当前国家、社会、个人都是受益者，自然都要合理支付一定比例的费用。然而考虑到教育的外部性问题，最主要责任主体无疑是国家。为此，老年教育长效投入保障机制应以公共财政投入为主体。具体来说：第一，确保各类老年教育机构现有经费来源渠道稳定畅通，并激励各办学主体逐年增加办学经费。目前中国老年教育的办学主体以政府部门、党委领导下的老干部部门、公立福利院为主，企业和个人办学比例较小。要将各级公立老年教育机构的办学经费列入各级财政预算，按时统一支付；不仅要一次性投入，还要实现持续性投入。对于举办老年教育机构的企业和个人，要给予一定的土地、财税、工商等方面的优惠政策，鼓励他们将社会资本投入到老年教育公益事业之中。第二，要根据教学内容的阶段和水平，制定合理的阶梯收费标准。对初、中级班学员可收取部分费用，对高级班和研修班可按成本收费，对可产生经济效益的职业教育专业和课程可视情况参照市场价格收费，体现"费用与收益相匹配"的原则。第三，建立地方性老年教育公益基金。由老年教育行政主管部门和地方老年大学协会联合牵头筹集、运作、使用、监管教育基金，使其对中国老年教育发展切实起到积极的促进作用。

3. 创新投融资制度

（1）拓宽渠道，促进创业投资进入养教服务产业领域。

一是借鉴国外经验，对创业投资进入养教产业领域在信贷和税收方面给予大力优惠，设立养老服务产业创业投资补偿基金；针对我国在创业投资领域，特别是养教服务产业创业投资领域经验不足的状况，政府既要对创业投资进入养教产业领域引导和激励，还应对养教服务产业创投进行直接拨款、财政补贴，采取多元化手段支持其发展；通过建立产业创业投资引导基金，借助于杠杆作用吸引民间资本进入养教服务产业。

二是促进创业投资资本的社会化、多元化。建立渠道广泛、层次明晰的融资机制，着重扩大创投资金来源。在风险可控的前提下，扩大养老金、保险金及信托机构等适时进入养老服务产业创投市场；对于国内市场业绩良好的大型企业集团、国外机构投资者进行创业投资的进行培育，充分利用该类企业雄厚的资本和丰富的管理经验，促进创投发展；吸收具备实力的家庭或个人参与创业投资，扩大创投社会基础。

三是完善创业投资法制环境。基于财政部 2011 年颁布的《新兴产业创投计划参股创业投资基金管理暂行办法》的规定，在相关投资方向和管理要求基础上，充分研究养教服务产业特征、资金需求类型和风险程度，制定更为完善深入的养教服务产业创业投资管理办法，建立以法律监管为主、行政监督为辅的养教服务产业创业投资运营制度，完善法律法规体系。

（2）规范监管创新融资模式，建设养教服务项目。

一是以法律的形式明确养老产业特许经营权运作规范。尽管我国在很多领域已经实践了特许经营权模式，法律设定的制度障碍已不再存在，但仍缺乏细致、基于具体产业的法律法规。有必要制定关于养教服务产业的前瞻性法规，明确养教项目特许经营权的准入、投资主体、投资范围、运营流程、退出机制和监管条例，进一步明确在养教服务产业领域开展特许经营权模式的合法性，促进其快速有序发展。

二是规范监管具有良好效果的融资模式。比如养教服务产业投资信贷基金（REITs）融资模式、外商投资特许经营（BOT）融资模式和公私合营（PPP）融资模式等新型融资模式。需要在对养教服务产业充分调研的基础上，基于我国养教服务产业发展实际、市场需求容量、市场风险等方面的客观状况，在市场化基础上适度监管。逐步放开特许经营等模式的融资市场，利用市场竞争性，鼓励社会组织参与到养教产业项目建设中。但应进一步明确细化具体监管部门，否则很有可能出现实施过程中多部门多头管理的状况，或是成立一个多部门协调机构整合各部门资源对相关融资项目进行强有力的约束。

4. 创新税收制度

税收制度支持老年教育的重点在于细化税收优惠条件，加强税收优惠政策对民间资本的引导作用。

（1）对税收优惠主体进行精准定位。

对于老年教育机构的各种税收优惠政策必须认真实施，建立基于老年教育机构的税收登记制度和免税认证制度。虽然一些老年教育机构作为非营利性质享受免税优惠，但仍需要在税务部门进行登记，并且每年进行纳税申报。应对将当前以机构性质为基础的税收优惠政策，转为以服务项目为基础的税收优惠政策。在老年教育产业今后的发展过程中，非营利性机构同样可能提供营利性服务项目，一个机构可以提供多种服务类型，既有营利性服务项目，又有非营利性服务项目。针对这种极有可能出现的现象，税收优惠政策就必须实施更为细化的管理方式，准确区分营利性与非营利性机构的性质，对于能够准确区分盈利性与非营利性的企业，按照营业收入进行相应税收优惠和减免；对于营利性与非营利性区分不是很明确的企业，在适用营利性企业税收标准的基础上，给予一定税收优惠。

（2）进一步拓展老年教育服务产业税收优惠范围。

现行老年教育机构税收优惠范围过窄，对于营利性机构来说，除了营业税优惠外，其他税种的优惠都未有涉及，只有非营利性、福利型养老机构能够享受其他税收优惠，而高端老年教育机构则不在税收优惠范围之中。

应当制定针对营利性老年教育机构的税收优惠措施，扩大其税收优惠范围，减小营利性养老机构和非营利性老年教育机构在税收优惠程度上的差距。比如对私立的老年教育机构进行经费补贴和政策倾斜，让其定价合理化。各地方政府应对私立的教育机构进行必要的经费补贴，防止因为定价不合理，导致吸引力不够，达不到教育效果；或者是较低的定价使私立机构缺乏造血功能，难以持续提供优质的服务。政策倾斜和经费补贴能吸引建立更多的教育机构，提高老年教育的覆盖率。或是在保留企业所得税的基础上，可以对老年教育机构的房产、土地等均免征房产税和城镇土地使用税。对于参与提供老年教育的小微企业，不管其是否为营利性或非营利性，一律减免其税收，不再区分其性质。

（3）制定促进老年教育产业发展的税收优惠政策，实行多样化税收优惠方式。

拓展税收优惠政策覆盖项目的范围，将对老年教育机构投资、金融信贷支持都纳入税收优惠政策之内。对于营利性老年教育机构购买的用于老年教育的设备，可以视作投资抵免。老年教育机构从金融机构获得的优惠贷款实行印花税减免措施，同时利息可以在企业所得税应纳税额中抵扣。组织或个人投资老年教育企业，获得的分红、股息等收入，可以减征或免征企业所得税与个人所得税。直接减免税可作为目前主要的税收优惠方式，未来应增加间接税优惠制度。通过对老年教育机构的再投资减税，鼓励资本进入老年教育产业；允许对老年教育企业购置的用于老年教育设备采取加速折旧法；允许老年教育机构为企业员工和入住老人购买的意外责任险在企业所得税应纳税额中抵扣。

5. 创新老年教育人才培养及管理模式

（1）多渠道保障管理型人才及技能型人才的培养。

老年教育高层次经管人才的培养必须依靠高等教育。当前老年教育高级经济管理人才极度稀缺。政府、教育主管机构和高校应联合研究，在经济管理领域专门试点设置老年教育方向，将经管知识与老年教育的特点及需求结合起来。教育类高校应利用其自身优势，借助于教育学科的支持开设专门的老年教育专业。在培养目标上，着重以能力建设为核心开展人才培养，注重专业性思维与创造性能力培养，注重课堂教学与社会实践的结合，培养既懂经管理论与实践，又熟悉养老服务产业的复合型人才。

职业院校则应侧重于培养面向老年教育的一线高素质技能型人才。普通职业院校借助于已有的社会工作、公共管理、社会管理等专业开设老年教育服务及相关课程，为老年教育输送人才。培养过程应强调实践，通过建立课程实训、社会实践、专业见习、职业技能审核与评定、毕业实习等一系列实践活动，强化实践性教学环节，摸索出以实践为主、能力培养为依托、以解决实际问题为根本目标的培养模式。

（2）建设人才信息系统，提升老年教育人才管理水平。

为了加强对老年教育人才的管理，实现教育人才的适配性，应利用当前互联网技术的便利，打造"互联网＋人才信息系统"。该老年教育人才信息系统中应包括以下内容：企业招聘岗位、招聘需求、薪资待遇；求职老年教育人才信息，包括简历、薪资要求、职业发展趋向等；相关政府网站、行业协会的链接。通过该系统实现人才与岗位的迅速联结。同时还应完善人才流动的配套制度，比如社会保障体系的全覆盖，福利、档案和户籍制度的完善等。逐步消除企业、事业单位以及科研院所之间人才流动壁垒。通过咨询、聘请顾问的形式吸引高校、科研机构和事业单位的专家参与到老年教育的建设发展中，鼓励老年教育企业家到高校相关专业教学。

6. 打造"互联网＋"和养教结合老年教育模式

创新老年教育模式，将老年教育与互联网相结合。建立和完善老年人自主教育、基层社区老年教育、学校老年教育、远程老年教育、社会老年教育"五位一体"的老年教育模式，进一步推进老年教育的数字化、智能化，通过信息技术的融入，将"老年收视点"延伸至基层社区，提高老年人学习的便捷性。从经费、教师队伍、教育体制上提升老年人网络学习和数字化学习服务体系建设效益，以社区为单位，提供免费的老年人网络技术学习班，缩小新兴科技与老年生活的"数字鸿沟"，使网络技术在老年人群中被更广泛的使用。加快信息技术与老年人学习的深度融合，从而保障"互联网＋"时代老年人的学习权，促进教育公平。

为有效满足老年人基本的养老需求和教育需求，提高资源有效利用率，需探索实施养教结合的社区老年教育模式。这和《规划》提出的"下一阶段老年教育的增量重点放在基层和农村"的基本原则相吻合。教育行政部门和其他相关行政部门协调实现老年教育资源与社区养老服务对接，成立社区老年大学，共用场地和设施设备资源，甄选高级别老年大学的学员担任专兼职教师、教育管理人员或课程辅导志愿者。早期也可通过高级别老年大学"送师资、送课程、送书籍、送演出、送设备、送温暖"的方式为社区养老服务增加教育养老的特色，发展养教结合的老年社区教育。倡导"以老助老"和"时间银行"理念，创新"今天我帮你，明天他帮我"的助老服务模式，实现老年人互助、年轻人服务老年人的社区养教结合新局面。

9.3.2 界定主体权责，实现多元主体协同合作

各主体职能模糊、边界不清是影响教育资源配置的一大难题。应对老年教育执行主体权责进行梳理，明确界定各主体职能边界，为实现多元主体协同合作夯实基础。

1. 明确老年教育政策执行主体，界定主体权责

老年教育政策的具体实施需要有明确的政策执行机构及组织架构，有着合理、明晰的责任界定，并对政策执行结果进行评估。

（1）明确政策执行主体。

我国老年教育发展经历了探索、推进普及和提高阶段，已经取得巨大的成就。但从管理的角度上说，由于长期以来对老年教育本质属性缺乏正确的认识和判断，科学统一的管理模式还未建立起来。依据当前现状，我国老年教育管理体制的发展会有三种可能性：一是尊重现行管理模式基础上，统一管理理念、原则，采取统一管理行为。我国老年教育管理体制模式可在尊重各地各级老年教育管理现状基础上，形成基

于《规划》中规定的老年教育统一指导思想，按照教育的一般规律和老年教育多重属性要求开展管理工作。二是借鉴地方成功的领导体制和机制，成立国家老年教育领导机构。借鉴上海、苏州等地老年教育工作小组、福建省组建的老年教育委员会，以及"国务院农村综合改革工作小组"等运行机制的成功经验，考虑在维持和改进现行管理模式的基础上，进行国家老年教育管理顶层设计。凸显老年教育的本质属性，成立"国家老年教育领导小组"，由国务院主要领导担任组长，教育部、老龄委和文化部主要领导担任副组长，由涉老机构领导为委员，办公室设在教育部，由教育部牵头制定《老年教育发展规划纲要》，将老年教育纳入全国教育统筹、管理和统计，形成系统的组织体系。地方老年教育发展状况纳入地方教育事业考核和督导范围以及政府治理范畴，并举行统一表彰，将"重视老年教育"落到实处。通过成立国家老年教育领导机构，明确管理主体，统筹老年教育管理工作。三是采取渐进方式，形成一体化的管理体系。采取由上而下的模式，即首先进行国家老年教育管理体制及其运行机制宏观设计，并投入实践和验证，出现问题及时进行修订和完善，在此基础上逐步向地方推进，采取渐进式改革管理体制，从而形成一体化的管理体系。在政府的领导下，从实际出发，从有利于老年人的教育需求出发，由教育行政部门牵头，各级涉老部门积极参加对本级本区域范围内老年教育事业统筹规划、组织协调和监督指导等职能，形成具备有效合力的多部门协作、齐抓共管的联动机制。

（2）界定各主体权责。

目前的老年教育处于管理权限尚不明晰的发展阶段。老年教育属于教育事业和老龄事业的重要组成部分。在推行老年教育政策执行的过程中，各地虽确立了党委领导、政府统筹、教育和老年等部门参与的老年教育工作委员会，但各主体究竟应承担何种职责还未明确。为此，需对老年教育各主体的职责进行清晰的界定。在制定政策的初期就明确政策应由哪个部门牵头，哪个部门辅助配合，做到政策执行工作权责明确。

（3）提高政策执行者的素质。

首先，提高老年教育政策执行者的责任意识和思想素质。在具体的政策执行过程中，政策执行者的个人也会对政策执行带来很大影响，个人知识结构的不同，对政策的理解会不一样。有的会根据自身的经验，作出相应的政策执行行为，从而产生不同的执行效果。所以，在政策执行的过程中，提高执行人员的责任意识很重要，要在思想教育上做好工作，提升执行人员作为执行者的使命感和担当感，建立一支政策业务精良的工作队伍。

其次，要加强政策执行人员之间的沟通与协调。老年教育涉及的政策执行人员较多，是一项系统性工程。因此在执行的过程中可能会出现沟通渠道不畅、信息失真等问题，最终导致政策执行效果不佳。所以必须完善政策执行主体之间的沟通渠道，设立专门的沟通机制。同时，各级人社、编办部门应该在老年教育工作人员聘用及编制使用上给予支持，充实老年教育工作队伍。各部门的工作要做到分工明确，职责清晰。这样在政策执行的过程中，就很容易将任务落实到个人、便于快速有效地沟通解决存在的问题。

（4）完善政策执行的监督与评价。

当前应建立针对老年教育管理的监督和测评体系，保证老年教育能真正适应老年人的需要。通过建立科学、合理的监督体系，了解各地区的老年教育发展状态，进而发现当前政策执行中存在的成效及问题。

一是强化对老年教育发展的监督。首先，充分利用内外监督两种方式。内部监督是在执行机构内部的监督方式，往往存在于上下层级及平行层级之间。上下级由于组织机构相似，上级本身具有对下级的指导权，监督更具有执行效率，在政策执行上运用得更充分。在监督的过程中，也要确定监督执行的主体。如参考《江西省人民政府办公厅关于大力推进老年教育事业发展的实施意见》，由各级教育行政部门承担领导小组办公室的职责要求。我们可以将老年教育工作纳入教育行政部门的工作年度考核，并制定相应的监督措施和计划。同时，也要借助于外部监督的环境，注重利用新闻媒体、社会舆论的力量对政策执行进行监督。其次，注重对政策执行过程的监督。在监督的过程中，不应该仅仅关注政策执行的结果，还应该严格关注政策执行的过程。要对政策的每个环节进行严格的监督，确保政策能够落到实处。最后，建立责任追究机制。为了进一步完善政策执行的效果监督，应该增强执行者对政策执行的责任感及危机感，建立责任追究机制。包括在各级政策执行机构中，对政策执行机构行政首长的公共权力进行有力的约束。对政策执行中具体的目标，由承担部门或个人签订责任状；对具体的政策执行机

构、内设部门、工作人员实行责任公示制度；通过多种方式增加执行人
员的责任意识，加强公众的监督权力。老年教育监管的核心目的是为了
避免由于信息不对称、负外部性、歧视性等多种因素的影响，可能给社
会和公众带来的不良后果，这直接反映着老年教育服务体系中政府与市
场、政府与社会间相互依存、共同合作的关系。

二是加强对老年教育发展的评估。评估是指政府部门、获得法律授
权的公共机构及社会公众根据老年教育相关的法律法规，对老年教育公
共服务决策、生产、供给等行为质量的评价，同时围绕"提高服务水平
和质量、规范约束行动行为"等对政府部门、非营利机构、第三方实体
提出相关对策建议。科学、完备的老年教育评估体系能够有效引导老年
教育的发展方向及重点选择，帮助发现存在的各种问题，分析问题产生
的原因和寻找问题的解决办法。因此，建立科学的老年教育评估体系是
推进老年教育发展科学性与专业性的重要环节与目标工具。

2. 调动各主体积极性，推进协同治理

老年教育是公共社会服务，各级政府要承担起开展老年教育的主要
职责，同时，老年教育也要走开放的道路，建设多元主体，扩大老年教
育供给，形成政府、市场、社会组织和学习者等多主体分担的老年教育
发展机制。

（1）老年大学协会应积极参与治理。

老年大学协会在本区域老年教育领域中具有相当的权威地位和影响
力，应以积极的态度和恰当的方式，配合政府及教育主管部门，参与老
年教育领域的管理工作。

宏观层面上，要充分利用和发挥好国家法律、法规的有效作用，努
力促进老年教育纳入本地区教育体系；从有利于这一社会事业发展的长
远目标出发，配合教育行政主管部门制定本地区老年教育的中长期发展
规划。中观层面上，应指导会员机构积极参加老年大学规范化评比工
作，根据本地区教育教学特点，针对不同类别和层次的老年教育机构的
硬件设施、办学规模、编制配备、人员管理、师资队伍建设、教学内容
设置等方面存在的问题，提出分类指导的意见和整改要求，持续推进老
年大学发展。微观层面上，应加强对各级各类老年教育机构，尤其是城
市社区和农村集体教学点的指导力度；合理协调各老年教育机构之间以

师资为主的各类教育资源的交流共享；通过开展学术研讨，组织各级各类老年教育机构间的信息沟通、经验交流活动，并牵头参与各级的经验与学术交流活动。

（2）鼓励社会力量参与，完善政府购买服务机制。

明确政府办学的责任主体，鼓励社会团体积极参与。我国要积极引导、鼓励和支持社会民间力量积极主动参与到老年教育事业发展中来。除了要依靠普通高等院校来协助和支持老年教育相关工作，还要鼓励社会民间企业、团体和个人的积极参与，大力开办老年教育办学机构，做好提供老年教育经费所需的充分准备。通过联合高等院校、社会团体和民间组织充分调动各方力量，这样既有利于促进我国老年教育办学主体多样性发展，又有利于拓宽老年教育经费投入渠道，丰富老年教育的经费筹措手段。

通过完善政府购买服务机制，丰富老年教育购买服务项目，以此促进社会组织积极参与老年教育。不断创造社会化、市场化的社会条件和政策环境。寻求与老年服务机构"医养教结合"，多形式拓展老年教育渠道。扶持一批老年教育相关社会组织，鼓励开发特色教育服务项目，满足不同层次老年人的个性化学习需求，促进老年教育事业的繁荣发展。

（3）高校应积极参与办学。

高校应积极推动老年教育事业的发展建设。但要符合中国的国情，符合中国老年教育和高等教育的实际情况，循序渐进，不可盲目照搬照抄国外高等院校举办老年教育的经验模式。中国老年人口众多且文化水平偏低，一部分人是半文盲甚至文盲，且目前高等教育资源相对稀缺，所以很长时期内不适于向社会上的老年人完全开放。

目前，中国省、市、区高等院校参与老年教育创办，可以从以下三个方面着手实施：第一，在成人继续教育体系基础上办学，调整部分成人继续教育专业结构和课程设置以适应老年群体的需求，并在招生和收费等环节对老年人实行政策倾斜。第二，面向老年人定期举办各种类型的讲座。第三，支持地方老年教育的师资人才建设。一方面主动利用自身教育教学资源对地方老年教育机构的专职和兼职教师进行业务水平方面的专业培训，促进地方老年教育师资水平的快速提高；另一方面，选择优秀的高校教师进入地方老年教育师资储备库，在与高校教学安排不冲突的前提下到市老年大学和各区老年大学分校任教，提高地方老年教育的授课水平和档次。今后，随着经济社会发展和老年教育的壮大以及老年人整体文化素质的提升，高校参与地方老年教育建设的形式也应与时俱进，要把提高高校自觉参与和以考核为杠杆的强制性手段相结合，不断探索新方式、建立新模式、取得新成果。

（4）农村集体组织应尝试办学。

广大农村地区，应借鉴其他地区农村集体办学的成功经验，其模式要有小区域特性，即要与该社区的特点相匹配，高级知识分子、相同或相近职业者、外来人口等比较集中的社区的老年教育要符合居民的综合特征。依托电大/社区教育系统优势，构建基层老年教育服务网络。依托广播电视大学系统和社区教育现有系统优势，推动老年教育管理体系整合，依托广播电视学校和社区学校开展老年教育活动，形成一个纵向连接老年大学—老年学院—老年学校—老年分校的管理和业务指导体系。继续推进社区老年学习苑实体建设，推动老年教育重心下移，以就近、便捷、快乐为原则，建设家门口的老年大学，有效地普及老年教育。

3. 实现老年教育资源共建共享

任何系统都只有通过相互联系，形成整体结构，才能发挥整体功能。老年教育作为一个系统，需要运用系统论的思维方式实现资源共享，通过组织、协调、优化、重构与整合现有的有形资源要素（办学场所、设施设备、办学经费和师资）和无形教育资源要素（办学特色、办学理念、教育品牌、教育思想、专业、课程等），以实现老年教育资源的重新优化配置，促进老年教育体系中教育结构与规模、质量与效益的协调发展。

（1）建立老年教育资源共享机制。

老年教育资源的优化配置，需要有效的共享机制作为基础，以解决各方利益冲突，实现多方合作共赢。一要建立激励机制。政府要将老年教育发展纳入教育整体规划并适时进行政策调控，优先进行优质专业、课程和图书资源共享，以此带动其他教育要素的共享。二要建立利益分配机制。区域内不同老年教育主体依照比例缴纳共享发展基金，所得利益由权威的基金负责单位或相关政府部门分配给不同的参与主体。三要建立共享评价机制。政府组织研究制定教育资源共享评估政策和实施办法细则，由第三方组织对教育资源共享现状与成果进行评价，使各类教育资源要素在不同主体中实现合理有效共享。

（2）搭建资源共享平台。

搭建资源共享平台是促进并实现资源共享的有效途径。将设施设备资源平台、课程资源平台、专兼职师资平台等作为老年教育资源共享平台的重要子平台。搭建设施设备资源平台应从基层社区着手，整合区域内的养老资源，如社区日间照料中心及区域内教育机构如幼儿园、中小学、大学等，实现老年学习活动场所和设施设备资源共享。搭建课程资源平台应在示范型老年大学精品或优质课程资源的基础上进行开发和整合，提供各类老年人需求旺盛的优质学习资源。师资平台的搭建应以老年大学等老年教育机构现有专兼职教师队伍为基础，拓展到具有某项专长的退休教师、专家、学者、艺术家等专业人员。通过平台统一管理，结合线上、线下两种方式实现各合作单位共享，根据不同单位的成本投入确定其利益分配，并以合同或协议的方式固定下来。

9.4 构建综合长效机制，实现高校协同发展老年教育

高校发展老年教育可有效缓解当前老年教育中的供需矛盾和发展不平衡等问题。高校承办老年教育是拓展老年教育供给途径的首要选择，是较快改善其发展不平衡的中坚力量。我国高校数量多、分布广，各地老年大学和社区老年教育中心都能够在本地区找到可依托的高校资源；各高校丰富的人力资源与课程资源使其有能力拓展老年教育的受众面，甚至深入到老年教育的荒漠地带，逐步实现老年教育的普及化。另外，高校参与到老年教育中来，不仅可通过教育资源的共享直接提高老年学员的教育质量；还可通过对老年大学或社区老年教育基地的现有师资和管理人员进行培训，间接改善老年教育的水平；也可以从理论研究的层面对老年教育的发展做长远规划。再者，老年教育的持续高质量发展需要专业人才的不断补充，而专业人才的培养是各类高等院校的天然使命。为此，建立协同发展老年教育长效机制，实现高校协同发展具有紧迫的现实意义。

9.4.1　构建高校协同发展老年教育的长效机制

高校协同发展老年教育是我国老年教育发展过程中的必然选择，为此必须构建高校协同发展老年教育的综合长效机制，从保障机制、运行机制、推进机制、激励机制和完善机制等方面采取相应措施。

1. 保障机制：统一思想，明确政策法律依据

老年教育的发展需要专门性法规作法律保障。要确保高校主动、长效参与到老年教育中，重要的保障是相关政策和法律的明确规定。强制性的统一法制，使得协同发展老年教育有规可依，有章可循。现有的《中华人民共和国老年人权益保障法》从医疗、养老到社会服务，为老年人提供了多方位的保障。然而，唯独老年教育因其属性的多维性，虽有法律保障，但相关法规政策却呈现出不连贯，并未能将这一权益切实落到实处。如前所述，目前我国的老年教育相关的政策和法律对老年教育的属性界定有较强的模糊性，带来老年教育管理上的混乱，职责分工不明，工作重复交叉，又相互扯皮。缺乏统一管理就无法协调老年教育协同发展系统中各子系统之间的关系，更无法调动子系统有序地参与到老年教育工作中来。因此，老龄工作与教育工作相关部门应统一思想，共同协商，修订现有的法规政策，制定更明确，更详细的老年教育的法制细则。

修订原则应遵循老年教育和高等教育的基本规律，依照高等教育发展的实际，对高校在老年教育发展中的地位与作用做出明确界定，同时提出精细化要求。这是改变高校管理者对于老年教育的重要性认识不足，参与意识淡薄的根本性保障；是提高高校在老年教育事业中的参与度和举办老年教育的规范性的保障。

2. 运行机制：政府统筹规划，明确责任分工

老年教育的公益性决定了政府在其开展过程中的主导作用。政府应根据上述的政策和法律依据，制定总体规划，积极推动、督导高校加快参与老年教育的步伐。政府在主导规划中，提高认识，改变固有的观念，主动担当起老年教育事业发展的主导和引领责任。一方面把老年教育作为国家战略的一部分和地方工作的重点来抓，在制度上和财力上给予倾向性的支持，比如加大拨款力度，设立专项资金投入，号召各方社会力量的捐助，形成良性循环的经费筹措机制。另一方面，政府需做好宣传与普及工作，倡导各高校重视整个社会老年教育的协同发展工作，引导高校将其纳入到学校常规工作中。

政府在规划老年教育的过程中，要有创新意识。立足长远发展，不断拓展老年教育的领域。老年教育是老年教育理论和老年人学习需求相结合的"康乐教育、适应教育、参与教育、文化素养教育"，兼有"老有所乐"与"老有所为"双重目标。然而，目前我国的老年教育还局限在丰富老年生活、促进身体健康的"老有所乐"阶段。所以要实现老年教育发展总体水平的全面提升，作为主导者首先需要秉持科学的老年教育理念，树立正确的老年教育的宗旨，以实现积极老龄化为终极目标。在此基础上规划老年教育的发展，既能发现现有问题的根源所在，找到有针对性的解决方案；又能着眼于老年教育的长足发展，在协同发展模式上不断推陈出新。政府更新自我认识的同时，还应鼓励、引导高校开拓新的协同发展路径。一是可以以高校为核心，携手各方社会力量，加入到协同发展体系中。二是为缓解高校在办老年教育中因人力、物力、财力的消耗而带来的困难，可探索包括市场化在内的多种运行路径。

在运行过程中，政府的责任不仅在战略层面，还需制定法规政策落地实施的操作细则，即高校协同发展老年教育的详细实施方案，否则出台再多的法规政策都会形同虚设。明确高校在老年教育中的责任与作用，以政令的方式将高校纳入到老年教育发展的规划中来，进一步强化相关政策法规的条款内容。实施方案需对各高校在举办老年教育中的经费来源、人员编制、参与形式、教育成效、考核方式作出明确规定。政府在做统筹规划的同时，还要兼顾各高校的专业特点和地域差别，使高校的高等教育与当地的老年教育有机结合，又能使一地的老年教育有一地之特色。

最后，在高校协同发展老年教育的工作中，政府应具备大局观和前瞻性，从全局考虑，从实际出发，根据学校的资源条件和办学能力，强制与引导并行。既要主动、有序地整合高校资源，将各级各类高校组织成发展老年教育的同盟，以不断壮大的合力推进老年教育的发展；还要循序渐进地分层次进行，有节奏地推动。

3. 推进机制：动力先行，实现示范辐射

在协同机制的推广阶段，可将推进机制分为动力形成机制和实现机制。前期，通过广泛调研，周密计划，以原有的教学工作为中心，在不影响现有教学秩序的前提下，各高校逐步展开各自的老年教育工作。为避免疲沓心态的出现和工作上的虎头蛇尾的应付行为，政府与高校应尽快形成持续的动力机制。该项工作的动力来自参与工作的管理人员和参与教学、服务的师生。所以在先期的规划部署中，要体现老年教育工作的重要性，将老年教育工作的成效与管理人员和教师的工作业绩关联，与学生的志愿服务和社会实践成绩关联，最大程度地调动学校师生的积极性。

另外，在高校协同发展老年教育的起步阶段，探索实现路径的过程中，可尝试在部分高校借鉴国内外的成功案例，打造成可复制、可推广的成熟模式后，再逐步通过以点带面的形式推广示范区的经验，最终形成全员参与，无缝连接的协同发展局面。

4. 激励机制：赏罚分明，评估促完善

激励机制的确定是高校协同发展老年教育这一体系规范化、固定化的激励手段。这里既包括通过评比赏罚措施使体系成员相互制约，激发参与度；还包括使用评估机制对各成员开展老年教育的过程和成果进行评定，衡量高校协同发展老年教育的实际成效。

一是要建立以"成员需求"为核心的多元化的制度激励机制。即着眼于协同体系中的高校成员的多样化需求，设计目标规划明确，奖惩制度公平，考核评价合理的激励制度。二是注重环境激励。政府为高校创造开放、自由、宽松的老年教育工作环境，使各高校充分发挥主观能动性，保证实践成效的不断产出。

最简便的评估体系的构建是将发展老年教育的工作纳入到现有的高等教育评估体系中。目前我国有系统的高等教育评估体系，涉及人才培养、师资队伍、科研与社会服务、国际交流等方面。高校的老年教育的具体评估指标的设置可参照本科教学工作的评估指标，比如办学思路、教师队伍、教学条件与利用、专业与课程建设、教学质量等都可作为一级指标。

217

5. 完善机制：查漏补缺，持续创新与优化

构建高校协同发展老年教育的长效机制，并非一劳永逸。随着时代的发展，社会的进步，老年人自我认知的提高，教育需求的变化，必定对老年教育的模式、形式、内容提出新的要求。所以协同发展机制的长效性在于该系统能够拥有自我完善和主动优化的意识与能力。具体而言，高校可从以下三方面提高在发展老年教育中的自我创新能力。

一是不断更新老年教育的相关知识和理念，勇于探索高等教育与老年教育融合的新路径。如果高校始终带着帮扶的思想发展老年教育，不能消除主客之分，便会以"另起炉灶"的方式完成政治性任务，那么协同发展的机制便不具备稳固性和实效性。

二是加强统一的线上平台的建设。功能健全的线上平台既能整合各高校可开发利用的老年教育资源，为老年学员提供更丰富、便捷的远程教育资源；还可为高校实现老年学员的信息化管理；也能为政府的督导、老年教育理论的研究提供数据和事实依据。

三是构建"高校老年教育共同体"线下平台。老年教育的发展不是高校或政府的个别行为，而是国家战略的一部分，事关社会经济的总体发展水平及和谐社会的建设进程。所以，独木难成林，高校在发展老年教育的过程中不能各自为政，也不能独自埋头苦干，相互间应互帮互助，互相引导，以集体的智慧和力量形成高校协同发展老年教育的效能。这是搭建"高校老年教育共同体"平台的目的之一。另外，现代组织管理之父巴纳德（Chester Barnard）提出组织有三大要素：协作的意愿、共同目标以及信息联系。因而，仅在观念、意愿上达成共识，即便各自付诸扎实行动，还不足以保证整个高校老年协同体系的不断优化。协同体系中的各高校成员还需借助"共同体"平台交流经验、互通信息，共同克服协同机制运行过程中遇到的各种难题。

9.4.2 设计高校协同发展老年教育的一体化模式

高校协同发展老年教育的一体化模式，又可成为标准化模式。它不是单一的教育模式，而是指可普遍适用于各高校在推进老年教育的工作中的综合性指导手册，包括教育管理方法、教学形式、教学内容和评价

指标等。构建一体化的高校老年教育模式，首先应考虑制约这一模式的内外部因素。毋庸置疑，高校在这一教育模式中处于主体地位，老年教育为核心内容，老年学员是实践对象。所以这一模式既受制于高校现有的办学资源和能力，也受老年学员的认知能力和学习需求等因素的影响。而模式构建中遵循的原则分别是层次性和多样化的兼顾、统一性和特色化的兼顾、理论与实践的兼顾。

遵照上述三个原则，本研究设计了"一体三翼"的主体结构形式："校中校""校校联盟""高老合作"。其中，"校中校"是完全由高校独立主办的老年大学或老年培训中心，可隶属于继续教育学院。主办高校根据老年学员的年龄、学历层次，精神文化需求和个人意愿编制班级，设置课程，以专门课程和共享课程（即现有的部分本科生课程）、常规教育和主题教育、课上讲授和课后交流相结合的方式，满足老年人多层次的教育需求。"校校联盟"是以省、市、区为单位，将该地域内的高校结成老年教育联盟，制定共同纲领、统一的课程体系，分别承担与自己特色专业相关的教育任务。"高老合作"是指高校与地方老年大学的合作办学模式。高校依托老年大学原有的管理体系，省去学员招生和管理的程序，直接以资源输出的方式丰富老年教育的内容，扩大老年教育的实施规模。在这一模式中，高校还可把老年大学作为教学实践成果的展示舞台和老年教育理论研究和决策研究的试验田。

上述"三翼"之间的关系（如图 9 - 1 所示），相互之间可交叉互联，这就意味着同一所高校既可依据实际情况选择最适合的一种或两种模式，也可同时开办三种模式的老年教育。

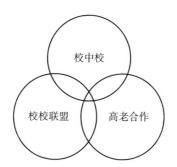

图 9 - 1　"一体三翼"的高校老年教育模式

　　"一体三翼"的高校老年教育模式有其统一的指导思想和办学宗旨，适用于高校和老年学员之间的教学实践，但它不是一个封闭的自足系统，纵有国内外积极老龄化理论模型的统摄，横有国内老龄事业和老年教育相关法规政策的指导。同时它还是一个发散性的系统，因为老年教育虽然是非学历教育，但最终的教育目标的实现，即老年人生命质量的提高，自我价值的再体现，是随着积极老龄化社会的逐步推进，在社会各个领域中点滴式展现的。另外，"一体三翼"不是一成不变的系统，在新的理论指导下，伴随科学理念的问世，它需要不断扩容、更新、优化。

　　起步较晚的老年教育，在我国的教育体系中是最年轻的"朝阳教育环节"。而高校协同发展老年教育又是老年教育发展中尚未步入正轨的一环，虽然阻力重重，但前景无限。《"十三五"国家老龄事业发展和养老体系建设规划》对我国的老年教育的发展目标有明确规定：到2020年形成覆盖广泛、灵活多样、特色鲜明、规范有序的老年教育格局。为实现这一目标，协同各方资源，共同助力老年教育势在必行。

参 考 文 献

1. ［德］H. 哈肯著，张纪岳等译：《协同学导论》，西北大学出版社 1981 年版。

2. ［法］保罗·朗格朗著，腾星等译：《终身教育导论》，华夏出版社 1998 年版。

3. 毕虎、李惟民：《老年教育质量监控和保障体系构建》，载于《当代继续教育》2017 年第 12 期。

4. 陈坤、李士雪：《健康老龄化的理念演变与实现路径》，载于《理论学刊》2017 年第 3 期。

5. 陈璐：《日本老年教育发展及启示》，载于《成人教育》2015 年第 2 期。

6. 陈思彤：《日本老年大学探析》，东北师范大学硕士学位论文，2009 年。

7. 陈岳堂、宁凯：《人口老龄化背景下老年教育的发展》，载于《社会福利（理论版）》2018 年第 12 期。

8. 程仙平、赵文君、郭耀邦：《老龄化背景下老年教育的转型升级：多重理论视角的审视》，载于《职教论坛》2016 年第 15 期。

9. 丁倩梅、陈标、向斌、何红：《四川省老年教育发展现状调查及政策建议》，载于《现代远程教育研究》2019 年第 4 期。

10. 丁馨：《积极老龄化视阈下江苏省老年教育发展探讨》，载于《北京城市学院学报》2017 年第 1 期。

11. 丁哲学：《老年大学发展现状、问题及对策——以黑龙江省为例》，载于《现代远距离教育》2017 年第 4 期。

12. 董新稳、周赞：《社区老年教育的问题及对策》，载于《职教通讯》2016 年第 11 期。

13. 段迎超：《人口老龄化背景下中国老年教育推进策略研究》，曲阜师范大学硕士学位论文，2008 年。

14. 方创琳：《京津冀城市群协同发展的理论基础与规律性分析》，载于《地理科学进展》2017 年第 1 期。

15. 冯建军：《生命与教育》，教育科学出版社 2004 年版。

16. 付八军：《高等教育属性论教育政策对高等教育属性选择的新视角》，江西人民出版社 2008 年版。

17. 傅蕾、吴思孝、程仙平：《老年教育政策价值研究：基于政策文本的审视》，载于《现代教育管理》2018 年第 4 期。

18. 傅美婷：《中国老年教育政策法规回顾与反思》，载于《课程教育研究》2019 年第 4 期。

19. 苟荣津、夏海鹰：《学习型社会背景下老年教育可持续发展探究》，载于《成人教育》2018 年第 2 期。

20. 王惠青、杨新援：《论教育资源的可持续发展》，载于《教育评论》2000 年第 6 期。

21. 郭世松：《学习型社会与老年教育改革——以广西钦州市为例》，载于《继续教育研究》2015 年第 3 期。

22. 韩树杰：《美国老年教育的成功经验及其启示》，载于《湖北大学成人教育学院学报》2006 年第 1 期。

23. 贺莎莎、孙建娥：《积极老龄化政策研究综述》，载于《社会福利（理论版）》2017 年第 11 期。

24. 侯怀银、刘泽：《"教育规律"解析》，载于《大学教育科学》2018 年第 4 期。

25. 侯志春：《中国老年教育的多元化发展途径探析》，载于《成人教育》2016 年第 11 期。

26. 胡庆莲、宋晚生：《终身教育视阈下中国老年教育发展模式探究》，载于《山西广播电视大学学报》2016 年第 4 期。

27. 黄富顺：《高龄社会与高龄教育》，师大书苑，2004 年版。

28. 黄燕东：《老年教育与老年福利》，浙江工商大学出版社 2016 年版。

29. 黄渊基：《生命教育的缘起和演进》，载于《求索》2014 年第 8 期。

30. 姜卓娅：《人口老龄化背景下城市社区老年教育现状及推进策略研究——以温州市为例》，载于《农村经济与科技》2017 年第 8 期。

31. 蒋玉芝：《台湾高校设置乐龄大学的策略与启示》，载于《长沙民政职业技术学院学报》2015 年第 3 期。

32. 教育部：《2018 年全国教育事业发展统计公报》，http：//www.gov. cn/xinwen/2019－07/24/content_5414053. htm，2019 年 7 月 24 日。

33. 濑沼克彰：《日本式终生学习的特征和振兴业》，学文社，2001年版。

34. 李国锋、孟亚男：《我国部属高校科技活动综合评价——基于PLS 路径模型的实证研究》，载于《研究与发展管理》2013 年第 2 期。

35. 李洁：《老年人学习权益法制保障研究》，人民出版社 2013 年版。

36. 李洁：《中国老年教育政策法规：回顾、反思与建议》，载于《终身教育研究》2019 年第 4 期。

37. 李玲：《人力资本运动与中国经济增长》，中国计划出版社 2003年版。

38. 李清：《国际视野下老年教育的特点与走向探析》，载于《中国轻工教育》2010 年第 5 期。

39. 李婷、李文：《新媒体时代老年教育的变革与发展路径》，载于《成人教育》2018 年第 11 期。

40. 李学书：《中外老年教育发展和研究的反思与借鉴》，载于《比较教育研究》2014 年第 11 期。

41. 廉军伟：《都市圈协同发展理论与实践》，浙江工商大学出版社2016 年版。

42. 林钧：《国外学习化社会理论与实践》，中国经济出版社 2013年版。

43. 刘静：《韩国老年教育的特点及其对中国的启示》，载于《成人教育》2015 年第 1 期。

44. 刘琪：《联合国发表多项议题，关注世界人口老龄化问题》，载于《上海城市管理》2017 年第 5 期。

45. 刘昱杉：《我国老年教育供需问题研究》，天津财经大学硕士学位论文，2017 年。

46. 柳天恩、田学斌：《京津冀协同发展：进展、成效与展望》，载于《中国流通经济》2019 年第 11 期。

47. 卢林：《困境与突破：开放大学实施农村老年教育的策略研

究》，载于《成人教育》2020 年第 1 期。

48. 卢悦：《老龄化背景下老年教育供需现状及对策研究——以镇江市为例》，载于《江西广播电视大学学报》2019 年第 3 期。

49. 陆剑杰：《老年教育学》，河海大学出版社 2019 年版。

50. 陆剑杰：《中国老年教育 25 年理论研究工作的梳理》，载于《老年教育（老年大学）》2008 年第 12 期。

51. 陆雄文：《管理学大辞典》，上海辞书出版社 2013 年版。

52. 罗悦庭：《积极老龄化下老年教育发展对策研究》，上海师范大学硕士学位论文，2011 年。

53. 马国泉、张品兴、高聚成：《新时期新名词大辞典》，中国广播电视出版社 1992 年版。

54. 马国云：《关于老年教育师资建设对策的思考》，载于《南京广播电视大学学报》2017 年第 1 期。

55. 马丽华、叶忠海：《中国老年教育的嬗变逻辑与未来走向》，载于《南京社会科学》2018 年第 9 期。

56. 穆光宗、张团：《中国人口老龄化的发展趋势及其战略应对》，载于《华中师范大学学报（人文社会科学版）》2011 年第 5 期。

57. 潘澜：《我国老年教育社区推动的理论与实践研究》，上海师范大学硕士学位论文，2010 年。

58. 齐伟钧、马丽华：《海外老年教育》，上海同济大学出版社 2014 年版。

59. 乔维德：《无锡市社区老年教育现状调查》，载于《天津电大学报》2012 年第 4 期。

60. 秦希笛：《基于内容分析法对老年教育的政策法规解析》，载于《当代继续教育》2014 年第 4 期。

61. 饶冠俊：《日本老年教育发展及启示》，载于《中国成人教育》2019 年第 14 期。

62. 舒尔茨著，吴珠华等译：《论人力资本投资》，北京经济学院出版社 1990 年版。

63. 苏迪、韩红蕾：《"互联网＋"时代老年开放大学跨界融合研究》，载于《成人教育》2017 年第 9 期。

64. 孙立新、李硕：《中国终身教育政策演变：社会背景、文本内容及价值取向》，载于《河北师范大学学报（教育科学版）》2018 年第5 期。

65. 台湾师范大学教育科学研究所编：《西洋教育思想史（上下册）》，伟文图书出版社有限公司 1979 年版。

66. 陶继侃：《战后美国经济增长速度及其前景估计》，载于《世界经济》1979 年第 5 期。

67. 陶薇、李国昊：《江苏省老年教育创新发展探索》，载于《成人教育》2019 年第 5 期。

68. 滕野：《浅析当今老年教育发展的问题与对策》，载于《文化创新比较研究》2019 年第 15 期。

69. 王道俊、扈中平主编：《教育学原理》，福建教育出版社 1998年版。

70. 王戈：《当前中国老年教育的问题与反思》，载于《西北成人教育学报》2010 年第 5 期。

71. 王克忠：《关于老年教育管理体制模式改革的几个问题》，载于《科学发展》2015 年第 9 期。

72. 王莉莉：《中国老年人社会参与的理论、实证与政策研究综述》，载于《人口与发展》2011 年第 3 期。

73. 王仁彧：《终身学习观照下的老年教育现状与展望》，载于《职教论坛》2014 年第 36 期。

74. 王英、黄一凡：《老年护理学》，江西科学技术出版社 2007 年版。

75. 王英、谭琳：《"非正规"老年教育与老年人社会参与》，载于《人口学刊》2009 年第 4 期。

76. 王英：《中国社区老年教育研究》，南开大学博士学位论文，2009 年。

77. 王英：《中外老年教育比较研究》，载于《学术论坛》2009 年第 1 期。

78. 邬沧萍、姜向群：《"健康老龄化"战略刍议》，载于《中国社会科学》1996 年第 5 期。

79. 邬沧萍：《积极应对人口老龄化理论诠释》，载于《老龄科学研究》2013 年第 1 期。

80. 吴思孝：《我国老年教育的历史追溯与未来展望——基于政策

发展视角》，载于《成人教育》2019 年第 6 期。

81. 陆剑杰主编：《老年教育学——中国老年教育 34 年实践经验的学术研究升华》，河海大学出版社 2018 年版。

82. 吴遵民、邓璐、黄家乐：《从"老化"到"优化"——新时代老年教育的新思考与新路径》，载于《现代远距离教育》2019 年第 4 期。

83. 谢新观：《远距离开放教育词典》，中央广播电视大学出版社1999 年版。

84. 熊必俊、郑亚丽：《老年学与老龄问题》，科学技术文献出版社1989 年版。

85. 许佃兵：《当代老年人心理发展的主要矛盾及特点》，载于《江苏社会科学》2011 年第 1 期。

86. 许丽英、汪娟、吴卫炜：《养教结合的城市社区老年教育模式研究》，载于《当代继续教育》2018 年第 3 期。

87. 许琳、向斌、何红：《提升品质：推动老龄事业全面协调可持续发展——基于对四川省老年教育发展现状的调研》，载于《天津电大学报》2019 年第 3 期。

88. 薛晓：《中国养老服务产业制度变迁、缺陷与重构》，西南财经大学博士学位论文，2009 年。

89. 闫立娜、杨丽波：《教育赋权诉求下我国老年教育的社会调适研究》，载于《终身教育研究》2018 年第 6 期。

90. 杨晨、李学书：《多元办学形势下老年教育微观管理发展与创新研究》，载于《职教论坛》2016 年第 18 期。

91. 杨德广：《高校开展老年教育并非资源流失》，载于《成才与就业》2015 年第 1 期。

92. 杨德广：《老年教育学》，人民教育出版社 2016 年版。

93. 杨德广：《美国老年教育的发展及启示》，载于《世界教育信息》2017 年第 4 期。

94. 杨德广：《普通高校的继续教育应着力发展老年教育》，载于《终身教育研究》2017 年第 6 期。

95. 杨国赐：《成人教育原理在家庭教育之运用》，台北市立社会教育馆 1991 年版。

96. 杨蕙馨、李国锋：《中国企业自主创新能力提升路径与对策研究》，经济科学出版社 2012 年版。

97. 杨琨、孙佳：《近现代日本老年教育的历史发展进程初探》，载于《重庆文理学院学报（社会科学版）》2016 年第 1 期。

98. 杨鑫辉：《新编心理学史》，暨南大学出版社 2003 年版。

99. 杨亚玉、欧阳忠明：《老年大学教育供给与老年人学习需求匹配的案例研究》，载于《职教论坛》2018 年第 8 期。

100. 叶忠海：《国际老年教育发展的特点、模式和未来取向》，载于《当代继续教育》2017 年第 5 期。

101. 叶忠海：《老年教育学通论》，同济大学出版社 2014 年版。

102. 叶忠海：《中国当代老年教育发展研究》，华东师范大学出版社 2019 年版。

103. 伊继东、段从宇、宗佶：《协同创新发展老年教育的思考》，载于《云南社会科学》2015 年第 4 期。

104. 俞恭庆：《大力发展上海老年教育：展望上海老年教育"十二五"发展蓝图》，上海科学普及出版社 2010 年版。

105. 俞国良、罗晓路、埃里克森：《自我认同与心理社会性发展理论》，载于《中小学心理健康教育》2016 年第 7 期。

106. 俞可：《德国老年教育：从缺失到多元》，载于《世界教育信息》2017 年第 4 期。

107. 袁振国：《当代教育学》，教育科学出版社 2004 年版。

108. 岳瑛：《教育学视阈中的老年教育》，湖北科技出版社 2012 年版。

109. 翟惠琴：《老年大学教师队伍的建设研究》，载于《中国农村教育》2016 年第 11 期。

110. 张弘：《我国老年教育发展现状及趋势》，载于《现代交际》2017 年第 21 期。

111. 李祖超：《我国教育资源短缺简析》，载于《高等教育研究》1997 年第 6 期。

112. 张瑾、韩崇虎：《多属性视域下我国老年教育管理发展和创新研究》，载于《职教论坛》2019 年第 1 期。

113. 张瑾、韩崇虎：《中外老年教育政策的比较与反思》，载于《成人教育》2019 年第 6 期。

114. 张娟娟：《高等院校举办老年大学现状调查及对策研究》，上海师范大学硕士学位论文，2009 年。

115. 张娜：《中国老年大学的现状及反思》，载于《高等函授学报（哲学社会科学版）》2011 年第 11 期。

116. 张仁杰：《关于中日老年教育政策法规发展的比较研究》，载于《广东开放大学学报》2019 年第 3 期。

117. 张少芳、岳瑛：《老年教育资源共享：制约因素及对策》，载于《中外企业家》2017 年第 7 期。

118. 张少芳：《老年教育体系构建的原则、影响因素及路径选择》，载于《成人教育》2019 年第 8 期。

119. 张少刚、张益彬、王伯军等：《全国电大系统老年教育发展调研报告》，载于《中国远程教育》2015 年第 9 期。

120. 张亚苹：《生命教育视阈下的老年大学课程设置》，载于《宁波广播电视大学学报》2012 年第 4 期。

121. 张竹英：《国内老年教育研究发展综述》，载于《天津电大学报》2012 年第 3 期。

122. 赵海侠、郭靖萱：《教育管理学》，电子科技大学出版社 2017 年版。

123. 赵素巧：《基于协同理论的物流产业发展研究》，吉林大学硕士学位论文，2013 年。

124. 赵晓东：《对亟待发展的中国老年教育的思考》，载于《成人教育》2012 年第 12 期。

125. 中国老年大学协会课题组：《中国老年教育学若干问题研究》，阳光出版社 2012 年版。

126. 周朝东：《南京市社区老年教育调查与思考》，载于《中共南京市委党校学报》2011 年第 2 期。

127. 周凤娇：《我国老年教育领导管理模式探析》，上海师范大学硕士学位论文，2018 年。

128. 周林芳：《城市社区老年教育现状分析与对策研究——以北京市右安门社区为个案》，中央民族大学硕士学位论文，2004 年。

129. 朱宝生、刘爽：《吉林省老年教育现状及发展建议》，载于《现代教育科学》2019 年第 2 期。

130. 朱敏、高志敏：《终身教育、终身学习与学习型社会的全球发展回溯与未来思考》，载于《开放教育研究》2014 年第 1 期。

131. BMBF. Losungen für eine Gesellschaft Deslangeren Lebens. Pressemitteilung, No. 154, 2011.

132. Boulton – Lewis, Gillian, M.. Education and Learning for the Elderly: Why, How, What. *Educational Gerontology*, 2010.

133. Buys, L., Aird, R., Boulton – Lewis, G.. Older Australians: Structural barriers to learning in later life. *Current Aging Science*, Vol. 9, No. 3, 2016.

134. Cameron Richards, Jittra Makaphol, Thomas Kuan. 'Lifelong Education' Versus 'Learning in Later Life': A University of the Third Age Formula for the Thailand Context. *The University of the Third Age and Active Ageing*.

135. Carlton, S., Soulsby, J.. Learning To Grow Older & Bolder: *A Policy Paper on Learning in Later Life*. 1999.

136. Center for Social Development Global Service Institute, Service Learning and Older Adults, George Warren Brown School of Social Work Washington University. One Brookings Drive Campus Box 1196 St. Louis, Vol. 30, 2001.

137. Chin – Shan Huang. The University of the Third Age in the UK: An Interpretive and Critical Study. *Educational Gerontology*, Vol. 32, 2006.

138. Czaja, S. J., Charness, N., Fisk, A. D., et al. Factors predicting the use of technology: Findings from the center for research and education on aging and technology enhancement (create). *Psychology and Aging*, Vol. 21, No. 2, 2006.

139. Czaja, S. J., Sharit, J., Charness, N., et al. The Center for Research and Education on Aging and Technology Enhancement (CREATE): A program to enhance technology for older adults. *Gerontechnology*, Vol. 1, No. 1, 2001.

140. Formosa, M.. Four decades of Universities of the Third Age: past, present, future. *Ageing and Society*, Vol. 34, No. 1, 2012.

141. Gessa, G. D., Grundy, E.. The relationship between active ageing and health using longitudinal data from Denmark, France, Italy and Eng-

land. *Journal of epidemiology and community health*, Vol. 68, No. 3, 2013.

142. Glendenning, Frank, Battersby, David. Educational Gerontology and Education for Older Adults: A Statement of First Principles. *Australian Journal of Adult and Community Education*, Vol. 30, No. 1, 1990.

143. Hash, K. M., Gottlieb, J.. Harper – Dorton, K. V., et al. Infusing and sustaining aging content in social work education: Findings from GeroRich projects. *Gerontology & Geriatrics Education*, Vol. 28, No. 1, 2007.

144. Hatar, Ctibor. Active Ageng and Active Old Age in the Educational Contest. *Ad Alta: Journal of Interdisciplinary Research*, Vol. 9, No. 1, 2019.

145. Hooyman, N., St. Peter, S.. Creating Aging – Enriched Social Work Education [J]. *Journal of Gerontological Social Work*, Vol. 48, No. 1 – 2, 2006.

146. Istance, D. Learning in Retirement and Old Age: An Agenda for the 21st Century. *European Journal of Education*, Vol. 50, No. 2, 2015.

147. James, K. L.. Rethinking art education for older adults: An ethnographic study of the University of the Third Age. *Dissertations & Theses – Gradworks*, Vol. 69, No. 11A, 2008.

148. James, Kathy Lynn. Rethinking art education for older adults: An ethnographic study of the university of the third age. *Dissertation Abstracts International. Section A: Humanities and Social Sciences*, Vol. 69, No. 11A, 2009.

149. Jarvis, P.. Learning in Later Life: An Introduction for Educators & Carers [J]. 2001.

150. Kaya, G., Candan, S., et al. Aging Education in Elementary Textbooks. *Procedia – Social and Behavioral Sciences*, Vol 3037, No. 116, 2014.

151. Kerin, P. B., Estes, C. L., Douglass, E. B.. Federal Funding for Aging Education and Research: A Decade Analysis. *The Gerontologist*, Vol. 29, No. 5, 1989.

152. Lemieux, André, Boutin, Gérald, Riendeau, J.. Faculties of Education in Traditional Universities and Universities of the Third Age: A

Partnership Model in Gerontagogy. *Higher Education in Europe*, Vol 32, No. 2 – 3, 2007.

153. Mary Alice Wolf. Personal development through learning in later life. *New Directions for Adult and Continuing Education*, Vol. 1992, No. 5, 1992.

154. McGuire, S. L. , Klein, D. A. & Couper, D. . Aging Education: A National Imperative [J]. *Educational Gerontology*, Vol. 31, No. 6, 2005.

155. Mc Guire, Sandra, L. . Growing Up and Growing Older. *Childhood Education*, Vol. 79, No. 3, 2003.

156. Mc Williams, Summer. Choosing Learning in Later Life: Constructions of Age and Identity among Lifelong Learners. *Pro Quest LLC*, *Ph. D. Dissertation*, *The Florida State University*.

157. Mcpherson Turner, C. . Education For Aging [J] . *Journal of School Health*, Vol. 50, No. 6, 2010.

158. Morris, Cathy. Universities of the Third Age. *Adult Education* (*London*) . Vol. 57, No. 2, 1984.

159. Mott, V, W. Rural Education for Older Adults. *New Directions for Adult and Continuing Education*, No. 117, 2008.

160. Myers, J. W. . Aging Education for the Junior High/Middle School Years. *Aging*, No. 151, 1979.

161. Organization W H. Active Ageing: A Policy Framework. *The Aging Male*, Vol. 5, No. 1, 2002.

162. Schulenberg, W. , Loeber, H – D. , Loeber – Pautsch, U. , Pühler, S. . Soziale Faktoren der Bildungsbereitschaft Erwachsener. Stuttgart: Enke, 1978.

163. Schuller, T. & Bostyn, A. M. . Education and Training for the Third Age in the UK: A Preliminary Report from the Carnegie Inquiry. *International Review of Education*, No. 4, 1992.

164. Sekiguchi, R. W. . Special Issue on Education and Aging in Japan. *Educational Gerontology*, No. 20, 1994.

165. Shirani, M. , Kheirabadi, G. , Sharifirad, G. , Keshvari, M. . The Effect of Education Program on Health Promotion Behavior on Successful Ag-

ing. *Iranian Journal Of Nursing and Midwifery Research*, Vol. 24, No. 3, 2019.

166. Simon, S.. Retiring to home of the young [N]. Los Angeles Times, Vol. 3, No. 29, 2019.

167. Swindell, R. & Thompson, J.. An International perspective on the university. *Educational Gerontology*, 1995.

168. Talmage, C. A., Lacher, R. G., Pstross, M. et al. Captivating Lifelong Learners in the Third Age: Lessons Learned From a University – Based Institute. *Adult Education Quarterly*, Vol. 65, No. 3, 2015.

169. Tompkins, C. J.. Meeting the Challenges of Teaching Aging Content: Social Work Education at the Forefront. *Gerontologist*, Vol. 51, No. 5, 2011.

170. Yamashita, Takashi, Bardo, Anthony R. , Liu, Darren, Yoo, Ji Won. Education, lifelong learning and self-rated health in later life in the USA [J]. *Health Education Journal*, Vol. 78, No. 3, 2019.

171. Zielińska – Więczkowska, H. , Muszalik, M. & Kędziora – Kornatowska, K.. The analysis of aging and elderly age quality in empirical research: Data based on University of the Third Age (U3A) students. *Archives of Gerontology and Geriatrics*, Vol. 55, No. 1, 2012.

附录1　课题组主要成员调研访谈提纲及问卷

一、调研访谈提纲

访谈提纲（一）

——济南、青岛、威海、聊城、枣庄、德州等地市

您好！非常感谢您能在百忙之中参与本次访谈。

我们是《我国老年教育资源短缺的协同发展研究》（BKA180232）国家级课题组成员，正在进行老年教育资源短缺的协同发展研究。为深入了解本地区老年教育现状，解决我国老年教育相关难题，设计了本次访谈，请就以下问题谈谈您的观点，谢谢您的合作！

1. 您所在地市老年大学的数量，老年大学的整体布局。

2. 您所在的老年大学学员数量，入学学员与申请学员的比率。

3. 您所在老年大学的管理队伍的规模和师资队伍情况。

4. 您所在老年大学每年的预算投入和产出分别是多少，相关制度、法规建设情况如何，是否有进行科学研究。

5. 当前此地市是否有国外或民营老年教育机构存在。

6. 目前此地市高校是否有参与老年教育，参与程度如何，规模如何。

7. 请您谈谈目前老年大学的总体现状，还存在什么问题。

访谈提纲（二）

——山东省老年大学

您好！非常感谢您能在百忙之中参与本次访谈。

我们是《我国老年教育资源短缺的协同发展研究》（BKA180232）

国家级课题组成员，正在进行老年教育资源短缺的协同发展研究。为深入了解本地区老年教育现状，解决我国老年教育相关难题，设计了本次访谈，请就以下问题谈谈您的观点，谢谢您的合作！

1. 在老年教育的管理体制和机制方面，我省的现状和规划是什么？

2. 以山东老年大学为例，老年教育的现状、困境有哪些？主要理念是什么，有哪些措施？

3. 借助社会力量办老年教育方面，我省的经验和建议是什么？如何规范和引导民办老年大学或类似机构？

4. 依托大学办老年教育方面，有哪些问题和建议？

5. 对居家和社区以及养老机构内的老人，如何提供相应的教育服务？

6. 如何处理好老年教育的供需两方面的突出矛盾？

7. 在资金投入方面，我省老年教育有哪些困难和思路？

8. 山东省近5年的老年大学的发展情况和具体数据。

9. 在老年教育理论研究方面，山东省的做法和规划是哪些？是否考虑联合高校理论研究的资源，共同公关？

访谈提纲（三）

——上海市

您好！非常感谢您能在百忙之中参与本次访谈。

我们是《我国老年教育资源短缺的协同发展研究》（BKA180232）国家级课题组成员，正在进行老年教育资源短缺的协同发展研究。为深入了解本地区老年教育现状，解决我国老年教育相关难题，设计了本次访谈，请就以下问题谈谈您的观点，谢谢您的合作！

1. 请您谈谈上海市老年大学的总体发展情况。（老年大学的整体布局、管理人员规模、师资队伍等）

2. 目前上海市老年教育的投入和产出情况，相关制度、法规建设情况，科学研究情况。

3. 目前上海市老年教育的管理体制如何，有哪些好的方面，哪些需要完善。

4. 请您谈谈在高校办老年大学的管理机制、激励机制和回报机制。

5. 请您谈谈"上海老年大学教育联盟"的优势有哪些，为什么可以实现联盟。

6. "上海老年大学教育联盟"对各学校的师资、信息、教材和招生的影响有哪些。

7. 请您谈谈上海市老年教育工作需要完善的地方。

访谈提纲（四）

——金陵老年大学

您好！非常感谢您能在百忙之中参与本次访谈。

我们是《我国老年教育资源短缺的协同发展研究》（BKA180232）国家级课题组成员，正在进行老年教育资源短缺的协同发展研究。为深入了解本地区老年教育现状，解决我国老年教育相关难题，设计了本次访谈，请就以下问题谈谈您的观点，谢谢您的合作！

1. 请您谈谈南京市老年大学的总体发展情况（老年大学的整体布局、管理人员规模、师资队伍等）。

2. 请您谈谈目前南京市老年教育的投入和产出情况，相关制度、法规建设情况。

3. 目前南京市老年教育的管理体制如何，有哪些好的方面，哪些需要完善。

4. 请您谈谈在高校办老年大学的管理机制、激励机制和回报机制。

5. 请您谈谈目前金陵老年大学关于老年教育的理论研究、进展情况。

6. 南京市老年教育工作需要继续完善的地方。

二、调查问卷

2018 年实践调研
我国老年教育资源短缺的协同发展研究
问卷（一）老年人教育需求现状调查

适用对象：60 岁及以上人口。

亲爱的朋友：

您好！非常感谢您能在百忙之中参与本次问卷调查。

我们是山东财经大学老年教育课题组研究成员，正在进行老年教育资源短缺的协同发展研究。为全面推进我国老年教育事业发展，满足老年人的多样化学习需求，提升老年群体生活品质，促进和谐社会的发展，深入了解××地区老年教育现状，解决我国老年教育相关难题，设计了本次问卷，旨在了解当前老年教育资源需求现状以及对协同高校和社会力量举办老年教育的看法，以期通过体制机制改革、财政支出结构调整、社会力量协同发展及政府供给侧改革等方面来解决当前老年教育资源短缺问题。问卷采用不记名方式进行统计，题目选项仅作研究资料所用，没有对错之分，同时您所反映的信息我们也将严格保密，请您放心填写。谢谢您的合作！

1. 您的年龄是：

A. 55~60 岁　　　B. 60~65 岁　　C. 65~70 岁　　D. 70~75 岁

E. 75 岁及以上

2. 您的性别是？　　A. 男　　　　　B. 女

3. 您的文化程度是？

A. 硕士研究生及以上　　　　　B. 本科

C. 大专　　　　　　　　　　　D. 高中/中专

E. 初中及以下

4. 您的原（现）职业是？

A. 国家机关干部　　　　　　　B. 企事业单位职工

C. 农民　　　　　　　　　　　D. 个体经营者

E. 无业　　　　　　　　　　　F. 其他_____

5. 您目前的收入来源是？

A. 儿女提供　　　　　　　　　B. 退休金

C. 政府救助　　　　　　　　　D. 其他_____

6. 您目前的月收入大约为：

A. 1000 元以下　　　　　　　　B. 1000~2000 元

C. 2000~3000 元　　　　　　　D. 3000~4000 元

E. 4000 元以上

7. 您是否愿意参加老年教育活动？

A. 愿意　　　　　B. 无所谓　　　C. 不愿意

8. 您每年愿意用于老年教育活动的费用是：

A. 0　　　　　　　　　　　　　B. 200 元以下

C. 200~500 元　　　　　　　　D. 500~1000 元

E. 1000 元以上

9. 请按照您的偏好对以下几种形式的老年教育进行排序。

A. 老年大学　　　　　　　　B. 社区老年教育

C. 依托高校举办的老年教育　　D. 远程或网络教育

E. 其他（比如文化活动中心、自行松散解决等）

请按照喜好程度排序（喜好程度最高的在前）_____

10. 您认同什么类型的老年教育管理方式：

A. 像普通教育一样，规范认真管理

B. 基本规范，不要有太大压力

C. 不要有任何压力，不必强调效果

11. 您参与老年教育多久了？

A. 没参加过　　B. 不到1年　　C. 1~2年　　D. 2~3年

E. 3年以上

12. 您的子女是否支持你参加老年教育？

A. 支持　　　　B. 无所谓　　　C. 不支持

13. 如果有高端定制的老年教育课程（如高尔夫、高级摄影等），您是否愿意参加？

A. 愿意参加　　　B. 无所谓　　　C. 不愿意

14. 您认为参加老年教育活动最主要的目的是：（可多选）

A. 满足兴趣爱好　　　　　　B. 增长知识

C. 结识新朋友　　　　　　　D. 打发时间

E. 再就业　　　　　　　　　F. 其他_____

15. 您对哪类课程感兴趣？（可多选）

A. 艺术类　　　　　　　　　B. 养生保健类

C. 时事政治　　　　　　　　D. 高端定制的老年教育课程

E. 正规大学课程　　　　　　F. 其他_____

16. 您对老年教育的现状满意程度：

A. 满意　　　　B. 不了解　　　C. 不满意

17. 您认为当前的老年教育活动存在哪些问题？（可多选）

A. 不了解　　　　　　　　　B. 课程设置不合理

C. 收费过高　　　　　　　　D. 学校环境和硬件设施问题

E. 授课质量不高　　　　　　F. 师资匮乏

G. 老年教育机构数目少　　　　　H. 其他_____

18. 针对我们要调查的问题，您还有什么看法？

1. _____

2. _____

感谢您的参与和配合，谢谢！

问卷（二）老年教育领域政府供给现状调查

适用对象：老年教育相关部门（老龄委、民政厅（局）、发改委（局）等）。

尊敬的老年教育管理者：

您好！非常感谢您能在百忙之中参与本次问卷调查。

我们是山东财经大学老年教育课题组研究成员，正在进行老年教育资源短缺的协同发展研究。为全面推进我国老年教育事业发展，满足老年人多样化学习需求，提升老年群体生活品质，促进和谐社会的发展，深入了解××地区老年教育现状，解决我国老年教育相关难题，设计了本次问卷，旨在了解当前老年教育资源供给现状以及协同高校和社会力量举办老年教育的必要性，以期通过体制机制改革、财政支出结构调整、社会力量协同发展及政府供给侧改革等方面来解决当前老年教育资源短缺问题。问卷采用不记名方式进行统计，题目选项仅作研究资料所用，没有对错之分，同时您所反映的信息我们也将严格保密，请您放心填写。谢谢您的合作！

1. 请问您在以下哪个部门工作？

A. 老龄委　　　　　　　　　　B. 民政厅（局）

C. 发改委（局）　　　　　　　D. 其他_____

2. 请问本地区为老年人提供了哪些教育场所？（不定项选择）

A. 老年大学　　　　　　　　　B. 社区老年教育

C. 依托高校举办的老年教育　　D. 远程或网络教育

E. 其他（比如文化活动中心等）_____

3. 您认为这些教育场所在数量上能否很好地满足老年人的教育需求？

A. 能很好地满足　　　　　　　B. 在一定程度上能满足

C. 不能满足　　　　　　　　　　　D. 不清楚

4. 请问本地区是否有充足的教育经费，以便能支付老年教育所需的各项开支？

A. 有充足的经费　　　　　　　　　B. 经费不充足

C. 不清楚

5. 请问本地区老年教育的经费主要来源于：

A. 政府拨款和地方财政支持

B. 社会和企业的资助

C. 老年学员的学费

D. 其他_____

6. 您认为对于老年教育工作有足够的政策支持吗？

A. 很多　　　　B. 较多　　　　C. 较少　　　　D. 没有

7. 您认为本地区老年人参与老年教育的积极性如何？

A. 很高　　　　B. 较高　　　　C. 较低　　　　D. 很低

8. 您认为应给老年人开设哪（些）方面的教育项目，以促进他们能够更好地生活？

A. 艺术类　　　　　　　　　　　　B. 养生保健类

C. 时事政治　　　　　　　　　　　D. 高端定制的老年教育课程

E. 正规大学课程　　　　　　　　　F. 其他_____

9. 您认为可以用哪些标准来衡量老年教育的效果？（不定项）

A. 参与老年教育的人数　　　　B. 师资水平的高低

C. 老年教育活动的丰富性　　　　D. 老年人的满意度

E. 其他_____

10. 您认为本地区的老年教育在哪（些）方面还比较薄弱？（不定项选择）

A. 经费　　　　　　　　　　　　　B. 老年教育机构数目

C. 师资水平　　　　　　　　　　　D. 管理和服务方面

E. 相关政策　　　　　　　　　　　F. 其他_____

11. 您认为市场及民间力量参与老年教育的可行性如何？

A. 很高　　　　B. 较高　　　　C. 较低　　　　D. 很低

2019 年实践调研
我国老年教育现状及管理体制模式创新研究
老年大学学员调查问卷

尊敬的老年学员：您好！这是一份与您在老年大学的学习有关的调查问卷。填写此问卷可能会耽误您一些时间，在此对您的支持和帮助表示衷心的感谢！

单选题

1. 性别： A. 男性 B. 女性

2. 年龄： A. 40～49 岁 B. 50～59 岁 C. 60～69 岁 D. 70～79 岁 E. 80 岁及以上

3. 文化程度：A. 小学 B. 初中 C. 高中（含中专、职高） D. 大专 E. 本科及以上

4. 您的原（现）职业是？

A. 国家机关干部 B. 企事业单位职工

C. 农民 D. 个体经营者

E. 无业

5. 您认为参加老年教育活动对您的晚年生活而言是否重要：

A. 重要 B. 不重要 C. 不知道

6. 您是否参加过老年大学所组织的老年教育活动：A. 是 B. 否

7. 就您所在的学校而言，您认为参加老年教育活动的机会：

A. 非常多 B. 比较多 C. 不知道 D. 比较少

E. 几乎没有

8. 您认为您所在学校的老年教育的活动设备是否齐全：

A. 齐全 B. 一般 C. 不齐全

9. 请按照您的偏好对以下几种形式的老年教育进行排序。

A. 老年大学 B. 社区老年大学

C. 依托高校的老年教育 D. 远程或网络教育

E. 其他（比如文化活动中心、自行松散解决等）

10. 您认为老年大学应开设的重要课程是：（可多选）

A. 艺术类 B. 养生保健

C. 现代科学知识　　　　　　　　D. 时事政治

E. 实用知识和技能，如炒股、计算机知识、教育下一代的知识等

11. 您认为参加老年教育活动最主要的目的是：（可多选）

A. 满足兴趣爱好　　　　　　　　B. 提高知识水平

C. 结识新朋友　　　　　　　　　D. 打发时间

E. 再就业

12. 您在老年大学学习达到自己的目的了吗？

A. 完全达到　　　B. 达到　　　C. 不清楚　　　D. 没有达到

E. 完全没有达到

13. 您认为在学校里学习的有关知识和技能在生活中有用吗？

A. 非常有用　　　B. 有用　　　C. 不清楚　　　D. 无用

E. 非常无用

14. 您是否利用在学校里学习到的知识和技能参加社区、社会活动？

A. 几乎每天　　　B. 经常　　　C. 有时　　　D. 偶尔

E. 从不

15. 您对老年大学教师的教学工作满意吗？

A. 非常满意　　　B. 满意　　　C. 一般　　　D. 不满意

E. 非常不满意

16. 您对老年大学办学人员的管理工作满意吗？

A. 非常满意　　　B. 满意　　　C. 一般　　　D. 不满意

E. 非常不满意

17. 您对老年大学开设的课程、使用的教材、教学设备满意吗？

A. 非常满意　　　B. 满意　　　C. 一般　　　D. 不满意

E. 非常不满意

18. 您认为现在的社区老年教育存在哪些问题：（可多选）

A. 缺乏适应居民需求的社区教育项目

B. 教育经费不足

C. 办学条件不足

D. 教师水平不高

E. 教育设施不够齐全

F. 上课课时不足

G. 缺乏高质量的课程、教材和学习资源

H. 教育管理和服务不到位

I. 老年人参加学习的热情不高

J. 需要加强学习网站的建设

K. 社会不重视社区教育

19. 您对社区老年教育现状的满意程度：

A. 非常满意　　　B. 满意　　　　　C. 不知道　　　D. 不满意

E. 非常不满意

感谢您在百忙中抽出时间支持我们的调查，祝您及家人身体健康，祝您事业顺心！

____年____月____日

附录2 高校学生实践调研活动及成果

一、调研情况介绍

在多元老龄问题日趋严重的时代背景下，充分发挥教育的作用，以发展老年教育促进老龄问题的解决，既是终身教育理念向我们提出的要求，也是引领时代发展、创新前沿研究领域的关键所在。

为更加深入了解老年教育的资源短缺问题，更好地实现多方力量的协同配合。围绕课题的需要，积极组建老年教育调研团队。该团队先后于2018年和2019年进行社会调研，深入老年大学、社区老年学校及老年教育相关管理部门，了解当前老年教育现实情况。在2018年，团队以"老年教育资源短缺及协同发展研究"为主题，分别前往3个省市的8个城市（济南市、青岛市、威海市、长春市、吉林市、松原市、上海市、贵阳市）进行调研，此次参与调研的学生共计50人，带队教师2人，接受调研人次约600余人，最终形成"我国老年教育资源短缺的协同发展研究"等六份报告。2019年，在前期调研成果之上，团队精准定位于"中国老年教育现状及管理体制创新研究"的主题，再次展开深入调研。本着力求真实的原则，对上海、青岛、威海、西安等调研地的老年教育现状、类型及管理模式进行调查，从老年教育管理体制视角出发，使得调研范围更加具体、明确。此次调研涉及4个省市（山东省、上海市、陕西省、江苏省）的7个城市（上海市、南京市、西安市、济南市、威海市、青岛市、菏泽市），调研地点共有41个，其中老年大学共16所（包括公办和企业办学），社区老年学校共11所。参与调研教师7名，调研学生52人。本次调研共发放问卷1350份，收回有效问卷共1137份。最终形成"中国老年教育现状及管理体制创新研究"

等 8 份调研报告。

二、参赛项目及获奖情况

在调研的成果之上，团队积极参加各类大赛活动。2019 年，作品"中国老年教育问题、现状及协同体系路径研究"获得第十六届挑战杯比赛山东地区二等奖；同年，作品"银发乐学——打造社区老年教育新模式"获得第五届"互联网＋"比赛校级银奖。

后　　记

对重大现实问题的学理性思考和回答，一直是我学术研究的缘起和动力。对老龄化社会问题及老年教育的持续关注和研究，也是我近年来的主要着力点。新中国成立后，1949～1957年出现了人口出生的第一个高峰期，实现了第一次人口高增长，此阶段出生的多为独生子女。随着这一群体逐步退出劳动岗位，我国也进入老龄化严峻考验时期。如何赡养年暮老人，如何安置自己即将到来的晚年生活等话题越来越成为社会关注的热点。为此，国家也相继出台了一系列制度政策，积极应对人口老龄化以及老年教育等问题。对于年龄在60～75岁的初老群体来说，他们的身体状况良好，精神需求呈多样性，继续体现其生存价值和社会价值的愿望强烈。因此，老年教育的供需不平衡等矛盾就凸显了出来，出现了"天不亮就排队报名上老年大学""老年大学一座难求"等社会问题。作为教育工作者和理论研究者的使命感及敏感性，促使我关注和研究这一重大社会问题。

在纷繁复杂的老龄化社会问题中，我主要关注了两个方面的问题：一是养老服务体系构建以及政府职责；二是老年教育，尤其是老年教育资源的配置和协同发展问题。我认为这两个问题的有效解决，是破解老龄化社会问题的一把钥匙。从此，探访养老院、养老机构、访谈老年大学、走访相关管理部门，与不同年龄段的老人聊天等，就成了我的必修课。一方面，开展了有组织的调研，申请并承担了养老服务体系和老年教育方面的课题项目，陆续发表了一些研究成果。另一方面，通过研究搭平台，促进养老产业合作和项目落地。在我的倡议下，成立了海峡两岸智慧养老联盟。联盟依托山东财经大学、浪潮集团、山东能源集团康养公司、历下区卫生局等大陆联盟合作伙伴与台湾文化大学以及相关医疗机构、日间照料中心、公益基金会等，有计划地召开智慧养老以及老年教育领域的研讨会，在理论研究的基础上，探索海峡两岸养老项目的合作。

感谢全国教育科学规划办公室以及山东省社科规划办给我对老年教育问题进行深度系统理论研究的机会。课题组根据课题任务拟订了研究计划，开始大量的实证调研。正式调研活动历时2年，主要包括课题组成员为主的实地调研和信函调研，以及山东财经大学大学生社会实践活动的调研等。为探究如何实现各地老年教育资源协同发展以及老年教育管理结构合理化等方面的问题，获取老年教育资源短缺的定量性分析依据，进一步提出相应的解决方案，课题组成员从老年教育的发展现状、问题、管理体制等方面着手，将整个课题分解成6个领域，分别前往各省市进行实地调研，部分课题组成员还前往海外对国外老年教育发展的现状进行了调研。其中，在各地市选取了具有代表性的老年大学、社区、街道、机构、老年教育管理者、老年教育资源提供者以及各年龄段、各类职业、各类教育程度的老年教育直接受益者及潜在教育资源享有者进行了调研。在山东财经大学团委组织的"三千计划"等社会实践活动中，近百名大学生奔赴上海、四川、贵州、山东等省市进行了调研活动，取得了大量的第一手老年教育相关数据和资料。调研团队在山东省"三下乡"社会实践活动中连续两年获得"省级优秀服务队"称号，并在第十六届"挑战杯"竞赛中获得山东赛区省级一等奖的荣誉。

在调研的过程中，各省市、地市老年大学以及社区参与老年教育的领导和同志都给予了极大的帮助和支持。比如山东省老年大学前校长杜英杰先生，曾经两次召开专题研讨会，听取课题组成员的汇报，并针对全国以及山东省的老年教育理论研究工作，提出了非常中肯的建设性意见。上海师范大学的杨德广教授，作为中国第一位著书立说倡议建立老年教育学的专家，已然80多岁的高龄，仍积极协助课题组成员调研，并主持召开研讨会，对我国的老年教育问题献计献策。本研究开题研讨会上，我的博士生导师、80多岁高龄的薛天祥教授，亲自到场听取课题组的研究计划并提出了系列研究建议。还有庞青山、张万鹏、杨运鑫、申培宣、杜福等专家学者都给予了无私的指导。

根据研究任务本研究分为五个子课题组和一个整合组。王剑波作为课题总负责人，负责课题设计规划、组织调研和研究报告的论证工作、书稿体系构建、统稿和修改等。李爱红负责子课题"协同高校资源发展老年教育"；李军作为负责人，成员翟月玲、邵怀领，负责子课题"老年教育管理体制研究"；宋燕作为负责人，成员高文燕、郭怡文，负责子课题"老年教育基本理论和基本概念研究"；白洁作为负责人承担子课题"老年教育国际比较研究"；李国峰作为负责人，成员李艳龙、刘媞，承担子课题"老年教育实证研究"。不同的子课题汇总至整合组，贾海彦作为负责人，成员姜玉贞、刘玉安、马明月承担整合和修改工作。团队成员都为此付出了辛勤的汗水。本书稿于2019年岁末完成初稿后，经过前后六次大的修改，最终凝练出当前的版本。2020年新春伊始的一场疫情，让我们倍加珍惜亲情，更加懂得关怀，居家防疫，静心著述，也让书稿得到了更细致的打磨，也是意外的收获。

本研究在理论上实现了老年教育领域重大理论和体系上的突破。尤其是在老年教育、老年教育资源等基本概念、基本理论及理论体系的构建，对老年教育管理体制的探索，老年教育资源的内涵外延以及协同发展机制的构建等方面都有独到的研究成果。初步构建了老年教育研究的理论体系，这应该是在国内乃至国际上，首次在相关领域的理论创新。在实践层面就老年教育立法和制度建设、老年教育供给侧改革以及如何发挥高校、社会、政府各方面的作用等，提出了可操作性建议。作为国家级课题研究项目的阶段性成果，研究报告已经被山东省政协全部采纳应用，这对课题组成员来说，是个很大的欣慰，理论性的研究正是为了能指导和应用到实践中，才能彰显其研究价值。必须指出的是，由于老年教育在全国的发展还缺乏体系性的组织和推进，实践活动呈现多样性和碎片化，理论研究还没有出现热门化、规模化的阶段，因此，本研究的成果也是一种尝试，其中无疑会存在各种各样的不足，但愿这个阶段性成果，能起到抛砖引玉的效果，吸引更多的有识之士对该领域问题进行全方位、多学科的深入研究，以指导全国老年教育的科学、健康、有序发展，惠及占我国人口1/5的老年人口。

作为课题负责人，深入地实践调研和理论研究，使我深切地感受到，老年教育问题已不再是传统的社会边缘问题，而是非常严峻的社会问题，亟待前瞻性理论研究成果的突破。该研究聚集了大量有识之士和公益人士的加入和支持，动用了海内外的资源收集资料，身边的朋友和有识之士为此给予了极大的支持和帮助。研究团队的阵容空前，不同地域、不同研究领域、不同工作岗位的专家学者以及研究生、大学生都为此做出了很大贡献。让我首次感受到研究使命的重要、团队合作的高效温暖、社会对该领域关注的迫切。但愿大家的共同努力，能为我国老年公益事业出一份力。

本研究在进展过程当中也遇到了很多困难。比如说我国现实中老年教育发展还不成熟，管理体制、办学模式、实现途径、评价标准等呈零散、碎片状，要想取得可靠的数据和资料，难度很大。没有国家统一的统计数据，各省市的做法各异；有些省市、地市的数据和信息是为了首次汇总并提供。正是这些现实问题，更加激发了课题组搞好研究，促进老年教育有序发展的责任感。另外在高层次学术期刊方面，能为作为终身教育一部分的老年教育呈现研究成果的期刊载体有限，这也在一定程度上限制了研究成果的传播和采纳应用。同时，由于本人的研究能力和水平的限制，研究成果无论是深度和广度上一定还有不足。但是我相信，作为我国老年教育国家层面的研究项目，毕竟我们开启了系统研究的进程，未来的研究目标越来越清晰，方向越来越明确。也会有更多的有识之士加入到该领域的研究行列，为切实推进我国积极老龄化做出自己的贡献。

特别感谢那些默默无闻为老年事业、为本研究付出努力并提供帮助的你们！

王剑波

2020 年 5 月 10 日（母亲节）